北 京 师 范 大 学

名人志

MINGRENZHI
XIAOZHANGPIAN

校长篇

顾明远　主　编　王淑芳　副主编

北京师范大学出版集团
BEIJING NORMAL UNIVERSITY PUBLISHING GROUP
北京师范大学出版社

图书在版编目（CIP）数据

北京师范大学名人志·校长篇／顾明远主编.—北京：
北京师范大学出版社，2010.8
ISBN 978-7-303-11392-7

Ⅰ. ①北… Ⅱ. ①顾… Ⅲ. ①北京师范大学－校长－
人生事迹 Ⅳ. ① K820.7

中国版本图书馆 CIP 数据核字（2010）第 155164 号

出版发行：北京师范大学出版社 www.bnup.com.cn
　　　　　北京新街口外大街 19 号
　　　　　邮政编码：100875
印　　刷：北京中印联印务有限公司
经　　销：全国新华书店
开　　本：160 mm × 230 mm
印　　张：24.5
字　　数：272 千字
版　　次：2010 年 8 月第 1 版
印　　次：2010 年 8 月第 1 次印刷
定　　价：50.00 元

策划编辑：王安琳　　　责任编辑：杜永生
美术编辑：高　霞　　　装帧设计：子时文化
责任校对：李　菡　　　责任印制：李　丽

目　录
CONTENTS

序 言

在人类社会发展的长河中，教师是人类文化最重要的继承者和传播者。教师通过教书育人，将人类文明的火炬代代相传发扬光大。教师的影响是深远的，教师的功绩是永存的。因此，自古以来，人们就把教师看成一种最神圣的职业。欧洲文艺复兴时期的捷克教育家夸美纽斯，把教师誉为"太阳底下最光辉的职业"。我国称教师是辛勤的"园丁"，是奉献自己照亮别人的"红烛"，是塑造有知识、有道德公民的"人类灵魂的工程师"。作为以培养教师为己任的北京师范大学，被誉为"人类灵魂工程师的摇篮"。

一百多年前，中华民族面临内忧外患。志士仁人大声疾呼变法图强，强调"维新之本在人才，人才之本在教育，教育之本在教师"。在"教育是立国之本"、"办理学堂，首重师范"的理念下，北京师范大学的前身——京师大学堂师范馆应运而生，开启了中国高等师范教育的先河。1908年，京师大学堂师范馆独立设校发展为师范大学。在以后的百余年中，北京师范大学经过几代人的艰苦努力，现已成为国内一流、世界知名的大学，成为全国师范大学的排头兵。

邓小平曾说："我们国家，国力的强弱，经济发展后劲的大小，越来越取决于劳动者的素质，取决于知识分子的数量和质量。"提高劳动者的素质的希望在教育，教育的希望在教师，而培养教师主要责任在师范院校。为中华民族的伟大复兴，北京师范大学任重而道远！

北京师范大学在长期的办学历程中，铸就了"爱国进步，诚实勤勉，勇敢质朴，为人师表，博爱奉献"的优良校风和"学为人师，行为世范"的校训。这和北京师范大学校长们为国家兴旺、为民族复兴办好师范教育的办学思想有直接关系。多次出任教育总长的范源廉校长曾说："国家的兴衰、经济的发达、国民素质的提高、外交的强弱等，均与教育有关。" 李蒸校长曾说："民族之托命在教育，教育之本源在师范学生。"而对师范生的教育，校长们十分强调敬业与奉献。李建勋校长说："教育是一种艰苦的事业。从事于此业者，必须有敬业、勤业、乐业的专业精神，即对教育有崇高的信仰，对所学有勤奋的努力，对教学有不倦的态度。"在办学思想上，他们强调开放求真，兼容并包，正如陈宝泉校长所说："不墨守唯我独尊的谬见，对于中外学问事功，其爱憎取舍，论其实不论其名。"

师大的校长们刚毅坚卓、远见卓识，坚持思想开放、学术自由、兼容并包的办学方针。因此，学校凝聚了一批著名学者和有志青年：教师中有鲁迅、钱玄同等思想深刻充满改革精神的战士；有杨树达、余嘉锡、高步瀛等博古通今的名家，也有胡先骕、董守义、黄国璋、张宗燧、武兆发等学贯中西的学者。学子中有成千上万如匡互生、陆士嘉这样慕名而来的优秀青年。北京师范大学的校长与诸多大师和学子是中国知识分子的精英、杰出代表。

百余年中，在这些教育家嘉言懿行的引领下，北京师范大学有 20 余万优秀学子先后走出校门。他们奋斗在祖国的教育以及其他各条战线上，为中华民族的独立、解放、发展做出了卓越贡献。师大学子中涌现出许多著名的教育家、科学家、革命家。如为改革教育无私奉献一切、被称为"苦行僧"的匡互生；有中国共产党创始人之一、杰出教育家、哲学家李达；有著名教育家吴富恒、徐英超、侯外庐、陆润林、董渭川等；有著名物理学家汪德昭、陆士嘉；生物学家汪堃仁、俞德浚；有兼学者、作家、教育家于一身的公木、苏雪林、彭慧、冯沅君等；有学者出身的国家领导人杨秀峰、楚图南、周谷城；有坚持真理、直言谏诤的"铁书生"周小舟……师大学子中的佼佼者不计其数，他们只是俊彦中的杰出代表。

北京师范大学的百年历史，是中国现代高等师范教育发展史的缩影，也是近代以来中华民族寻求教育兴国之路的生动记录。

在悠悠百年中，北京师范大学由小到大、由弱到强，不仅有学科、学术发展历程，有学校对国家、民族贡献的光荣史，还应有学校历史上卓越人物的传记。因为历史是人创造的，任何历史，都离不开在历史舞台上的各类人物，特别是对国家贡献卓著的优秀才俊。因此，人物传记应是校史的重要组成部分。

顾明远、王淑芳二先生主编了《北京师范大学名人志》丛书（含校长篇、大师篇、学子篇三本），从北京师范大学百余年历史丰碑上采撷的七八十位杰出者著传，弥补了校史方面的名人传略的空缺。限于篇幅，难以求多；入选者，事迹亦未必齐全。虽然遗珠累累，主编亦已尽心竭力了。希望读者能从名人志书中得到启迪和激励，以推动北京师范大学和中国的教育事业不断进步！

王梓坤

2010 年 2 月

前　言

本书为《北京师范大学名人志》丛书（校长篇、大师篇、学子篇）之首。

大学承担着教化国民，延续和发展本民族以及人类文明的重大使命。以培养师资为主要任务的师范大学，一向有"人类灵魂工程师的摇篮"之称。在传承文明，培养求真、求善、求美的合格公民中，其意义尤其重要。

中国的高等教育最早发端于清朝末年，至今已有百余年历史。在"办理学堂，首重师范"的呼声中，1902年创建的京师大学堂师范馆，是北京师范大学的初始阶段。北京师范大学是中国最早建立的几所大学之一。

《管子·权修》中云："一年之计，莫如树谷；十年之计，莫如树木；终身之计，莫如树人。一树一获者，谷也；一树十获者，木也；一树百获者，人也。"中国杰出的思想家、政治家梁启超先生曾多次著文强调："教育为立国之本。"他还说："欲革旧习，兴智学，必以立师范学堂为第一义。"1908年学部大臣张之洞在京师优级师范学堂（北京师大前身）的开学典礼上说："师范教育，是为一切教育的发源处，而京师优级师范，为全国教育之标准。故京师师范，若众星之拱北斗。"民国著名教育家陈宝泉校长曾说："促进师范教育之进行，则国民教育根本自固。"又说："教育为国家命脉，师范为教育胚胎。"李蒸校长亦指出："师范教育乃是一切教育之母。"抗战期间，他还提出："以教育为开发西部先驱。"带领师大师生奔赴大西北，使兰州变成西部的文化中心。我们的先哲们几乎异口同声的呼唤教育，发展师范。兴教育，必重师资；重师资，必重师范。教育为立国之本，师范为教育之本源。

如果将大学比做一艘巨轮，校长就是舵手。校长，一校之长，办好一所大学关键所在。

百年悠悠，师大从她成立那天起就命运多舛，犹如旧中国历史的缩影。在那样的历史和社会环境中，师大校长们惨淡经营。他们刚毅坚韧、高瞻远瞩，带领师生员工处乱不惊，于艰苦卓绝之中，弘扬爱国图强之志，大力整饬校务，广揽名师，推重教学，潜心研究，把学校办成誉满华夏、声播四海的著名学府、师范先锋；造就了大批栋梁之才，并引领着中国的普通教育事业走出混沌，走向兴旺。同时形成了"爱国进步，诚实勤勉，勇敢质朴，为人师表，博爱奉献"的师大传统精神和校风。

大学校长，他们应集三方面的专家为一身：首先，他们应是学者，他们在某一学科上有较深的造诣，没有大学问的校长不能众望所归，学校也难以招聘到好教授；其次，他们必须是教育家，有为国家与民族未来献身教育的理念与思想，不懂教育，无法为学校制订先进的教育方针；再次，必须是管理专家，知人善任，能够进行综合管理。大学校长应集这三者于一身，才能德高望重，把教授、职员、学生凝聚为生机勃勃的和谐整体。这样的校长，才能把大学办成名牌大学。

谈起大学校长，人们自然会想到蔡元培先生，以及对大学、大楼和大师有精妙论述的梅贻琦先生。北京师范大学之所以成为名校，也正因为她有多任卓越的校长。他们中有身穿朝服跪拜求师，却对专横跋扈的慈禧太后也敢于大胆直言谏诤的张百熙。有就职演说只有14个字："诸生听训：诸生为国求学，努力自爱"

的张亨嘉，真正训词只 10 个字，字字千斤，既深刻，又有无限的想象和奋进空间，这样简短的演说恐怕至今也无人打破。有兼容并蓄、锐意改革，努力扩大学校规模和提高学校水平的陈宝泉、邓萃英、徐旭生。有在教育界一直被人们称为"南陶（行知）北李"的李建勋。有数次出任教育总长、并任命蔡元培为北京大学校长的范源廉。有千方百计坚守高等师范教育，使师大成为一花独秀硕果仅存，而他自己每日如履薄冰艰难度日 14 年的李蒸。有誓言一辈子不做大官，只为国家、人民做大事的李石曾。有虽然一向不愿意与官宦为伍，但在学校"缺长"群龙无首的关键时刻，总是出面力挽狂澜的黎锦熙。有一向温文尔雅从事历史研究，但在日伪统治时期却敢于与日本侵略者对抗的陈垣。当然也还有被舆论界褒贬不一的中国第一位大学女校长杨荫榆，她晚年面对凶残的日本侵略军勇敢斗争直至被杀。……北师大每位校长都有一部不同凡响的历史。他们如磁铁，吸引着无数学子争先恐后报考师大；他们如园丁，精心爱护、培育着校园中的每一棵稚嫩的花朵；他们如慈母严父，谆谆教诲又不失严格要求。他们是人类文明的薪尽火传的智者，是传播人类大爱的使者，他们也是北京师范大学的标志、丰碑。

新中国成立前，做校长难，做师范大学的校长尤其难。因为，那时政府拖欠教育经费、拖欠教师薪金以师大最为严重。20 世纪 20 年代后，所有师大校长无一例外都受到经费的困扰。范源廉、徐旭生两位校长都是当时国内公认的杰出教育家，得到学校师生的一致拥护，前者因"不能强人枉腹从公"扼腕辞职；后者因向政府讨不到经费并被冷遇而愤然辞职。梁启超似有心出山师大，也因为经费问题使他始终踯躅不前。……他们背后都有一些鲜为人知的辛酸。

北京师范大学历史上的校长多达 30 余位，其中女师大校长就十位有余。本书依"生不入志"、"生不立传"的通例，收录了张百熙等18位校长和董事长梁启超的小传。以在学校任职时间先后排序。

本书在编写过程中，承蒙许多先生或提供资料，或在百忙中不吝赐稿，在此一并感谢。

本书坚守实事求是的原则，力求唯真求实。但因编者水平、阅历所限，错误、疏漏在所难免，敬请指正。

编　者

2010 年 2 月

张百熙

中国现代教育的奠基人

◎ 张百熙

张百熙（1847—1907），字野秋，或冶秋，号潜斋，谥号文达，湖南长沙人。中国近代教育家、思想家、改革家。1874年考中进士，随后任翰林院编修、侍讲。曾任山东、四川等地乡试考官，广东学政等职，并先后任吏、户、礼、刑、工、邮传部六部尚书和管学大臣。

清末新政时期，张百熙出任管学大臣，并负责京师大学堂事宜。他创立京师大学堂师范馆，是北京师范大学的创办人。在复建京师大学堂、制定中国近代第一个系统学制、废除科举制度方面做出了杰出的贡献，是我国现代教育的奠基人。

倡改革　教育救国立宏志

张百熙出身于诗书世家，少年就读于城南书院，习诗甚勤，有《退思轩诗集》留传于世。鸦片战争后，列强相继入侵，中国境内硝烟纷起，张百熙全家为避祸不得不辗转返回乡间，家境也日益贫寒。面对外患日亟，国破家亡的危殆局面，张百熙忧心忡忡，遂发愤苦读，立下报国救民的宏愿。1874年（同治十三年），张百熙考中进士，他卓越的才华很受其师李鸿藻的看重。随后的几年里，张百熙仕途一路顺遂，先后授翰林院编修、侍讲，任山东、四川等地乡试考官。在地方的治学经历使得张百熙对各地科场弊端和各省教学状况比较了解，为他日后从事教育改革活动提供了最初根据。

戊戌维新期间，是张百熙改革思想的形成和实践时期。甲午战争的失败，对于张百熙来说是一个不小的触动，此后他开始逐步关注"开民智"问题。1897年起，张百熙担任广东学政，三年任期内他倡设《岭南学报》，杜闱姓之弊，支持兴办时敏学堂，"亟亟以开民智为第一要义"，他还与两广总督谭钟麟、巡抚陆传霖一起改革书院，奏办广西学堂，改革学堂课程，办理学务卓有成效，享有很高的声誉。1898年7月，张百熙提出了包括颁定式、设学堂、延教习、筹经费、严限制、考舆地、习测绘、勤操练、定考试等十二条改革武科的建议，是为他针对晚清教育改革提出的较完整的建议。

庚子国变，中国再次惨遭蹂躏，清帝和太后被迫逃离紫禁城，一路风餐露宿远赴西安。内忧外患、列强相迫日急的严重局面使得腐朽的清政府也不得不时时"以卧薪尝胆亟求自强雪耻"。1900年，张百熙借两宫下诏求言之际，抗疏陈大计，提出了改官制、理财政、废科举、建学堂、设报馆五项建议。1901年初，张百熙因荣禄保荐，应召从广东赴西安"行在"参加军机大臣的选拔。在奏折中他"力论旧政如何腐败，新政如何切用。并举欧西各国治乱强弱之故言之"，表现一派"剑拔弩张"的改革决心。在经过戊戌政变，政局尚不明朗的情况下，提出这样的改革方案是颇需要些勇气的。慈禧太后认为张百熙的文章言语太过激烈，遂以一句"我看去不大明晰"为由，把他排除于军机大臣之外。赴西安之后，张百熙奉旨回京，为两宫回銮做修路准备。

1901年1月29日（光绪二十六年十二月初十日），清政府发布了改革上谕，着朝中内外官员"参酌中西政要，凡举朝章国故、吏治民生、学校科举、军政财政"，"各举所知，各抒所见"。改革上谕颁布后，张百熙就教育改革提出了自己的意见和建议。1901年3月，他借抗疏陈大计五大端，提出了包括变通科举、广建学堂、创立官报、翻译书籍、整理财政等五项建议，其中尤其表现了改革教育的希望。他将学堂看作"所以变举国之风气广天下之教育"，认为"兹事体大用宏，断非支节为之、方隅限之所能得益"。在他看来，创始之际应于各省遍设一中学堂，并且提出整顿京师大学堂，"另立专官以董理之"的建议。

10月，张百熙又提出了中央教育改革的两项举措：其一为"将国子监定名大学，简放管学大臣"；其二为"由政务处王大臣会同管学大臣，并集京外通人酌采中西有用之学，妥定画一章程"，张百熙在1901年期间所提诸项建议，就是清末新政期间中央教育改革的主要内容，即重建京师大学堂、制定近代学制和改革科举制度。

1902 年 1 月 10 日(光绪二十七年十二月初一)清廷发布上谕，"著派张百熙为管学大臣，将学堂一切事宜，责成经理，务期端正趋向，造就通才，明体达用，庶收得人之效"，说明他的意见得到了清政府中央的肯定。这样，张百熙走到了中央教育改革的领导位置。

建学堂　学者办学树新风

张百熙任职管学大臣以后，就开始着手复建京师大学堂。创设京师大学堂之议在戊戌维新期间提上日程，章程由梁启超代总理衙门起草，体现了梁启超以西学陶铸新式人才的宗旨。戊戌政变后，大学堂交由孙家鼐筹措开办，是为第一任管学大臣。然孙家鼐重视经学，思想保守。其第二任管学大臣许景澄未及有所建树，即因反对慈禧太后利用义和团攻击使馆而被处死。因此，张百熙算来已是京师大学堂的第三任管学大臣。然而，京师大学堂虽已建立两年多的时间，但实际情况并不乐观，由于缺乏一个良好的根基，始终未能走上正轨。张百熙认为，要建立一个规制详备的大学堂，"非徒整顿所能见功，实赖开拓以为要务"，决心不因循旧制，一切从头做起，创建一座新式的大学堂。

1.详细制定京师大学堂的建学计划。在制订京师大学堂建学计划时，张百熙认为，京师大学堂"原系草创，本未详备"，而"大学堂理应法制详尽，规模宏远。不特为学术人心极大关系，亦即为五洲万国所共观瞻"。考虑到各省开办的学堂尚无几处，大中小学还不配套，一时没有与大学相衔接的高级中学毕业生。张百熙提出，暂不设大学本科，先立一高等学校作为大学预备科。3年后预备科毕业生与各省学堂毕业生一起由大学堂考取，合格者再习专门分科，分科即相当于后来的专科学院。

除预备科外，京师大学堂还拟设立速成科，以实现"收急效而少弃材"之目的。速成科分两门，一曰仕学馆；二曰师范馆。"凡京员五品以下，八品以上，以及外官候选，暨因事留京者，道员以下、教职以上皆准应考入仕学馆；举贡生监等皆准应考入师范馆"。确切地说，我国的高等师范教育，是从"师范馆"开始的。京师大学堂的师范馆就是北京师范大学的前身，其课程有：伦理、经学、教育学、习字、作文、算学、中外史学、中外舆地、博物、物理、化学、外国文、图画和体操等 14 门。

2. 编译教材，充实藏书。张百熙接管京师大学堂时，大学堂并无统一的讲义。他深知教材的优劣关乎教学质量和教育改革的成败，遂在京师大学堂内设立了编书处和译书局，委派由他亲自招募来的各地名流和精通学务之士分别研习中外书籍，编订教材。

对于中学，张百熙认为中国的经史典籍浩如烟海，学者穷其一生未必能知大略。过去的私塾既无统一的教材，所读之书遂由师长随意择取，教学内容存在很大的随意性，不利于培养国家所需的人才。现在既然全国学务一统，选取何种书籍作为教材就非须"有一定之宗旨，主一之精神，以范围之，贯注之"。否则，"即成巨帙，何所裨补于时事耶？"基于这种认识，他亲手制定了编书大纲：一曰定宗旨，要"教忠孝，励廉节"，以爱国为"标识"；二曰芟烦碎，使"成书精而讽诵易，必不使学者疲日力于无用也"；三曰通古今，他强调应以"知今为主，而证以既往之陈迹，以定其损益，使人人读书时之精神皆贯注于政治之中"；四曰求贯通。对经史诸子中可以变通互证的特别加以注意。除此四点之外，编书处还在他的支持下实施了重大改革，即择取西方文法中适用者编入课本，以求中西法相互印证。

张百熙制定的译书局章程也以"求通"、"求新"、"求实"为宗旨。他指出，所译之书应以教科书为主。教科书又分两等，一为小学，一为中学，以此二等成书后再译更为深远的书籍。为此，他不断派员赴日采办日本中小学堂课本，带回国翻译，并交日本教育家代为审定，可见其重视程度之深。

在编译教科书之余，京师大学堂还加紧充实藏书，设立藏书楼，调取江、浙、鄂、粤、赣、湘等省官书局各种书籍（康氏强学会的藏书也收归馆中），并购入中外新旧书籍藏之。1902～1903 年各省运送的书籍先后到京，其中有广东广雅书局送来的经史子集以及时务新书共 100 种；湖广总督送交京师大学堂书籍 17 箱；江苏书局所刻经史子集 174 种等。经过张百熙如此这般地多方筹划，京师大学堂做到了教材完备，藏书丰富，为进一步搞好教学打下了基础。

3. 不拘一格聚人才。张百熙的革新思想还体现在京师大学堂的办学方针上。他不但延揽众多学有专长之士，而且还积极倡导优良学风，使得京师大学堂内讲学之风盛行一时。他在京师大学堂创办伊始就聘请学识渊博的吴汝纶为大学堂总教习，吴汝纶不应，他就"具衣冠拜之"，其后更为吴奏加五品卿衔。后来吴汝纶赴日考察回国后因谤重病去世。张百熙又奏派当时在国内颇有影响的"阳湖派"（桐城派的一个流派）的古文家张鹤龄（筱浦）担任京师大学堂总教习。大学堂的其他教职员也大都是海内知名人士或学贯中西的游学考察之士，如杨文会、屠寄、王舟瑶等。职员中还有于式枚、蒋惺甫、李家驹、王仪通、袁励准等均为积学之士。他除任命精通西学的严复为译书局总办外，其他如林纾、严璩、曾宗巩等都曾在译局供职。京师大学堂的总办姚锡光也是赴日考察回国后，由张百熙奏留京师大学堂的。难怪人称张百熙"网罗一时名流殆尽"。1902 年 9 月，张百熙聘请了服部宇之吉、严谷孙藏，分别出任师范馆正教习和仕学馆、进士馆正教习。服部是东京帝国大学文科大学助教授、严谷是京都帝国大学法科大学教授，二人在任职期间"热心教育，合馆学生无不颂扬之"。学者办学使得京师大学堂内形成了良好的治学风气，一时间学生争相奋进。

4.京师大学堂建设规模的完备和发展。经过大约一年的紧张筹备，京师大学堂终于以崭新的面貌迎来了它的第一批新生。按照张百熙的计划，由速成科首先招考。1902年10月14日，京师大学堂举行招生考试。仕学馆的考生由各衙门推荐，考试科目有史论、舆地策、政治策、交涉策、算学策、物理策，以及外国文论等七门。师范馆的考生由各省选送，大省七名，中省五名，小省三名。考试科目有修身伦理大义、教育学大义、中外史学、中外地理学、算学比例开方代数、物理化学、浅近英文、日本文等八门。从考试内容看，虽然所要求西学程度并不很高，但考科的范围涉及政治、经济、数学、物理等各个方面，对于考生来说还是颇具一定难度的。因而许多偏远省份因无合适的兼通中西学的人才，而未能遣送师范生入堂考试。考试结果，符合条件的考生不多，因此仕学馆仅录取学生36名，师范馆仅录取学生56名。12月大学堂再次招生，仕学馆和师范馆又录取了90名学生。这年的12月17日（光绪二十八年十一月十八）大学堂举行了入学典礼，宣布正式开学。

在紧张地筹备大学堂开学的同时，张百熙还着手开设外国语言文字专科的工作。在张百熙就任管学大臣的第二天，清政府就发布上谕，"所有从前设立之同文馆，毋庸隶外务部，著即归并大学堂，一并责成张百熙管理。"经过全盘筹划，张百熙决定在预备、速成二科中分设外国语言文字专科。由大学堂在预备、速成两科中"择其少年质敏，洋文已有门径者，作为翻译专科。于肄习普通学外，分习各国语言文字，卒业后一体予以出身"。并以此项学生作为出使大臣咨取译员，各学堂沿取教习的上选，不必沿同文馆名目，亦毋庸另行招考。随后，大学堂又议定将同文馆改为译学馆。1903 年 8 月译学馆正式招生开学，分设英、俄、法、德、日 5 国语言文字专科，5 年毕业。不久，又添附招学生 20 名（即自费生），每年缴费 100 元，与译学馆学生同样 5 年毕业。译学馆之建立是"环境大势非有兼通译寄之才，不足以肆应盘销"，因此张百熙对译学馆十分重视，"严其资格，慎其考选，密其课程，厚其奖励"，待遇在各校中也最为优厚。

京师大学堂附设中小学，由原清宗室学、觉罗学和八旗官学改并为小学堂八处，中学堂两处，统归张百熙管理。京师大学堂还建立了医学实业馆，培养中西医药人才，初建立时学生只有三四十人。1904 年由张百熙奏请与孙公园的官医总局合办，并增添了西学的教习，扩充了学生。

1903 年年初，遵照清政府一二甲进士"皆令入京师大学堂分门肄业"的上谕，京师大学堂附设进士馆于李阁老胡同，后与原速成科的仕学馆合并。1904 年进士馆正式开学，收癸卯科进士 80 多名，甲辰科进士 30 余名。1904 年京师大学堂正式招收预备

◎ 张百熙与京师大学堂师范馆教习合影。前排右四为张百熙、右五为张之洞。

科学生，考试的科目有：中国史地、外国史地、翻译、算术、代数与平面几何、物理及无机化学等 10 门。考试结果正取 120 名，备取 80 名。与此同时，招收师范科第二班学生。自此，京师大学堂除师范馆、仕学馆外还附设中小学，又拥有了医学馆、译学馆、进士馆（后仕学馆归入），继而开办了预备科，张百熙规划的京师大学堂的学科体系基本形成。振兴大学堂的成功对各省学堂创办起了积极作用，由于求学有望，"自此五方秀士，鳞集横塾"，兴学局面为之打开。

定学制　只身难承毁谤累

张百熙任职管学大臣后，一方面，复建京师大学堂，带动朝野大有"欣然望兴学"之势；一方面，积极倡导教育革新，着手制定统一的系统学制。1902 年 8 月 15 日张百熙上奏《钦定学堂章程》，包括《考选入学章程》《京师大学堂章程》《高等学堂章程》《中学堂章程》《小学堂章程》和《蒙学堂章程》六件。《钦定学堂章程》得到朝廷谕允，并命颁行全国各省实行。该年岁在壬寅，又称"壬寅学制"。"壬寅学制"将整个教育系统从纵的方面分为初等教育、中等教育、高等教育三段；在横的方面，则设立实业学校、师范学堂、仕学馆等专门学堂，是近代中国第一个具有全局性质的从蒙学到大学层深递进的现代化教育体制。虽然学堂门类设置尚欠周详，但已颇具规模。其具体内容包括：

•对近代化教育结构做了依次整体规划

"壬寅学制"将整个教育从纵的方面分为三个阶段，七个等级。第一阶段为初等教育，共 10 年，它又分蒙学堂（四年）、寻常小学堂（三年）、高等小学堂（三年）三级；第二阶段为中等教育，只有中学堂四年一级。第三阶段为高等教育，分高等学堂、大学预科（三年）、大学堂（三年）和大学院（不定年限）三级。横的方面，与高等小学堂平行的有简易实业学校；与中学堂平行的有中等实业学校和师范学堂；与高等学堂平行的有仕学馆、高等实业学校和师范馆。与已有的学制相比这个学制要充实、完整得多。

•教学内容大幅度兴革，学堂内兼习中学和西学

"壬寅学制"规定，自小学堂始除了修身、读经等中学之外还要学习算学、图画、初级物理和体操。在高等小学堂，中学课程和西学课程几乎并重。高等小学第一学年，在一周60个课时当中，中学占35个课时，西学占25个课时，到第三学年西学功课进一步加强，达到31个课时，超过中学。"壬寅学制"还注重教学课程与实际需求的衔接，特别提出，高等小学堂根据地方情形不同，可以加外国文除去古文词，也可以学习工商业而除去图画。

•创建师范教育

中国近代教育改革的一个重要方面是改革师资培养模式，设立师范学堂。中国封建教育的师资主要来自于落第秀才和不仕文人，这些人只会教授八股、经文以备学生科举之用，无法胜任新式学校的教学。要建立新教育体制必须建立师范学堂，为新教育体制提供师资。张百熙在《钦定大学堂章程》中说："学堂开设之初，欲求教员，最重师范。"他还特别强调，"初级师范学堂，所以造就小学之师范生，由为办学者入手要义"。张百熙在大学堂和高等学堂里，附设师范馆，以造就各处中学堂教员，中学堂内附设师范学堂，以造成小学堂教习之人才。京师大学堂重新开学之日，共招收仕学馆学生57名，师范馆学生79名，说明京师大学堂当时的主要力量还是放在师范馆。在他的倡导下，除边远省份外，各省都建立了师范学堂。其中较为完善的有，江苏省的三江师范学堂（后改为两江师范学堂），直隶师范学堂等。由此，奠定了中国近代师范教育的基础。

• 重视普及教育

《钦定小学堂章程》第一章第六节规定："儿童自六岁起受蒙学四年，10岁入寻常小学堂修业三年。""无论何色人等皆应受此七年教育，然后听其任为各项事业"，已经有强迫教育之意。第三章十二节又说："寻常小学堂学生卒业后，任本人志愿，或升入高等小学，或地方已办有简易农工商实业学堂，听其径往学习。"说明凡人都要受一定时期的教育，学成之后，升学谋事，听人自决，普及教育的思想已经充分显示出来。为鼓励学生入学，张百熙在学堂章程中还规定，所有官立中小学堂在五年内暂不收学费。以后征收，寻常小学堂每月每人不过银钱三角，高等小学堂每月每人不过银钱五角。在高等大学堂中对学生优待更甚，除了不征收学费外，还按月提供生活费。所以，即使家境贫寒的学生亦可靠此完成学业。据京师译学馆的学生回忆，当时译学馆学生来自天南地北，可谓"二十二省无弗备"，考其家世背景则"自公卿贵胄以致蓬枢瓮牖无弗具也"。此后，张百熙在《遵旨议奏湖广总督张等奏次第兴办学堂折》中更明确地指出要"使一国之民贵贱智愚贫富无一不学"，表达了普及教育的思想。

• 吸纳先进的教育思想和教学方法

在教学上，"壬寅学制"采用较为科学的方法。如教授儿童"须尽其循循善诱之法，不宜操切而害其身体"。儿童幼小，脑力有限，讲授时，以"讲解为最要，诵读次之，至背诵则择紧要处试验"。高等学堂学科渐深，不能再用传统的一个老师带一班学生、各科皆归一人教授的老方法，应让"各教习以其所长学科通教各班之学生，如长于物理、算学者，专教各班之物理、算学，长于地理、史学者，专教各班之地理、史学，与中、小学堂以一教习统教一班学生之各项科者不同"。对于仕学馆和师范馆学生，由于他们多半年龄较大，国学根底极深厚，皆有功名，"壬寅学制"主张在教学方法上应特别重视讨论式，提倡"互相讨论，坐而论道"。各学堂采用百分记分制，规定学期试验（测验）两门不及格予以剔退。高等学堂升班、年终、卒业三项考试分数，与平日功课分数平均计算，便于全面评价学生水平。这些都是较为科学的教育方法。此外，"壬寅学制"还规定，各学堂都要有与新式教育相配套的完整的教育设施。如高等学堂要设礼堂一所，讲堂要分通常讲堂和特别讲堂（专为教图画、物理、化矿等学科使用）。还要分建图书室、器械室、标本室、体操场、食堂、盥所、养病所、浴所、厕所等。张百熙还十分重视教育环境对学生身体健康和学习的影响。他对蒙学堂校舍建置要求甚严，凡是曲房密实，不通空气；光线不足，耗坏目力；喧嚣不静，妨于讲授的都不能作为蒙学堂的校舍。中学堂和高等学堂也都要求建在有益卫生，"空气通而小泉美"的清旷处所，学堂多植树木。这些主张都体现了保护学生的身体健康，保证学生的人身安全，为学生创造一个良好的学习环境的思想，是先进的科学的教育意识。

"壬寅学制"是由政府颁布实行的，中国历史上第一个较为完善具有现代意义的系统学制。从此以后，中国办学堂有了可资遵循的统一标准，教育走上了近代化的发展道路，它在中国教育史上具有重要地位，影响深远。从教育方针来看，它不再像封建教育那样仅仅是教育人民懂得如何做一个"慈爱的父亲、孝顺的儿子、尽忠的臣民、善良的丈夫和忠实的朋友"，或是养成贤才，以供朝廷之用，单纯为政治服务。而是有了为近代外交、军事、经济等事业培养实用性人才的目的，为建设新型人才打下了基础。

然而，这样一个具有进步意义的近代学制一颁布却招致朝中守旧大臣毁谤。这一方面是因为张百熙担任管学大臣后，既有用人权，又有财权，难免遭到朝中大员的嫉恨，加之他锐意改革，更是使守旧派对他颇多微词。据《大公报》载，"探闻张冶秋尚书奏呈学堂章程后，军机大臣鹿传霖多方挑剔，闻因章程中有房虚昂星期停课之语，以为与中国古制不合；又闻各种新学名目，亦多吹求"。还有报道称"日前某尚书于朝房晤张冶秋大冢宰，询及学堂之规模章程，以及学生之课程等，均一一询明，遂大加痛诋，如学堂章程课程不善，学生之有恶习，职员人等之疏忽等语"。《新民丛报》也有消息："大学堂课程，本已酌妥送呈政务处，闻有智学及国际学二门，政府疑智学即哲学，恐系民权自由之变名，更疑国际学为不经之谈，皆拟删改，再三考问。"不仅如此，连一向自诩锐意新政改革的袁世凯也于1902年年底，借入京接受召见之机谓："京师大学堂所用人员，多主民权自由说。将来以此教导学士，其势大张。为祸必甚于戊戌。又谓学堂有改装易服"，引起朝廷疑虑。张之洞更是不但在"壬寅学制"颁布的当年就上奏湖北学堂章程，内中存在与"壬寅学制"明显抵触的条款，而且奏参大学堂办理不善，并致电张百熙，"谓钦定京师大学堂章程不甚完善"。两位地方实权派对中央教育改革的责难，显然增添了张百熙的压力。

对于种种非议，张百熙给予了坚决的回应。他在覆议张之洞的湖北学堂章程中指出，张之洞湖北学堂毕业生由省派外洋游历一年，不令升入京师大学堂，表明张之洞"欲专揽教育之务"。他还以"张之洞身处京外。不知京中办事情形。臆断之词。固未足凭"回奏，并就京师大学堂管理问题与张之洞进行了逐条辩论。虽然张百熙为"壬寅学制"的通行尽了最大努力，但显然未能撼动朝廷顽固势力的排挤和阻挠。尽管外界报道"政府亦深知其底蕴。固不为所动摇云"，但不久朝廷就增派满人荣庆为管学大臣。荣庆上任以后，在财权及用人等方面与张百熙多有争议，且"颇自专"，使得张百熙不能行其志。

1903 年 5 月 16 日（光绪二十九年四月二十日）张之洞应诏入京觐见。张之洞到京后，西太后认为他对学务颇有阅历，遂命他入京师大学堂视察。在视察中，张之洞"便观功课，训勉学生"，对京师大学堂的管理多有微词。荣庆从这次的视察中敏感地看出，张之洞"颇寓维持之意"，认为这是整顿学堂的良机；张百熙担心"恐有处心积虑以排我因以害学堂者"，遂希望借张之洞的经验和声望分担学堂压力，各方矛盾交织最终促成张之洞走上了中央教育改革的舞台。张之洞参襄学务之后，名义上是会商，实际则反客为主，不但插手京师大学堂的各项工作，同时开始着手修订学制。

1904 年 1 月 13 日（光绪二十九年十一月二十六日）张之洞和张百熙、荣庆一起上《奏定学堂章程》，史称"癸卯学制"。"癸卯学制"吸收了张百熙制定的"壬寅学制"基本体系，并将张之洞的湖北学堂章程内容融入章程，充分体现了张之洞的教育思想和主张，但总体说来对"壬寅学制"提供不少有益的补充，比如它改正了"壬寅学制"把蒙养学堂等同于外国初等小学堂的错误认识，另立蒙养院，将我国近代的启蒙教育提上日程，同时还在家庭教育中包括了女学的内容。此外，对加强师范教育和实业教育提出了详尽的规划，也使得教育系统更加完善。

然而，我们也应看到"癸卯学制"的出台不但是政治斗争的产物，还反映了教育思想之争。诚如张之洞和张百熙在《重定学堂章程由》一折所述，"上年大学堂奏定章程宗旨、办法实已深得要领，惟创之际规程课目不得不稍从简略，以徐待考求增补。至各省初办学堂，管理学务者既难得深通教育之法之人，而学生率皆取原业科举之士，未尝经小学堂陶镕而来，不自知学生本分，故其言论行为不免有轶于范围之外。"可见，修订学堂章程之举表面是完备学堂规程设置，实际目的却在监督学生严守"本分"，蕴含着政府严防民主自由学说之意。因此，整体看来"癸卯学制"能够顺利通行得益于其"条目更加详密，课程更加完备，禁戒更加谨严"，其中尤以"慎防流弊"、避免"学生革命"深得政府心意。

忧国运　报国难以顾己身

张百熙才华满腹，深得其师李鸿藻的赏识，李鸿藻还曾向荣禄举荐过他，使得晚清重臣荣禄对张百熙也印象颇嘉。本来凭借着在清政府良好的人脉关系，他完全可以仕途顺遂，平步青云。然而，张百熙却一生坎坷，举步维艰，原因何在？这和他耿直的性格，一身的正气，满腔爱国情怀，勇于革新的精神分不开。

甲午之役，中国战败，张百熙就曾满怀悲愤，上疏弹劾权倾朝野的洋务派首领李鸿章"阳作备战，阴实主和"，导致左宝贵、聂士成等勇敢善战之将，因"饷械不继，遂致败绩"，这完全是"咎在鸿章"。同时他弹劾一味依赖李鸿章，隐瞒战况的礼亲王世铎"笼枢务，招权纳贿，战事起，一倚鸿章，贻误兵机；皆不报。"他甚至不惜冒犯天颜，陈请节省国库开支，停止筹办大事铺张、竞尚华饰的慈禧太后六十寿典。张百熙的耿直性格开罪了权贵，为他戊戌维新期间遭遇打击埋下了祸根。

戊戌期间，作为广东学政，张百熙咨送康有为参加了国家经济特科的选拔。1898年9月，慈禧太后发动戊戌政变，张百熙因举荐康有为获罪，被革职留任。张百熙曾在给礼部侍郎江苏学政瞿鸿礼的一封信中曾就此事说明："百熙不肖，以闇知于人，几获大戾，为师友辱。然区区愚忱，迫于救时，切于报国，至于不顾利害而汲汲为之……虽亦觉其危言党论，不无偏激，而通晓时势，似有过人之才。不谓包藏祸心，陷于悖逆。是则愚蒙无识所未及深察隐微者矣。"可见，张百熙既无党同的企图，所行举荐之事也是学政任内职责所在，与当时在维新改革初期极力支持康有为、梁启超的张之洞比起来，所犯过错并不严重，但何以却未能避祸？深知内情的刚毅一语道破关键，"不有片陈之件亦如张香涛不理会矣"。所以说，张百熙性格秉直，一味以"创新"为要，不谙政治斗争策略，"迫于救时，切于报国，至不顾利害而汲汲为之"，导致为守旧派所诟病。

张百熙坦言直荐的正直品格使他屡遭政治打击，但却不能让他抛却对国家兴亡的忧虑之心。戊戌政变后，守旧势力大举反攻，各地新学遭受打击。粤中人士对张百熙倡办的时敏学堂学生，"不指为康党，即指为耶教徒，偶一过市，辄闻鄙夷唾骂之声，起于背后，戚友相遇，亦往往以退学为劝"。改革教育不仅"无补而已，至声名性命皆可不保"，使张百熙不禁扼腕叹息，"甚矣其难也！"即便如此，他仍时刻关心着国家的安危，关心列强的动向。他在给瞿鸿机的信中写道："时局日益阽危，德人之于胶州，俄人之于旅大，英人之于九龙，法人之于广湾，瓜华之见端，西人所谓势力圈也。势力之圈所在，他国不得沮害。如英人公然向译署言：长江一带，不得割与他国。盖认为其权力所到也。切肤之痛至此，或犹以为不过割我海疆边境而已，岂非梦梦哉……"他十分痛惜地慨叹，"今外夷之祸烈，岂惟一招一生而已，而犹以为祸不及己，自同燕雀，岂不痛哉？一人一身之出处，一家一室之祸福，殆不足言，特为老前辈放言世变如此，知必为同声一叹也。"表明了张百熙明知前路坎坷，仍不顾个人安危决心报国、救国的志愿。

张百熙知难而上，不顾个人利害，坚持改革救国的决心在废除科举制度上也明显地体现出来。张之洞入京后，张百熙曾频繁地与张之洞晤谈，忧心于科举之不废，学堂不能大兴，并坚持在上奏"癸卯学制"的同时，奏请递减科举。为了争取支持，他多次走访政务处的王大臣，最终说服政务处除王文韶以外的王大臣的支持。在张之洞因畏惧而犹疑之际，张百熙联合军机大臣瞿鸿机等，执意要求张之洞在递减科举章程内使用"决断之词"。最终促成了递减科举政策的出台。张之洞和张百熙在《递减科举注重学堂片》中建议，"自下届丙午科起，每科分减中额三分之一"，计划十年即在壬子年（1912年）减尽。对于这个奏折，清政府的批复是"俟各省学堂一律办齐，确著成效，再将科举学额分别停止"，基本上肯定了二人的逐步废除科举制度的意见。1905年9月，清政府正式诏令，自丙午科起，停止一切乡试岁考。科举之废，没有张百熙坚持不懈的努力是不可能成功的。张百熙坚忍不拔的毅力和通达明势的思想也使张之洞对他赞赏不已。张之洞在学部设立之始，曾极力向军机大臣瞿鸿机推荐张百熙担任学部尚书，认为他"公明通达，精力亦强"，是管理学部的合适人选。甚至认为，若张百熙不能管理学部，"宁可缓设文部，较为稳妥"。

然而，科举制度的废除并没有使张百熙摆脱守旧势力的攻击。从他的个人境况来看，在管学的最后两年间，京师大学堂的人事权、财权、管理权处处受到牵制。1905年10月，山西学政宝熙奏请速设学部，其时张百熙正遭排挤，虽然难以忘情学务，但为避祸起见坚辞不就学部尚书之职，从而结束了其4年主持中央教育改革的艰苦历程。

德者不孤　桃李成才感师恩

张百熙在推动晚清教育改革的进程中发挥了极为重要的作用，是开创教育改革新局面的带头人。自他管学后，学风丕变，誉望日隆，而嫉恨者也日众。在他管学四年间"苦心支拄，未尝稍馁"，他的许多教育改革思想在今天看来仍是有重要价值的，他的教育改革实践造就了中国一批近代著名的政治家、教育家、科学家。

在京师大学堂教学管理中，他采取"取与用出于一"的原则。在他看来，"国事日棘，欲救时艰，以求人才"，就必须舍诗赋等空文。1901 年 10 月在《变通翰林院规制》中，他进一步指出："一省之士，多者万余，拔其尤者为举人；会试之士，一省数百，拔其尤者数十人，数人为贡士；贡士之中，拔其尤者为翰林。择之可谓精矣。"但是，选拔出来的人才不如沿江沿海的人，他们天天接触外国人，懂得时务，所学还能对国家有利。科举录取的人才不能为国家所用，是"取非其道也"；而当前国家所用的人才又是科举选拔出来的，这是"不得已而用之"。要想克服这些弊病，"莫如使取与用出于一"。要想"取与用出于一"，就须使已被录取的举人、进士、翰林等都去学习有用的知识，即经世之学。所谓经世之学不外有两种：一种是政，一种是艺。朝廷应命令学士以下的读书人，"各视性之所近分研实学以备时用"，这样造就出来的人才，才切合适用。在建设京师大学堂的过程中他始终坚持这一标准。他把京师大学堂预备科分为两科，"一曰政科，二曰艺科。以经史、政治、法律、通商、理财等事隶政科；以生光电化农工医算等事隶艺科。"从预备科的课程设置来看已逐步摆脱了原京师大学堂的腐朽八股的气息，经世之学和科学被放在了重要位置。张百熙十分有信心地表示，"十年之后，所造就者，定多可用之才"。在他的引导之下，京师大学堂的许多学生后来都学有所成。

对于京师大学堂的学生张百熙满怀爱护之情。1903 年，全国爆发了轰轰烈烈的拒俄运动。4 月，拒俄运动的烈火在京师大学堂点燃。4 月 3 日，师范馆、仕学馆学生"鸣钟上堂"，举行全校大会，声讨沙俄的侵略。参加大会的不仅有学生，还有不少老师和职员。会后由 73 人署名草拟了《京师大学堂师范、仕学两馆学生上管学大臣请代奏拒俄书》，要求清政府坚决拒约抗俄。拒俄运动发生后，清政府严命对学生加紧压制，然张百熙对学生的一片爱国之情却深表理解，他语重心长地说，"时局忧虑，万端批阅来书，辄为三叹。该生等忠愤迫切自与虚骄嚣张者有别。至于指陈厉害，洞若观火，具征觇国之识，迥非无病呻吟。本大臣视诸生如子弟，方惜之不遑，何忍阻遏生气，责为罪言。"从这条批示来看，张百熙对学生极力保护，他不认为学生的行动是"虚骄嚣张，妄思干预"，这就是从根本上否定了严厉镇压的必要。他还劝告学生交涉要务当交由专责人员办理，学生不必插手，以后如对国闻有意见和建议，可交由批阅，"不必聚论纷纷，授人指摘"，为学生可谓想得周到细致。后来，为了这些学生免于守旧势力迫害，他决定选派优秀学生游学东西洋，当时虽有大臣意谓不可，而张百熙持之甚坚。"当所选之留学生放洋时，百熙至京师前门，东西站，躬送登车，勉以救国大业，肫诚恳挚，感人至深。"在他的带动下，京师大学堂内上至管学大臣、正副总教习，下至一般教师完全漠视等级尊严。张百熙与学生一起在膳堂吃饭，居然亲自起身盛饭。张鹤龄刚接替吴汝纶为京师大学堂总教习时，竟然穿上大礼服，拿了片子到学生的斋舍拜访。学生在这里充分感受到了他们对于这些"未来主人翁"的殷殷希望。

张百熙倡导优良学风，爱学生如子弟，常与学生攀谈，听取他们的意见。光绪三十年京师大学堂仕学馆学生因史地教员杨模"既未能绘制地图，……史学一科，亦属专抄左传，略无条理，终鲜发明"，认为他"尸居讲习，请益无从"，联合上书管学大臣请辞退，得到了张百熙的同意。由于张百熙的新思想和对学生的诚挚关怀，在当时禁忌深严的京城内，大学堂的学生却能常开辩论会，"抵掌谈天下事"，甚至对朝政的得失，外交的是非，和社会上的一般风俗习惯的好坏都有研究讨论。张百熙对学生"平易近人"，以诚相待，他管学靠的即是这一片的热情与诚恳，因此博得了学生对他的教育改革的支持。张百熙也在京师大学堂内制定严格的条规，但他关注的是加强学生管理而不是钳制学生思想。在交到学生手中的京师大学堂宿舍条规之中附着张百熙的一篇"示学生文"，向学生解释了制定严格条规必要性。其"情切恳切，浩浩内行"，学生们都大为感动，皆云"此种文字实各学堂所未见过，管学大臣如此，即使堂规再严，我辈亦不能不守。"

张百熙改革的决心，诚挚的关怀，爱国的热情感染了京师大学堂的学生们。在忆及母校时，许多学生都难以忘怀张百熙对教育改革的杰出贡献。如师范馆的头班生俞同奎回忆他在师范馆中的求学经历时说："当年风气闭塞，学校程度幼稚，固无可讳言。不过张百熙先生思想甚新，他又能延揽许多头脑较新的人物，参合中外成规，编定学制，虽号称大学，是希望将来成为最高学府，当时倒不是勉强凑成班底，马上就唱似是而非的大学戏。他的宗旨，先造就一班师范人才，以储师资。青年有志的官吏，亦容许他们接受新教育，预备青黄不接的时代任使。当时国学教师，都是海内知名之士，教科学的教员，亦慎重选聘，借用客卿，倒不是流氓商人混饭吃的一流人物。招选学生，以国学和东西文化有根底者为取录标准，以便容易研究科学。校中所授学

◎ 张百熙手札

科，虽不太深，但却是择要急速深进。我虽在校短短一年，但后来到英国考进大学，亦受母校预备的益处不少。"邹树文也认为，"我们现在人只知道景仰蔡孑民（元培）先生，而忘记了张冶秋先生任管学大臣时代创办之艰苦，实在比蔡先生的处境艰苦得多多呢。"

张百熙解脱学务工作之后，被任命为邮传部尚书，并积极推动立宪。光绪三十二年（1906）张百熙下令邮传部暂设会计、庶务、文案三处，文案处暂分章奏、内文、外文、电报、总务五股。邮传部初告建成。然而，清政府内部的政治斗争和错综复杂的矛盾再次使他受到冲击，陷入连连遭到奏参的境地。事业的不得志，加之身体多恙，光绪三十三年（1907）正月，张百熙病重，二月（4月10日）辞世。清廷"谕旨"："邮传部尚书张百熙，公忠清亮，学问阔通，由翰林入直南书房，叠司文柄，洊擢正卿均能恪尽阙职，办理学务尤著勤劳，……兹闻溘逝，悼惜殊深。"赏给陀罗经被，派贝勒载洵前往祭奠，并追赠张百熙太子少保衔，谥号文达，并赏银二千两治丧。

因为张百熙知人善任，志节高远，又德高望众，爱护学生，所以他逝世后，"旧日生徒会祭者失声痛哭"。他的师友，学界的同仁和学堂的学生为他开了追悼会，其时有"阶前八百孤寒"之说。张百熙一生清廉，以至身后萧条。师友、学生们捐助7000元作为其家属的生活费。张百熙的支持者和京师大学堂的学生们对张百熙主持的教育改革给予极大的赞誉。他们深知"天下之弊有日积月累久，群知其不便而若无以易之"，而得张百熙当位时才"足以行其志发之也"。因有张百熙"若雷霆风云之骤至巉岩绝壁之不可动摇"的决心和毅力，改革"乃能定一尊而祛万议"。在京师大学堂的学生眼中，张百熙是颇令人钦佩的。他学问既渊博，眼界亦开阔，其所定之"壬寅学制"规划宏远，破除了不少陈规陋习，引进了很多的新式教育思想和方法，增加西学的比重，使广大学生从日日颂诵的经书中逐渐解脱出来，开启了近代教育事业大发展的契机。张百熙创立师范馆、仕学馆、译学馆、医学馆、进士馆，号召生徒分门讲学，又搜罗古今中外图书会通而损益之，带动全国学风高涨，在他们看来，中国学术人才"由虚枵而渐至质实，由涣散而渐即坚凝者"，是张百熙"苦心毅力之所为也"。即使是曾与他有政见之争的人也为他的逝世而感到惋惜。如与张百熙同为京师大学堂管学大臣的荣庆，虽然在学务上与张百熙见解不同，矛盾频频，但对张百熙的学识和品格敬佩不已。早在荣庆为管学大臣之前，他就曾在日记中称赞张百熙，"弹章颇具风力，均足为快。"说明荣庆既看重张百熙卓越的文采，也敬佩他不屈的性格。张百熙逝世后，荣庆书写挽联："负韩欧伟望，输文富大年，天不怒遗斯世痛；钟湘岳灵奇，蕴蔺荃忠爱，魂兮归去，楚江寒。"结款署"侍馆生荣庆"，充分体现了他对这位德高望众的改革者尊敬之情。

张百熙虽然没能完成他教育救国的志愿，却实践了他"学者当以天下国家为己任，我能拔尔抑塞磊落之奇才"的信念，为中国近代教育事业的发展做出了杰出的贡献。

（江　琳）

参考文献

[1] 赵尔巽.清史稿·张百熙传.北京：中华书局，1977

[2] 清实录.光绪二十七年十二月.北京：中华书局，1987 年影印本；北京大学综合档案等。

张亨嘉

清末教育改革家

◎ 张亨嘉

张亨嘉（1847—1911），字燮钧，又作铁君、铁军，谥号文厚。福建侯官（今福州）人。清末改革家、教育家。光绪九年（1883）考中进士，选庶吉士，后授翰林院编修、提督湖南学政。光绪二十三年（1897）由编修入直南书房，升任国子监司业，又迁翰林院侍讲，后任太常寺少卿。光绪二十七年（1901）迁大理寺少卿，提督浙江学政。光绪三十年正月（1904年2月）至光绪三十二年正月（1906年1月）任京师大学堂首任总监督。补授光禄寺卿、迁都察院左副都御史；光绪三十一年（1905）升任兵部右侍郎，后调任礼部左侍郎，充任经筵讲官、玉牒馆副总裁等职。宣统三年正月二十日（1911年2月18日）病逝，享年64岁。

主要著作有《张文厚公文集》《张文厚公赋钞》《磐那室诗存》。

清朝末年，政府腐败，外敌入侵，民生凋敝，国势衰微，中华民族处在生死存亡的关键时期。朝廷中昏庸无能的官宦众多，但也有一些忧国忧民、清正廉洁、刚直不阿、锐意改革、奋发有为的官吏。京师大学堂首任总监督张亨嘉先生就是其中杰出的代表。

勤奋好学 求实致用

张亨嘉生于清道光二十七年（1847），少孤贫，无兄弟姐妹。小时候，在母亲的教养下，勤奋用功读书，八九岁就学习《春秋左氏传》，当读到齐、楚、秦、晋各大国交兵处，就按照山川地势画成地图，分析战争形势。十岁学习《史记》也是如此。同治四年（1865），19岁以县学生乡试考中举人。沈葆桢、杨庆琛等知名人士，利用原正谊书局的大量藏书，创办正谊书院，书院首任山长是状元林鸿年。左宗棠督闽时，十分重视正谊书院，聘请专家搜罗版籍，刊刻图书，使书院藏书更加丰富，充分供给士子阅读研究。左宗棠以诗赋四子书文选拔学生，张亨嘉、陈宝琛、林纾、陈衍、吴曾祺等名士，都曾在正谊书院读书。同治七年（1868），王凯泰出任福建巡抚，以振兴福建的文风为己任，反对科举以八股文取士，创立致用堂（后改为致用书院），聘请林寿图、郑世恭、谢章铤等著名学者为山长。致用堂是清末教育改革的产物，规定报考致用书院学生的资格，是以举人、贡生、监生为限，童生不能参加考试。致用堂专考经史，讲授通经致用的学问，培养学生成为既通经史又有治国本领的有用之人，书院培养了许多优秀人才，著名的学者有张亨嘉、经学家黄增等人。张亨嘉在致用堂学习，成绩卓著，每次参加考试，十有六七都名列第一。但是，他对当时清廷科举考试以八股文取士很不适应，因此十多年来，科场不利，参加朝廷会试，屡试不中。按照清廷的规定，未参加会试的举人或考不上进士的举人，也可以根据清朝"大挑之法"参加考试，取得做官的资格，分等级录用，一等用为知县，二等用为学正和教谕。张亨嘉以举人身份参加考试，成绩优秀，经"大挑"录用为知县。

光绪二年（1876）秋，张亨嘉和同乡吴曾祺，作为福建巡抚丁日昌的幕僚，随丁日昌同赴台湾。抵达台湾后，从台湾北部到台湾南部，所到之处，都归附朝廷，唯有凤山（今高雄）管辖的悉芒及狮头诸社不服教化，以后便强令其遵守法纪。中路水埔六社的农民不会种田，便雇汉族农民代他们耕田，又让当地的官员按人口发给农民钱和米，教他们耕地种田，并且开设义学，教他们读书识字。对于台湾渔民免去他们的渔税，并计划在台湾修建铁路、开发矿业，把征收来的关税和专业税用来制造船械。台湾人都盼望能早日过上安定太平的日子。光绪五年（1879），台湾艋舺学海书院重建，经陈维英推荐，张亨嘉任山长（校长），历经数年，淡水学者出其门者有数百人。

张亨嘉尊崇儒学，尤崇敬明末清初的黄宗羲、顾炎武、王夫之等著名的思想家、教育家、史学家。黄、顾等人曾组织义军抗清，明亡后，便隐居著书讲学。黄宗羲创立甬上证人书院，研究儒家经典，重视发扬经史致世的学风，提倡学生独立思考，自由发挥，不唯司讲者从，不专主一家之说，这是黄宗羲的实学思想和初步民主意识在书院讲学中的表现。书院除重视经史、文学外，还重视天文、地理、数学等自然科学知识的传授，因此在经史学、数学、天文学等方面均有成就，学者称他为梨洲先生。顾炎武勤奋好学，在政治、历史、经济、金石、音韵等方面颇有研究，著述丰富，学者称他为亭林先生。王夫之，衡阳人，明亡后，归衡阳石船山，筑土室，潜心著书320卷，学者称他为船山先生。这三位学者都是明清一代学术宗师，他们的学术思想对后世的影响极大。张亨嘉任礼部侍郎时，奏请朝廷以黄宗羲、顾炎武、王夫之三位学者从祀孔子文庙。此前，陈宝琛也曾奏请顾、黄二人从祀文庙，但因他们在明亡前曾参加过反清活动，遭到满族大臣反对。而这次张亨嘉再次奏请，争辩再三，"直至面发赤不止"，始获准。

做官为民　刚直不阿

清朝吏治腐败，官府昏庸。河南省南阳府镇平县，有个以"捉贼"为己任的捕快胡体安，他自己就是强盗。光绪五年（1879），因抢劫富户被告到河南巡抚涂宗瀛处。胡体安便用年仅15岁的家童王树汶顶替，并哄骗王树汶说不会有死罪，不久就能放他出来。受理此案的镇平知县和南阳知府未经认真审问就草草把王树汶定为死罪。当王树汶被绑赴刑场执行死刑时，他才知道自己上当，高声叫冤。监刑的官员向涂宗瀛报告王树汶临刑喊冤的情况，涂宗瀛命令停刑，并派按察使重审此案。王树汶称，他不是胡体安，他叫王树汶，他的父亲是郑州的农民叫王季福。于是官府命郑州知府朱光弟将王季福解送到省城与王树汶对质。此时涂宗瀛调任湖南巡抚，已离开了开封，河道总督李鹤年继任河南巡抚。原先是南阳府的知府任恺，曾审过此案，他与李鹤年的关系很深。任恺怕此案一翻，自己也脱不了干系，便写信给朱光弟不要将王季福解送省城，但朱光弟不从，王季福终于被解送到开封，经当堂对质，王树汶和王季福果然是父子。任恺仍想倚仗与李鹤年的关系，千方百计要维持原议。在京河南籍的御史纷纷上奏弹劾，新任巡抚李鹤年也受到批评。李鹤年竟然意气用事，推翻涂宗瀛重审此案的决定，维持原议，并向刑部行文，称王树汶虽然不是胡体安，但按律强盗不分主从，均要判斩刑，所以原审此案的官员都没有过错。此议一出，全国哗然，京中御史纷纷弹劾李鹤年包庇任恺。朝廷又特派河道总督梅启照为钦差大臣复审此案。清代的钦差审案都是由下属官员审理，自己并不亲自审问。河道总督属下的官员，大多是李鹤年的故吏，梅启照也不愿得罪李鹤年，竟以王树汶为强盗从犯判斩立决结案。此时，张亨嘉已从知县升为同知，被派到河南东河总督府任职，也参加了此案的审理，在审理终结时，他独持异议，不肯附和李鹤年一党的结论。案卷送交刑部时，参审官员必须列名，张亨嘉请求去掉自己的名字，梅启照不准。张亨嘉辞去官位，请求去京城参加会试。到京后，张亨嘉向刑部详细陈述了王树汶案的始末。光绪九年（1883），刑部郎中赵舒翘终于查清了此案的原委。案卷上奏，奉旨：王树汶无罪释放，镇平县知县、南阳府知府撤职发配边疆；河南巡抚李鹤年、东河总督梅启照被革职；河南按察使以下审理过此案的官员或革职，或降调，都受到了不同的处分，独张亨嘉免予处分。张亨嘉时年 36 岁，在京参加会试，考中进士（癸未科二甲第六十二名进士），因擅长文学、书法，选为庶吉士，入翰林院庶常馆学习。光绪十二年（1886），授翰林院编修。

　　光绪二十六年（1900）夏，庚子之变前夕，朝廷召开大学士六部九卿御前会议，商议围攻外国使馆事。此时，张亨嘉已升任太常寺少卿，也参加了会议。在会上，光绪皇帝主和。端王载漪等人主战，奏说：义和团有神术可以消灭洋人，主张利用义和团攻打外国使馆。太常寺卿袁昶奏陈："拳术不可恃，外衅不可开，杀公使，悖公法，事将不可收拾。"吏部侍郎暂管大学堂事务大臣许景澄和户部尚书立山等皆支持袁昶之议。许景澄奏说："甲午一战，中国对手是一个小国日本，结果是丧师辱中，而今再与众国为敌，只怕国力不足，重蹈甲午的覆辙。"慈禧听后勃然大怒。在朝堂上对攻打外国使馆的争论也非常剧烈。张亨嘉被袁昶等为国不惧死的精神所感动，便出班启奏，支持袁昶、许景澄等，说："邪术不可用，战争不可开，使馆不可攻，公使不可杀，力言杀使臣、攻使馆是违背国际公法。"张亨嘉说话很急，又杂有闽音，慈禧听不懂。当时，满朝亲贵大臣多看慈禧眼色行事，迷信拳民有神术能打败洋人。光绪左右为难，随命张亨嘉去察视。张亨嘉知其不可恃，即上条陈，详细说明邪术不可信，所谓"神术"均是愚昧之举，保国救民应靠清醒的头脑处理国事，围攻使馆违背国际公法，清将领董福祥骄纵不可用。奏折刚送上去，庚子之变起。以后，袁昶、许景澄遭顽固派陷害被杀，张亨嘉因他的发言别人听不懂而幸免于难。形势发展果如袁、许所言，七月初三袁昶、许景澄遭诬陷被杀，七月十二日八国联军攻占北京，七月二十二日慈禧、光绪西遁长安。张亨嘉又写下著名的《奏请回銮折》，"请定期回銮，以维人心，而防他变"，他指出：由于外敌入侵，"今千里之内，田庐榛莽，市里为墟，盗贼纵横，商贾断绝，人民愁痛。故以维人心言之，则回銮不得不亟者也。"慈禧与光绪回京以后，对张亨嘉独先任用，命为大理寺少卿。

张亨嘉秉性耿直，立朝20余年，为官治事清正务实。平时很少言词，善于独立思考，但感触时事，则仗义执言，提出意见也很尖锐。他深忧边疆危机，呼吁保边疆、保民族。他指出："外洋入寇，必借沿海岛屿，以为屯守之基，而后能反客为主，以与中国相持。"他提出要固守台湾，以防日本侵略。并指出："终为中国大患者，夫人而知其为俄也。"因此，他主张要加强边防，以保卫满洲、新疆和内外蒙古。他还谆谆告诫："天下之患最不可为者，莫甚于以因循为宽大、委靡为老成，销锋铸镈，粉饰太平，及至祸迫眉睫，仓皇无所措。"并痛切指出："清谈不可以却敌，理学不可以济变。"他的分析中肯，抨击时弊，持论峻切，常令闻者色变。

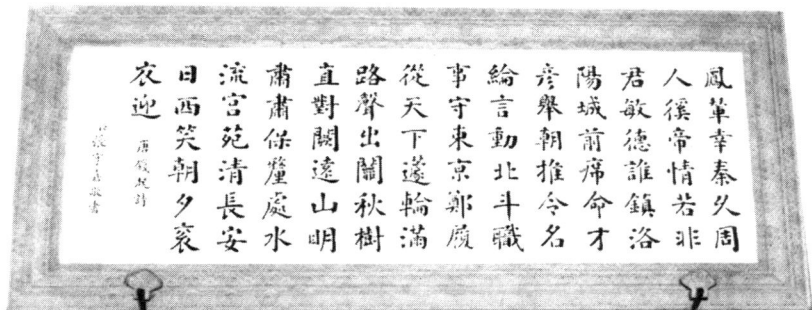

◎ 颐和园听鹂馆存张亨嘉墨迹

　　张亨嘉一生清廉，持躬俭约，未尝苟取。在京居官，故旧亲戚有赴京托其通融关节者，他常置之不理，遇事不循私情，对亲朋故旧不予关照，故旧亲戚宦游京师四方者，不能为关说函荐，故不喜者多。

重视文化教育　　热心培养人才

　　光绪十四年（1888），张亨嘉提督湖南学政，认为掌管教育的官员应该是读书人的楷模，应该激浊扬清，树立良好的风气。他向朝廷举荐文化品德高尚的人主管教育，他提倡治学务求实用，反对空谈，常以策论试士，反对以八股文取士，使湖南的学风为之一变。张亨嘉在湖南举行府试，发题数十道，分经学、史学、小学、地理、国朝掌故、兵谋、算术、词赋等二三十门。治经者，分习各经，又分今古文。府试长达二三十日，张亨嘉亲自操劳，白天坐在堂上，吃饭也不入内，夜间阅卷，往往通宵达旦。对考生的名次上下，斟酌再三，对学生的取舍，更是仔细推敲，唯恐遗漏。开科取士的《湖南校士录》刻印以后，读书人争着购买，都认为命题宏博，当今和过去都未曾见到过。

　　光绪初年（1875），湖南学政朱然恢复被战火毁坏的湘水校经堂，成为专门治经的独立学院。校经堂受校舍限制，仅能容纳 24 名学员，而且城南旧址狭窄，不能适应发展的需要。光绪十六年（1890），张亨嘉与巡抚张煦商议，决定在长沙湘春门外另建宿舍，并将校经堂改名为校经书院。张亨嘉并向盐商募捐以解决书院经费，又新增加学额 20 名，连同以前学生共 44 名。校经书院分经义、治事两斋，张亨嘉的办学宗旨是："专课全省通晓经史、熟悉掌故之士"，"务期多士沉潜问学，博达古今，养成有体用之才，以备他日吏干军谘之选"。张亨嘉确立这个办学宗旨，是有感于"自科举之文兴，而人才不竟于古"的现状，对湖南全省各书院奉行时文课士的教育模式十分不满，他曾指责说："今世舍圣人之经典，先儒之注疏，与前代之史不读，而读其所谓时文"，"夫时文既不根于经史，科目又不能得功名气节之士，则谓之所养非所用也。"按张亨嘉的办学方针，他的为学方式是："使者之试湘士也，先之以训诂，本之以义理，广之以兵谋、舆地、农政、河渠，……"，"反对以空疏为性理者"。张亨嘉聘陈衍为总校，批阅学员的文章，甚得张的器重。光绪三十三年（1907），陈衍入京为学部主事，兼任京师大学堂经学教员。光绪十七年（1891）十月，张亨嘉撰写《楚南新建校经书院碑记》。张亨嘉是对开创近代湖南学风有较大贡献的人，福建的林志钧还曾这样称赞这位先辈说："先生在湘，每试辄分经史、小学、舆地、掌故、兵谋、算学及词赋各门，盖于制艺四子书文以外，特重所谓经古场者。每一科各重专习，如治经则分今古文；若诗，齐、鲁、韩三家；尚书，欧阳、夏侯、伏、马、郑诸家。其他科之分肆咸类是。湘本多佳士，学使者提挈于上，学风蔚然茂起，为当时各行省冠。"校经书院通经致用的办学方针，在维新运动中又得到进一步的发展。光绪二十年（1894），江标任湖南学政。江厌恶八股文，对校经书院的学风非常赞赏，并对校经书院进一步进行改革整顿，使其成为集学堂、学会和报馆三位一体的维新运动活动的阵地。

湖南沅陵城西 30 里处有二酉山，半山腰有二酉洞。相传秦始皇三十四年（公元前 213 年）"焚书坑儒"，有两书生负书简至此，将两千余件竹简藏于洞内。秦亡后，书简复出，成语"学富五车，书通二酉"即出于此。光绪十四年（1888），张亨嘉拜谒二酉洞，特书"古藏书处" 4 个大字，分刻于 4 块大石上，位于洞口，以纪念中国历史文化的保护者。二酉洞被称为中华文化圣坛。曾有人认为：没有二酉洞古藏书处，中国秦代以前诸子百家的文化，大部分将荡然无存。

张亨嘉一贯爱护人才，求贤若渴，为选拔人才，不拘文字格式，以真才实学取士。曾积极参加维新变法运动的熊希龄，就是张亨嘉在湖南培养出来的好学生。1913 年熊希龄曾任中华民国内阁总理；1920 年创建北京香山慈幼院；抗日战争时期，又把全部家产捐献出来，全力投入抗日救亡工作，1937 年因过度劳累突发脑溢血逝世。熊希龄 14 岁考中秀才，后在湖南沅水校经堂读书，学习 3 年，成绩优异。光绪十五年（1889），湖南沅州府举行岁、科连试，熊希龄名列第一。次年张亨嘉按试沅州，熊希龄成绩又列第一，张亨嘉特地将他抽调到长沙校经书院深造。张亨嘉多次批阅熊希龄的课卷，对他赞叹不已，称他为"当世英特振奇之士"，谓他"学术近李泰伯，才气近陈同甫"，因而愈加器重。光绪十七年（1891），熊希龄参加本省乡试，竟以第十九名考中举人，与他沅水校经堂的老师沈克刚同榜。熊希龄乡试中举后，仍留在长沙校经书院学习深造，学习仅半年，见闻益广，学乃大进。同年末，张亨嘉任满将离开湖南，离任前对全省乡试没考中的学生进行一次岁、科连试，选拔优贡生送国子监肄业，熊希龄虽已中举，为检验自己的学习成绩，也报名参加考试，他的成绩远远超过其他考生，试毕，张亨嘉将考生中成绩优秀的试卷辑成《湖南校士录》5 册，其中熊希龄的试卷竟达 8 篇，并且每一篇都批有张亨嘉极好的评语。熊希龄中举后又经半年刻苦学习，即进京参加会试。当时张亨嘉在翰林院南书房行走，看到熊希龄的试卷后，评道："不屑屑循题布置，而言皆有物，是为有关世道之文。昔人谓文之佳者，由读书积理多也，是作得之。生年甫及冠，拔起边陬，谈兵如何去非，说地如顾景范，它日当为有用之才，不仅以文学显也。勉之、望之。"按清代典制，会试放榜后一月，举行殿试，由皇帝亲自点定一、二、三名，分一、二、三甲等第。殿试对策，除根据真才实学评高下，还专重书法，要求小楷必须写好，字字方正端匀，如写成破体，就没有录取的希望。熊希龄虽然会试考出好成绩，但是他的书法欠佳。张亨嘉深恐熊希龄的书法不合格而误了他的前程，就劝他暂时不要去应殿试，先练习两年书法，待下一科再考。光绪二十年（1894），朝廷举行恩科，这一年春天，刚过了旧历年，熊希龄匆匆赶到京城，找到张亨嘉，张亨嘉见他的书法还没有练好，距考试日期仅有两个月，便从旁督促"每天不准他出门，专门练字"，张亨嘉每天从南书房回家，便先到熊希龄的住处来看他练字，又多方鼓励和指点，终于使熊希龄的书法有了很大进步。甲午恩科殿试在保和殿举行，应试者 45 人，连同本科新中贡士共 311 人，熊希龄以第六十三名位列二甲，赐进士出身。朝考后，光绪很欣赏他的文才，用朱笔在他的考卷上御批："笔摇五岳，气行全球，横扫五大洲，杰作也！"钦点熊希龄为翰林院庶吉士，庶吉士共 76 人，熊希龄排名第四十一，进入词馆，时熊希龄刚满 24 岁。甲午战争中国战败后，熊希龄返乡积极投身于湖南的维新运动。

光绪十九年（1893），张亨嘉典试广西，充任正考官。他提出："惟古今论国是者，曰富强，曰形势，曰人才。""而人才非培养不成，非历试不见。"广西一行，他遍搜遗卷，又选拔出十数人。

光绪二十七年（1901），朝廷命张亨嘉提督浙江学政。张亨嘉在浙江招生考试，广泛参考西国政教命题，选拔能发挥新学、对新学有特殊见识的学生，举荐他们到经济特科，保送他们到京师大学堂为师范生。

张亨嘉重视社会文化事业。当时，浙江杭州旧有藏书楼因战乱被烧毁，光绪二十六年（1900）十月，杭州有识之士邵章等又重建杭州藏书楼，开放初期已拥有藏书 718 种

◎ 大学堂匾额

9499 册，报章 14 种。张亨嘉任浙江学政时期，把杭州藏书楼扩建为浙江藏书楼，购书七万卷。张亨嘉撰写《浙江藏书楼碑记》，并请光绪皇帝题赠《敦彝牖慧》匾额。制定《浙江藏书楼章程》，便于士民借阅。《浙江藏书楼章程》规定："书楼之设，原以广开民智，造就人才，无论进士举人、贡、监、生、童，但志在通知古今中外者，均准入楼阅书借书。"章程还规定可以到楼内阅览，亦可外借出楼，包括书、报、杂志；每周开放六天，每天开放 7 ～ 9 小时；楼内还备有免费茶水，可以定购午餐等。由此可见，浙江藏书楼已具备公共图书馆的职能。宣统元年（1909），浙江藏书楼与浙江官书局合并，更名为浙江图书馆。

崇尚科学　积极参加变法维新

甲午战争中国战败，康有为等维新志士呼吁变法维新，又以组织学会、发行报刊、创办新式学堂来推动维新运动的开展。光绪二十四年（1898），各种学会的创办达到高潮，全国约计有 37 个学会。正月初十日，张亨嘉和林旭共同主持，在北京福建会馆，集合在京的福建人士开会，创建闽学会。主要任务就是宣传变法维新。正月十八日，由阎乃竹、宋伯鲁等在京师创办关西学会。二月，杨锐、刘光第等在京师建立蜀学会，另外四川亦有宋育仁等发起的蜀学会。湖南长沙有谭嗣同、熊希龄等创办的南学会。光绪二十三年（1897）创办的学会，著名的有康有为在广西创办的以尊崇孔子、宣传维新的圣学会。康有为在京师创办的宣传变法维新的粤学会。谭嗣同、杨文会在南京办的测量会，学习天文、气象、地图的测量。还有在武昌成立的学习自然科学技术的质学会。此外，还有苏州的苏学会、京师的知耻学会、上海的中国女学会等。这些学会的创建，在北京产生了较大的影响，京师的士大夫们也"颇相应和"。光绪二十四年三月，康有为便准备在此基础上组织全国性的保国会。此时，梁启超也来到北京。于是，在三月二十七日，于北京粤东会馆，由康有为、李盛铎等发起成立保国会。在保国会成立大会上，康有为慷慨陈词，号召民众积极支持改革。在保国会的影响下，各省人士又成立保滇会、保浙会、保川会等组织。光绪二十四年四月二十三日（1898 年 6 月 11 日），光绪皇帝下《明定国是诏》，宣布变法，维新开始。维新变法的主要内容是：在政治上要广开言路，准许开设报馆，办学会，要改革官制，裁减机构和冗员；经济上提倡实业，鼓励商办铁路、矿务，兴办农会和商会；军事上请起民兵以练陆军，购买铁舰建海军，裁减绿营，裁兵并饷；教育方面开办京师大学堂，废除八股，改试策论，选派留学生，设立译书局等。七月十四日，为精简机构，裁减冗员，皇帝命裁撤詹事府、通政司、光禄寺、鸿胪寺、太仆寺、大理寺等衙门，其事归礼部、兵部、刑部办理；裁撤广东、湖北、云南巡抚、东河总督、各省粮道等官员；下诏把阻挠主事王照上条陈的礼部尚书怀塔布等人革职，交部议处，并撤去李鸿章总理衙门大臣的职务。又破格提拔谭嗣同、杨锐、刘光第、林旭4人为军机处章京，参与新政。在教育改革方面，光绪下诏，命筹办京师大学堂，各省开办中、小学堂，废除八股文，改试策论，选送留学生去日本，设立译书局等。命孙家鼐管理大学堂事务，并拟定章程，经费由户部筹拨。

光绪二十四年八月初四（1898年9月19日），戊戌维新变法仅百日即告失败，形势大变。光绪被软禁在瀛台，谭嗣同、林旭、刘光第、杨锐、杨深秀、康广仁6人遭杀害，史称"戊戌六君子"。全国的学会，除少数自然科学专业学会外，其他宣传维新变法的学会，如保国会、南学会、蜀学会、关西学会以及林旭和张亨嘉创办的闽学会等，都遭取缔而停办。"戊戌变法"失败后，由守旧派把持朝局，光绪实行的新政，尽皆废止。八月，慈禧又命詹事府、通政司、光禄寺、鸿胪寺、太仆寺、大理寺等衙门照常设立。维新派的改革措施全被废除，而京师大学堂却得以保留下来，并仍命孙家鼐继续筹办，但教学方针和学习内容有了变化。慈禧下令恢复以八股文科举考试制度，大学堂学生只有参加科举考试中举人、进士后，才能取得做官的资格。光绪二十四年十二月开学时，学生不及百人。光绪二十五年（1899）春，孙家鼐辞去管学大臣职务，由许景澄暂代管学大臣职权。同年夏，许景澄因反对攻打外国使馆遭杀害，义和团进入北京，八月三日慈禧下令停办大学堂。八月十四日八国联军侵占北京。大学堂校舍惨遭义和团和外国军队侵占,设备被毁,图书被烧……"戊戌大学"遭此厄运,大学堂被迫停办了两年。

经过"庚子之变",慈禧和光绪在出逃西安的路上吃尽了苦头,痛定思痛,回顾从甲午战争的失败到八国联军攻占北京,认识到要兵强器利才能保国护民,必须学习西国之长,培养懂得西学的人才,因此,兴学育才实为当务之急。"戊戌变法"失败后,张百熙因举荐过康有为而被革职留任。光绪二十六年张百熙被授予礼部侍郎,后任左都御史。"庚子之变"后,张百熙痛心时事,上奏折陈述大计,要求改官制,理财政,变科举,建学堂,设报馆,力请兴学。光绪二十七年十二月一日(1902年1月11日),慈禧下谕旨派张百熙为管学大臣,负责京师大学堂的全面恢复工作。次日,又颁发上谕将京师同文馆归并入京师大学堂。经过张百熙的奋力工作,京师大学堂于光绪二十八年十一日十八日(1902年12月17日)再次开学。尽管张百熙为了京师大学堂的恢复竭尽全力,但朝廷内的保守派仍然对他曾保举过康有为而心怀不满,建议再增加一个满族大臣主管教育。慈禧又任命荣庆为管学大臣以分散张百熙的权力,这对张百熙的工作带来很大阻力。张百熙上疏奏请湖广总督张之洞参与京师大学堂的领导工作。慈禧知道张之洞兴办新式教育的才能,批准张百熙的举荐,并下谕旨命张之洞会同张百熙、荣庆重新厘定大学堂章程。光绪二十九年十一月二十六日,京师大学堂的第三个建校章程"奏定大学堂章程"上报朝廷,新章程把管学大臣改为总理学务大臣,以统管全国学务,另设大学堂总监督专管京师大学堂的事务,受学务大臣的节制。孙家鼐被任命为第一任学务大臣。光绪二十九年十二月二十一日(1904年2月6日),原大理寺少卿、浙江学政张亨嘉经张百熙举荐被任命为首任京师大学堂总监督。

光绪三十年正月,管学大臣的印章改为京师大学堂总监督的印章。从此，京师大学堂开始独立运作。首任京师大学堂总监督张亨嘉，以其最短的就职演说，被学生们不断追忆。据京师大学堂第一届毕业生邹树文在《北京大学最早期的回忆》中记述："我还记得第一任总监督张亨嘉先生就职的时候，监督与学生均朝衣朝冠，先向至圣先师孔子的神位行三跪九叩首礼，然后学生向监督作三个大揖，行谒见礼。礼毕，张监督说：'诸生听训：诸生为国求学，努力自爱。'于是全部仪式就算完了。这总共十四个字，可以说是一篇最短的演讲词。读者诸君，你听过再短于他的校长演讲没有？"京师大学堂师范馆的学生王道元回忆说："同学们散归各斋后，有的说：'所演说可能是最简短的吧！'也有人说：'孔门弟子不是说有一言而可以终身行之的话吗？张老夫子正是言短心长，我们诸生之流正当书为座右铭啊！'大家哄堂大笑。"除去称谓，其实真正训词仅10个字。字虽少，但意义深远。简短演说，许多人都乐于传诵。至于张监督为何如此言简意赅，也就无暇计较了。

张亨嘉任京师大学堂总监督，因学堂初置，举步维艰。他选定宿舍，改建操场，广收学生，类别学科，采购书籍仪器。他参与制定学堂章程，拟定考试科目，设中文论著、中国史地、外国史地、翻译、算术、代数与平面几何、物理无机化学7门课程。他选择教师，既礼聘饱学宿儒，也任用精通西学的西人教授。经过张亨嘉的惨淡经营，大学堂又初具规模。

光绪三十年（1904）二月，张亨嘉就校西旷地添置斋舍，以仕学馆归并进士馆。三月，派遣学生15名学生前往英、法、德、俄等国留学。七月，重新修定进士馆章程。十月，张亨嘉兼任进士馆监督，进士学习法政自此始。十一月，由各直省选拔年龄合格、品行端正的学生送京，经大学堂考选，择其优者编入预备科、师范科各一班。共录取学生360余名，连同旧有的师范生共有 500 余人。又添聘英、德、日本教习。遵照定章，大学堂于光绪三十一年正月二十日（1905 年 2 日 23 日）开学，预备班和师范班的学员分班上课。同年二月，医学实业馆改建为医学馆，在前门外孙公园地（后孙公园）筑造房屋，与施医局合并。

光绪三十一年正月，借拨内务府所辖沙滩旷地改建操场。同年四月二十五日至二十六日（1905 年 5 月 28 日至 29 日），京师大学堂举办了第一次运动会，竞赛项目共 20 个，包括跳高、跳远、铅球、中长跑、竞走、集体参加的拔河等。这是中国首次大学生运动会，为中国体育史写下了光辉的一页。张亨嘉在《为大学堂召开第一次运动会敬告来宾文》中指出：德育、体育必兼，是造就人才最完备的方法，而体育是造就人才的基础。中国古代也有多属兵法的体育，但科举兴而体育废。运动会就是树立大学堂德育、体育并重的教育思想。并指出：不要把运动会当成炫耀服装的场所，不要把运动会当成少数人竞技的场地，要求人人都参加，也不要因参加运动会而荒废平日的学业。他特别强调：世界文明事业都是刚强体魄创造的，中国要富强就不能不重视体育。光绪三十一年正月三十日（1905 年 3 月 16 日），张亨嘉在他的《奏开办预备科并添招师范生折》中提出："中国教育宗旨，智能必取资欧美，而道德必专宗孔孟。凡经籍所传义理，秦汉唐宋明以来儒家之论说，必挟其精密切要者以立德育之本，以为修己治人之法。……泰东西兴国之根源，亦即中国转弱为强之枢纽也。……取人之长而弃其短，矫己之弊而存其粹，此酌定教育宗旨之大概情形也。至于管理，最重纪律，教授端赖通才，臣惟博采周咨实事求是。"张亨嘉提倡德育、智育、体育并重，而尤重德育，强调以儒家的传统伦理进行德育教育，格致工艺（自然科学和技术）则要向西方学习。

光绪三十一年十月（1905 年 11 月），张亨嘉设分科大学，查照原定大学堂章程，分列 8 科，先设法政、文学、格致、工学 4 科，以备大学堂预备科及各高等学堂学生考试升入分科大学。并在德胜门外旧操场建立分科大学校舍。同时，将以前购置的瓦窑村地段作为专设农科之用。大学堂的分科与课目，较旧章程亦多有变更。大学堂设通儒院及大学本科，通儒院不讲授，无规定课目。大学本科分八个分科。经学科有 11 门课：周易、尚书、毛诗、春秋左传、春秋三传、周礼、仪礼、礼记、论语、孟子、附理学；政法科有两门课：政治、法律；文学科有 9 门课：中国史、万国史、中外地理、中国文学、英国文学、法国文学、俄国文学、德国文学、日本国文学；医科有两门课：医学、药学；格致科有六门课：算学、星学、物理、化学、动植物、地质；农科有 4 门课：农学、农艺化学、林学、兽医；工科有 9 门课：土木、机器、造船、造兵器、电气、建筑、应用化学、火药、采矿冶金；商科有 3 门课：银行及保险、贸易及贩运、关税。各学科又分主课和辅助课。

光绪三十一年十二月（1906 年 1 月），张亨嘉升任兵部右侍郎，光绪三十二年正月（1906 年 2 月），辞去京师大学堂总监督职务。

京师大学堂是"维新变法"的产物，是当时全国的最高学府，经"庚子事变"，学校遭破坏，被迫停办。大学堂复办开学后的次年，张亨嘉被任为总监督。张亨嘉一生治学，务求实用，担任总监督后，更注重新学和科学技术，他认真研究东、西方文化的精华，优礼厚遇学者来校任教，对学生既关怀爱护又严格要求，由他开创的优良学风，对大学堂以后成为闻名于世的北京大学、北京师范大学也有一定的影响。

变法维新，在经济上提倡实业，鼓励商办铁路、矿业。19 世纪 90 年代，帝国主义列强扩大对中国的经济侵略，争占中国的路权（在中国办铁路的权力），清廷保守派腐败，媚外卖国，与外国串通要将路权让给外国。光绪三十年（1904）末，法国人魏池串通福建厦门的官绅翁松村等，欲筹办漳州、龙岩、邵武与江西连通的铁路，并由法国驻闽领事照会闽浙总督，要求路权。此举触犯了日本在华利益，提出要建铁路应与日本合作。当时，全国掀起了挽回路权的群众运动，福建也出现署名"福建人公启"的传单，揭发法、日"各欲争占路权以扩张其势力"的阴谋，号召人民"群策群力，争回路权"。在厦门出版的《福建日日新闻》发表社论，指出："铁路为一国存亡之所系"，提出自办铁路的主张。漳厦铁路就是在这种形势下筹办的。因此说：漳厦铁路也是反帝爱国的产物。

光绪三十一年（1905），在京任职的张亨嘉，组织在京闽籍官员发起筹建福建铁路的倡议。同年十月，商办福建全省铁路有限公司在福州成立，并联名推举被朝廷贬黜、赋闲在福州老家的原内阁学士陈宝琛任总理。光绪三十二年（1906），福建全省铁路有限公司决定修建由漳州至厦门全长28公里的铁路，广大闽籍爱国华侨积极响应，捐资捐物，短短几个月，捐款达170余万银元。原计划招股120万股，每股银元5元，实际到位资本仅240多万元。在招股章程中强调："……本公司专招华股……如有为外国人代购股票，及将股票转售、抵押于外国人者，本公司概不承认。"体现了反帝爱国精神，维护了民族的尊严。漳厦铁路即将修建的消息传出后，引起日本人极大的不安，他们通过各种渠道横加干涉，但在福建人民的积极斗争下均未能得逞。光绪三十三年（1907年7月19日），漳厦铁路首期工程嵩屿至江东桥段28公里铁路正式开工。宣统二年（1910）竣工。这时陈宝琛已被清廷重新起用，宣统三年（1911）陈宝琛辞退公司总理职务。漳厦铁路首期工程完工后，因资金无法筹措，后期建设再无下文。开通后，又由于缺少资金，且管理不善，年年亏损，1923年铁路客货运输全部停止。1994年在厦门海沧嵩屿大规模开发建设时，村民发现一块"漳厦铁路"石碑，这是清末民初福建那条 28 公里长的"漳厦铁路"的铭牌，它是反帝爱国的产物，又让人们想起了变法维新那一段往事。

张亨嘉侍母至孝，无论在京或在湖南、浙江任职，皆奉母偕行。光绪二十四年，朝廷派张亨嘉出任朝鲜公使，张亨嘉因老母年近 90 岁，自己又是独生子，有老母在堂，势难远役，遂辞去此项公务。光绪三十四年，老母逝世，享寿 101 岁。

张亨嘉喜好读书，喜爱书画，博学强记，通晓经史。做学问喜博大而恶苛碎。为文章开朗详尽，引经据典，言简意赅。同乡吴曾祺记述："公性嗜书，余每过其家，卷帙不去手，通籍以后，清俸所入，多耗于书贾之家。"可见张亨嘉的才识、学问，是和他一生勤奋好学、广收博取分不开的。

（张　戬）

参考文献

[1] 张亨嘉. 京师大学堂首任总监督张亨嘉文集. 北京：北京大学出版社，2003

[2] 陈衍. 礼部左侍郎张公行状

[3] 清史稿列传，近代名人小传等

陈宝泉

"以教育事业为第二生命"的教育家

◎ 陈宝泉在高师时

陈宝泉（1874—1937），字筱庄、小庄、肖庄，天津人。中国近代教育家。曾留学日本。清末任直隶学务公所图书课副课长、清廷学部主事、郎中、实业司司长。民国后，历任北京高等师范学校（北京师范大学前身）校长、教育部次长兼普通教育司司长、河北省教育厅厅长、天津贫民救济院院长等职务。

著述丰富，专著有《中国近代学制变迁史》及文章多篇，近年出版了《陈宝泉教育论著选》。

陈宝泉是我国教育近代化进程中伟大的爱国者和拓荒者，从书刊编辑、小学教师到大学教授，从小学教务长到大学校长，从直隶学校司、清廷学部到中华民国教育部，再到河北省教育厅，他是能够与时俱进的教育家，服务于教育界近40年，对近代中国的教育改革和发展做出了突出贡献。

立志学业　涵养正气　投身教育事业

陈宝泉诞生之年，正是日本占领我国台湾、琉球，疯狂对华侵略扩张之时。清朝面临英、法、俄、日等帝国主义列强步步进逼，国力衰微，前途堪忧。国内一些有眼光的志士则推行洋务运动，提出"中学为体，西学为用"的政治主张。

陈宝泉出生于天津一个普通家庭，但父母均有文化且人品高洁。他无兄弟，为父母特别钟爱。父母的言行是孩子的第一任老师。父母的忠厚、善良、坚强、孝悌等品德，在生活中就潜移默化地深深植根于陈宝泉幼小的心中。不幸，在他15岁时父亲突然病逝，家境顿时陷入困顿。从此，孤儿寡母相依为命。他母亲是一位非常有教养、精明强干的女性。她以做针线活贴补家用，家中窗明几净，外出衣履整洁，谈吐安详。她曾对少年陈宝泉说："无源之水，久淘必竭；有限之财，过用必匮。汝日后治家，宜用以自省。"她还常常教育儿子，要自立自强，她曾说："吾寡母孤儿，从不依赖他人而思自立者，以他人不可长恃故也。"

在母亲的谆谆教诲下，陈宝泉立志学业，学习算学和古典文学，容西学、中学于一身。算学使他精明，崇尚实际；古典文学使他明辨古今，并内蓄浩然正气。当时，国内倡言时务，力主变革，在维新思潮影响下，陈宝泉于1896年参加康有为创办的强学会。

1897年，陈宝泉考取京师同文馆算学预备生。后因母病，未能实现。1900 年，庚子国变，陈宝泉携家出走，家产荡然无存。1901 年，任天津开文书局编校。1902 年，陈宝泉任天津民立第一小学堂教员。此时，著名教育家严修为民一小学堂的捐资董事兼任考察功课之责。同年，又协助严修创办天津师范讲习所。1903 年由严修选择优秀教师保送到日本留学。陈宝泉东渡日本，入石川宏文学院，专攻速成师范科。1904 年回国后，历任天津地区各小学教务长，并创设单级小学堂，筹备天津教育博物馆。旋入直隶学校司，任职期间，拟订劝学所、宣讲所等章程，均付诸实施。1905 年，任直隶学务公所图书课副课长，主编《直隶教育杂志》（此为中国近代最早的省级教育行政机关刊物），并与大儒高步瀛合编《国民必读》、《民教相安》，由北洋官报局公开印行 10 万册，在社会上产生了广泛的影响。另编著《国民镜》、《家庭谈话》等教科类图书多种。这些书都采用白话文，所以在民间非常流行，成为新文化运动之先声。同年底，随严修到清廷学部任职，执笔拟订学部开部之计划，改定中等以下学堂章程，主持组织学部图书局和编纂教科书的工作，官阶由学部主事升至郎中。又曾担任学部普通教育司师范科员外郎。1910 年，严修去职，其继任唐春卿尚书很器重陈宝泉，称赞他"外浑厚而内精明，可任大事"，擢升陈宝泉为学部实业司司长。

陈宝泉在上述教育实践活动中积累了丰富的经验，可以说，在担任北京高等师范学校校长之前，陈宝泉已经在教育界享有较高的威望。

受命危难 多方斡旋 开创高师先河

辛亥革命推翻了封建帝制，1912 年元旦中华民国建立；5 月，京师优级师范学堂改为国立北京高等师范学校；7 月，陈宝泉被中华民国教育部任命为北京师范大学的前身——北京高等师范学校的第一任校长，并应民国教育总长蔡元培之约，出席全国临时教育会议，参与民国初年教育改革。陈宝泉担任北京高师校长可以说是受命于危难之际。当时，由于内忧外患、军阀混战、吏治腐败，京师优级师范学堂发展缓慢，几近废弛，约 10 年中毕业生人数只有 300 多名，远远不能适应社会发展的需要。另外办学经费不足，时常捉襟见肘，无法扩大学校规模。陈宝泉上任之初，首先，利用有限的经费维持高师正常的教学，并创办了北京高师附中、附小；其次，利用各种机会和场合呼吁政府注意师范教育。

为了扩大师范教育规模，陈宝泉多方斡旋，想方设法争取资金。他通过好友徐蔚生（袁世凯家庭教师）的帮助，得到袁的大力支持。袁世凯有感于陈宝泉的多次呼吁，当然也为自己获得重视教育的美名、攫取更多的政治资本和换取各方的信任拥护，便于 1914 年 5 月 24 日"传见"陈宝泉。陈宝泉校长向临时大总统袁世凯陈述了师范教育的重要价值，"所陈多切直之言"，恳请袁世凯对北京高师的发展予以特别关注。此后，陈宝泉又几次上书袁世凯，论述发展师范教育之切要及改革师范教育之要点：师范学校宜就注重之学校扩充，不宜多设；师范教育要有计划按比例发展；师范教育行政要提倡师范学校互相联络，共同研讨教学、管理、训练等，以适合国民教育需要；优待学校教员，尤其应敬重小学教员，因为"小学教员为国民教育之母"；鼓励人才为救国之根本，宜重实际而勿尚虚

◎ 休息中的陈宝泉

名等。1915 年 2 月，袁世凯发布了《大总统颁定教育要旨》，特别命令教育部印制 100 本发给北京高师的学生，还为北京高师题写了"教育本源"的匾额，又以个人名义捐赠学校一万元，并批准教育部"特别拨款"6 万元，以资助高师的扩大和发展。陈宝泉"游说"袁世凯可谓非常成功。学校利用这两笔钱建筑了宿舍 160 间，教室 8 栋，为北京高师的发展奠定了重要基础。

统揽校政　开放办学　奠定师大基础

1912 ～ 1920 年，陈宝泉任北京高师校长期间，主持制定《北京高师规程》、《北京高师五年计划书》，将原京师优级师范学堂的英语、理化二部，扩充为国文、英文、史地、数理、理化、博物六部，在校学生也从一百多人扩充至近千人。增设附属中小学、教育研究科、职工养成科、体育专修科及东三省师范养成班；筹集经费，完成各科实验室、研究室、图书馆、体育馆、工业部之建设；倡设运动会、辩论会、游艺会、新剧团、雅乐团、讲演会、平民学校，引导学生全面发展，形成了日后北京师范大学规模雏形。可以说，北京高师在陈宝泉主政时期成绩斐然，是北师大历史上发展速度较快的时期之一，不仅最大限度地满足了全国各地中等学校各种师资的需要，而且为后来的北京师范大学的系科的发展奠定了基本框架。陈宝泉十分重视高师教师队伍建设，提倡教师游学游历，吸取各地教育的长处，以丰富知识，增长才干，提高素质。他认为资遣师范学校职教员游学、游历有以下好处："一、经验与学问相调和，可以免偏重之弊；二、教育者有所希冀，则热心从事之人日增；三、资遣职教员游学，教学相长，较之遣派学生，事半功倍；四、游学、游历之人日多，则内外知识可以互相交换；五、促进师范教育之进行，则国民教育根本自固。"

为了提高北京高师的学术水平，陈宝泉重视师资队伍建设，聘请了一大批著名学者来高师任教，如王桐龄、邓萃英、许寿裳、马寅初、张耀翔、经亨颐、陈映璜、马叙伦、丁文江、翁文灏、何炳松、沈步洲、陶孟和、钱玄同、黎锦熙、毛邦伟等40余人，尽一时之选，从而使得北京高师的师资力量一度十分雄厚。陈宝泉尤其重视延聘留学生任教，北高师当时有相当数量的专职教师毕业于国外专门大学。为了延揽留学生就职于北京高师，陈宝泉在考察美国教育期间，亲自同留美学生座谈，邀请他们毕业回国后加入北京高师。其中，有"河北三杰"之一称号的李建勋，就是在陈的力邀之下，回国后就职北京高师，后来成为北京高师的校长。同时，他还利用高师坐落首都的区位优势，极力吸取北大等校教授在北京高师兼职，如马幼渔、沈士远等。陈宝泉在大量吸收文科学人的基础上，还大力发展理科，延聘知名教授任教，使得北京高师的理科也相当优秀。

陈宝泉管理北高师采取校务公开原则。他不仅及时借鉴北大的改革经验，而且在推行学生自治和平民教育等方面成绩斐然，使北高师成为新文化运动中北大之外的又一重要阵地。陈宝泉在办学指导思想上能正确处理继承祖国传统和学习外国的关系，他曾在《国民镜》中鲜明地指出："不墨守唯我独尊的谬见，对于中外学问事功，其爱憎取舍，论其实不论其名。"他强调大胆学习外国，并引俗语说："泰山不让土壤，故能成其高；河海不择细流，故能成其深。国家若不取法各国，何以富强呢？"正确的态度是：取人之长，补己之短，使本国为"完全独立之国"。基于这种思想，陈宝泉在执掌高师期间，身体力行，多次考察国内外教育，如1915年率北京高师附小（今北京第一实验小学）主任郑际唐、北京高师附中（今北师大一附中）主任韩诵裳参观江苏、浙江教育；1917年与黄炎培、郭秉文、蒋维乔等参观日本、菲律宾以及广东、香港教育；1919 年与袁希涛等率领"中华民国欧美教育观察团"出访欧美，在美国时，由著名教育家孟禄等陪同参观，并邀孟禄访华。在美国，陈宝泉还热情会见了张仲述（张伯苓胞弟，后曾于 1923 年主持北京师大与中华教育改进社合办的中学课程研究班）等留学生代表，邀请他们回国任教。

在任北京高师校长期间，陈宝泉还积极参加各种学术集会和学术团体的领导工作，由他亲自创办并担任会长的重要教育社团有：北京通俗教育研究会、北京教育学会、天津县教育会、全国师范教育研究会等职。又与张元济等发起师范讲习社，编辑出版《新体师范讲义》。1915 年参与发起全国教育会联合会，以后历届年会均参与主持。1917 年 1 月，与蔡元培、黄炎培等发起成立中华职业教育社。1918 年 4 月，受教育部委托主持召开全国高等师范学校校长会议；9 月向教育部提交关于设立道德教育研究部的呈文，获准施行。同年在北京高师主持召开中国教育史上首次国语教科书编辑会议，与钱玄同、黎锦熙等创编白话文教科书。陈宝泉十分重视国语的普及，并把国语普及和提高国民性结合起来。"教育重要的一方面，第一在培植国民性；国民性的要素第一要有统一的语言。""一国之历史与其语言文字，实为其国民之所由结合，亦即为其国民特性之所由养成。"他大力支持钱玄同、黎锦熙开展国语普及活动，使北京高师成为国语普及运动的一个重要基地。1919 年 3 月，教育部组织教育调查会，由陈宝泉、蔡元培等九人组成，陈分别担任普通教育调查股、师范教育调查股成员。同年，与袁希涛共同创办中华博物学会，任副会长。

陈宝泉在"高师改大"的过程中也起了重要作用。早在 1919 年山西全国教育会联合会年会上，他就与邓萃英联名提出了《设置师范大学案》。1922 年以后，他以教育部官员身份兼任北京师范大学筹备委员；与梁启超、张伯苓等 9 人担任北京师范大学董事会董事。除在教育部任职外，他先后任北京师范大学教育系讲师、教授，讲授"中国近代学制变迁史"课程。从1925年起，他整理讲义，三易其稿，编著成书，于1927年正式出版。《中国近代学制变迁史》准确地绘制了各个时期学制系统图，为后来的中国教育史书所取法，成为教育史研究者必读之书。

综上所述，陈宝泉任北京高师校长达9年之久，是新中国成立前北京师范大学历史上任职最长的两校长之一。从校址的开辟，校舍的建筑，到教员的延聘，系科的设置，直至各种规章制度的订立，都是由他主办的，"卒蔚成此全国最大高等师范之基础"。陈宝泉既是北京高师的主要创办人，又是北京师范大学的主要奠基人与创办人之一。为了表彰陈宝泉的光辉业绩，北京师大分别在不同时期建有筱庄楼和筱庄斋。

敦厚师长　蔼蔼之风　深受学生尊崇

1919年5月4日，北京高等院校学生为反对日本帝国主义阴谋通过"巴黎和会"使其侵占山东合法化，并呼吁北洋政府严惩与日本帝国主义勾结的卖国贼，在天安门前举行游行集会，震惊中外的反帝、反封建的"五四"爱国运动由此发轫。为了这次集会活动，以陈宝泉为代表的北京高师学校当局批准食堂提前开午饭，使学生有较充裕的准备时间。北京高师学生最先到达天安门前。当天，反动军警抓走了参加游行者32人，其中8人是北京高师的学生（他们是陈宏勋、杨荃骏、初铭音、向大光、薛荣周、赵允则、唐英国、王德润）。陈宝泉与北大校长蔡元培等积极营救被捕学生，各校师生罢课、游行、上街演讲、交涉；5月7日，由校长陈宝泉出面担保，8名被捕的北高师学生全部获释。陈宝泉派专车前往关押学生的监狱，迎接8名勇士。听到被捕同学即将返校，大家情绪激昂、兴高采烈，纷纷到校门口列队欢迎。陈宝泉也以校长身份亲自在校门口等候迎接。8 名勇士受到英雄凯旋的礼遇，一下汽车就被大家高高抬起，掌声、欢呼声响成一片；学生们抬着勇士们到了风雨操场，召开了隆重热烈的欢迎大会。

考虑到 8 名学生今后的安全问题和毕业后的出路，陈宝泉校长把他们召去，晓以利害，并征得他们本人同意，亲自为他们改了名字，如陈宏勋改名为陈荩民，杨荃骏改名杨明轩，初铭音改名初大告……充分体现了一个敦厚师长对自己学生的爱护。这些学生毕业后，有的成了科学家，有的成了教育家，有的成了革命家，如杨明轩后来曾任全国人大常委会副委员长。多年后，他们谈起老校长对他们的保护和爱护，仍非常激动。

陈宝泉办学有方，并支持学生爱国运动，保护进步学生，赢得了学生深切的爱戴和尊敬。1920 年 5 月，陈宝泉辞去北京高师

◎ 1919 年 5 月 7 日，高师 8 名被捕学生返校

校长之职时，校内外群起挽留，不仅在校师生一致挽留，而且高师毕业生通函挽留者也多达六百余人，几乎相当于毕业生的全部。正如一位北京高师毕业生所说："吾师（指陈宝泉）桃李满林，铎声一振，弟子来归。"

学高为师　身正为范　传承优良校风

陈宝泉是我国师范教育的卓越先驱，一贯重视师范教育，尤其在高师校长任内提出的师范教育思想主张，产生了深远影响。1919 年 12 月，他乘着"五四"新文化运动和新教育运动的东风，在北京高师《教育丛刊》第一集发表了《改革师范教育之意见》，大胆地提出了将高师改为师范大学，开创教育研究科、本科和预科三级办学模式，建立"教育学士之学位"制度；师范本科实行学科分组制和学分制；在全国分区设置师范大学；允许私人开办师范教育，等等。他还认为：小学教师为国民教育之母，中学以上教师为人才教育之母，所以要不断提高教师待遇；师范教育须独立设置，自成系统，招生人数与中小学数量要互成比例；教师是神圣的职业，须重视人格修养，要有信仰，不能偏重智，忽视德；教师必须真正做到诚勤勇爱、为人师表、以身作则。

陈宝泉很重视学生在校期间品德的陶冶和意志的砥砺，他提出了"诚实、勤勉、勇敢、亲爱"8 个字（简称"诚勤勇爱"）作为北京高师的校训。"诚勤勇爱"成为北师大学高为师、身正为范优良校风的嚆矢。他教育学生严格自律，不仅要知识渊博、品德高尚、意志坚强，而且要有仪表整洁、作风优雅。他借鉴乡贤严修、张伯苓办理南开中学设立整容镜的做法，也在北高师校门口设立一面很大的整容镜，上书"整容貌"3 字。要求学生在出入校门时，都要对着镜子整理衣服、鞋帽，做到："面必净，发必理，衣必整，钮必结。头容正，肩容平，胸容宽，背容直。气象：勿傲，勿暴，勿怠。颜色：宜和，宜静，宜庄。"当时北高师的学生着统一的校服，出校时必穿，并佩戴校徽。北高师毕业生以作风稳健笃实、言行持重而深得社会各界赞誉。陈宝泉重视师范生的德育问题，他认为师范生德育的目的在于造就师范生的责任感，使师范生充分认识到自己肩负的责任之重要，认识到做教师的光荣。他在勉励北京高等师范学校毕业生时，曾讲："况师范生在修业时仅负成己之责任，至毕业后则兼负成人之责任。故鄙人所深冀于诸生者在具有责任心而已。而所以保持此责任心者在有高尚之思想与坚忍之志操。"就是说他认识到师范教育的特殊性，他认为师范生不仅要"成己"，还要"成人"，师范生道德素质的高低不仅影响师范生个人，更重要的是影响师范生的工作对象——广大的中小学生。因而他严格要求学生，采取多种方法加强师范生的道德修养。他制定了北京高师"以成己成物为励学及服务之方针"。他在北京高师采取的主要道德教育方法是：讲演、训话、自治会议、谈话法、名人演讲等。他尤其重视名人演讲。在他任北高校长期间，多次邀请梁启超、陈独秀、蔡元培、林纾等各界名人到校演讲。

陈宝泉很重视对学生德智体美劳的全面教育，因为他认识到今天师范学校的受教育者就是社会上明天的教育者，他们的品德、学识、行为等都将影响青少年，他们应该成为中、小学生的表率；今天师范生的质量将影响国民教育的成败，甚至影响国家、民族的未来，深感作为高师校长责任重大。他常对学生说："你们将来出去做教师，要晓得做教师是不容易的，一举一动都要为人师表！"学子们在陈宝泉的教育思想和校训的教导下，一批批学有成就，毕业后报效国家。陈宝泉对学生的课业极为严格，要求学生在讲义之外还要多读参考书，从而扩大学生的知识面。由于要求的严格，使得很多学生乐意在高师读书，但却害怕北京高师的考试。陈宝泉对学生课业要求之严格，由此可见一斑。与此同时，谦虚正直、勤谨笃学、诚实爱人等蔚然成风，成为师大百年来的优良传统。

陈宝泉十分重视师范生体育，所以他在招收新生时，十分重视学生的体格，把学生身体素质的高下作为一项重要录取凭证。"凡学生入校，必经体格上之检查，体格弱者不录，其在校者亦具按年检查，逐度制表，以资比较。"陈宝泉重视体育的思想在其教育实践中收到了立竿见影的效果，北京高师的体育专修科是中国开设最早的体育学科，为中国体育事业的发展做出了一定的贡献。在陈宝泉的任期内北京高师的体育水平一直居于全国高等学校的前列，在历届远东运动会上，北京高师学生多取得优异成绩，令全国高等学校侧目。

陈宝泉鼓励学生参加社会实践。他要求学生参加社会调查，"给各班学生调查表二份。一为关于学校之调查表；一为关于社会之调查表。俾学生各就其居住地或经行地之学校社会现状分别调查填注表内，既以练习学生做事之能力，并以供本校实际之研考。"在陈宝泉的支持下，北京高师的学生活动十分活跃，其中学生自发组织的平民教育社就受到陈的支持，得以延绵数年之久，被视为北高师生活的灵魂。"最可注意者，有学生自办之平民学校（有成人班与童年班），学生自任编辑发行之杂志（如《平民教育》），以及各种中等补习班（如理化、英语各种补习班）等等率皆为时愈长，形式与内容愈见进步。凡此皆历历可举之事实，以视一般学校之学生自动之事业每欠缺继续性者，不无可以自豪之处，此中所含孕之组织能力，即称之为北高生活之灵魂，亦无不可。"平民教育社开办平民学校，发行《平民教育》杂志，是"五四"时期重要的社团之一。陈宝泉曾要求北京高师学生在暑假期间，调查各地普通学校和师范学校，写出调查报告，刊登于北京高师《教育丛刊》上，使之成为高师教学的重要参考资料，并借此加强高师学生参与普通教育。此外，陈宝泉还在北京高师开办了暑期学校，招收北方的中小学教师加以培训，此举和南京高师南北呼应，在社会上引起了很大反响。

1913年6月，陈宝泉在北京高师学生毕业式上指出："夫教育为国家命脉，师范为教育胚胎。故师范之责任直接以发达教育，即间接以巩冀国家。"他认为师范生应该加强责任心，明了"师范"二字之重要。他教导毕业生："持其贞固不渝之目的，奋其强毅不挠之精神，以教育事业为第二生命，以师范名誉为无上财产，默观世界文明之趋势，熟审吾国学术趋势之缺点，以挹注而匡补之。"在《北京高师毕业同学录·序》中，他指出："凡我同人，应以北京高师教育之发展为无上之目标，无论在职去职，在京在外，今日明日，共向所定之目标，加以无限之助力。"调入教育部后，他仍经常关心北师大的发展，希望师大同人明确北京师范大学在全国特殊的重要地位，使师大之校风可以转移全国教育之风气。北京师大对中国近现代教育的改革和发展发挥了十分重大的作用，这与陈宝泉的影响是分不开的。

他在北京高师倡导学生自治，推行自学辅导实验，强调要发挥学生的主观能动性。传统教育的教与学是分离的，现代新教育则倡导教与学合一。1920年前后，陶行知和陈宝泉南北呼应，相继主张将教授法改为教学法。陈宝泉指出：方法由宗旨而定，今日教学法之宗旨，应力斥教员中心主义，而实行儿童中心主义，故不曰教授法，而曰教学法。把教授法改为教学法，这是教学观念、教学思想领域的重大变革，是教学理论上的重要探索，它促进了中国近代的教学改革乃至整个新教育运动。

拳拳之心　与时俱进　终为报效祖国

1920 年冬，陈宝泉辞去北京高师校长职务，调任教育部普通教育司司长。入部之初，他即向教育总长范源廉条陈各项部务改革计划和建议，深得赞同，以后历任总长也都参酌执行。1921 年 4 月，北大、北高师等八校教职员因索薪罢课，教育总长、次长相继辞职，部中月余无长官，陈宝泉以普通教育司司长身份与专门教育司司长任鸿隽共同维持部务，任疏解之责。同年，武昌高师因经费无着，学生 200 人北上请愿，部中议论纷纷，莫衷一是，多不敢问津此事。陈宝泉出面多方调停，终使武昌高师得免停闭。同年夏，他参与组织实际教育调查社，邀集教育界人士与美国著名教育家孟禄召开大型教育讨论会，与陶行知、胡适合编《孟禄的中国教育讨论》。会议期间，实际教育调查社、新教育共进社、新教育杂志社欲合组为中华教育改进社，三社公推陈宝泉、陶行知、朱经农、马叙伦、李建勋为社章起草员。中华教育改进社成立后，陈任教育行政组审查委员。1922 年，他与蔡元培等组织召开全国学制会议，以全国教育会联合会的学制方案为蓝本，参与制定了"六三三"新学制，即"壬戌学制"。他同时兼任中华教育文化基金委员会委员。1923 年任教育部教育次长兼普通教育司司长。在普通教育司司长任内，他还组织了全国教育行政讲习会、小学成绩展览会等活动。1923 年 8 月，他参与发起中华平民教育促进总会，与陶行知等 9 人一起当选为执行董事。1924 年，被选为中华教育改进社 9 位董事之一，又任该社教育行政委员会副主任、义务教育委员会副主任。1925 年 3 月，与李大钊等受聘担任华北六大学中文辩论会评判员。

1928 年，陈宝泉离开教育部，担任天津市政府参事、教育部名誉编审、天津贫民救济院院长，又在南开大学兼课。后任天津广智馆董事、青年会董事、铁路同人教育会副会长等职。1930 年年底，任河北省政府委员兼教育厅厅长。1931 年"九一八"事变后，他打电报指责蒋介石的不抵抗政策，在教育界引起很大反响。1933 年拟定《河北省教育三年计划》，整顿高等教育，开办义务教育实验区。1935 年 7 月，蒋介石政府与日寇签订了丧权辱国的《何梅协定》，陈愤而辞去厅长职务。1937 年"七七"事变后，他热情接受天津市教育局邀请，给中小学教师作报告，劝勉教育界同仁发奋图强，共赴国难。当时天气炎热，他情绪过于激动，又患高血压症，从此卧床不起，医治无效，正于天津沦陷之日逝世，享年 63 岁。

陈宝泉一生献身教育事业，特别是担任北京高师校长时期是他人生最辉煌的时期之一。他殚精竭虑，在中国师范教育发展史上谱写了辉煌的篇章。他在北京高师的事迹和关于师范教育的真知灼见至今仍闪烁着智慧的光芒，具有重要的现实意义。

（刘立德）

参考文献

[1] 陈宝泉 . 退思斋文存

[2] 河北省教育三年计划，1933

[3] 张宝珍 . 陈筱庄——中国近代师范教育的先驱 . 师范群英 光耀中华 . 第二卷，西安：陕西人民教育出版社，1992

邓萃英
矢志不渝的教育家

◎ 邓萃英在高师时

　　邓萃英（1885—1972），字芝园，福建闽侯人。教育家。日本东京高等师范学校毕业。后留学美国，入哥伦比亚大学师范学院研究院深造。同盟会会员。曾任北洋政府教育部参事、次长代理部务，民国政府河南省教育厅厅长。曾任北京高等师范学校（北京师范大学前身）教授、校长，河南省立中山大学（河南大学前身）校长，参与创建厦门大学并为首任校长。1924年任北京师范大学校董事会董事。1949年赴台湾，任台湾教育部编纂，国民党中央评议委员、总统府顾问。

　　主要著作有《师范教育研究》《世界强迫教育比较》《人格之特征》《儿童之宗教意识等》。

终生从事教育事业且成绩卓著的教育家邓萃英先生，曾是北洋政府教育部首席参事，并在北京师范大学长期任教授，曾担任学校校长、校董事会董事。他是厦门大学主要创建人之一，并为首任校长；曾任河南国立开封中山大学校长。他为中国的近代教育事业，特别是为高等师范教育的发展做出卓越贡献。

向国父誓言：此生专事教育

邓萃英于 1885 年 8 月 6 日出生在福建闽侯城东竹屿乡。邓家是半耕半读之家，自明代为官者较多，家学渊源。但是，清朝以后，因恶异族统治，族人均隐退故里，温良谦恭闻名乡里。少年邓萃英就学乡里私塾，每日背诵四书五经，倍感枯燥无味。他常骑马射箭，舞枪弄棒，抚琴吟唱，甚得其乐。族人对此侧目相看，担忧他的前途和家族名声。邓萃英约 16 岁时，曾因羡慕他人身着洁白漂亮的海军服而投考海军学校，未果。1903 年邓 18 岁时，一次进城，偶然发现有招收日语的速成班，当即报考。他克服种种困难，先入一家馆学习得稳定住宿，同时学习日语。同年秋，全闽师范学堂建立，前往投考得中。他刻苦学习，4 年后以最优异的成绩毕业，到一所小学任教仅一年，就被选为官费留日生。他先入日本弘文书院高师预备班学习，后考入东京高等师范学校。期间，他与闽籍革命先驱林文、林觉民、方声洞等人交往甚厚，在他们指引下加入同盟会。1911 年 8 月任留学东京福建支部长兼总部干事，为推翻腐败的清政府积极策划。

1911 年辛亥革命后，邓萃英奉命回国。起初任福建省视学、科长，后任福州师范学校校长。1913 年，国父孙中山到福建视察，邓萃英被召见。他对孙中山表示："此生愿遵守同盟会誓约精神，专心从事教育。"此话深得中山先生嘉许，这也是邓萃英数十年如一日，勇往直前为之奋斗的目标。同年，他再次东渡日本继续学业，1915 年学成回国。不久，当选为第一届全国教育会议福建代表。在天津开会期间，与北京高等师范学校（北京师大前身）校长陈宝泉结识，于当年 9 月应聘到高师任教授。

在学校期间，邓萃英讲授教育学、伦理学、教授法等课程。他介绍中外的教育制度并加以比较，介绍西方逻辑理论与方法，同时讲述中国古代名家的哲学观点。他自编讲义，资料丰富，讲课有条有理，深受学生欢迎。他的敬业精神也得到同人和学校的肯定。1916 年，邓萃英被推选为校友会德育部干事长；1917 年 1 月，又担任北京高师教务主任。

邓萃英撰写的教育论文深得时任教育次长的范源廉赏识。1918 年 5 月，教育部以大学教授资格选送邓萃英、朱家骅、刘半农、杨荫榆等 6 人出国留学。这是我国首次公派教授出国深造。邓萃英入美国哥伦比亚大学师范学院，师从约翰·杜威和孟禄等教授，学习教育哲学等课程。在美国期间，他不仅从书本上学习，还广泛考察了美国的高等教育、师范教育、中小学教育和民风民俗，并不断与北京高师的同人联系，介绍美国先进的教育制度，以及美国人民在普及教育的基础上形成的良好国民素质。他在致学校同人的书信中指出："其（美国）学说尚研究而轻抄袭，其生活好新奇而恶旧习；其教育方针以共和与实效为鹄的；其方法以尊重人格、发扬个性为标准；其是非得失，英未敢妄下定评。且其社会实际情形亦颇有为世人所诟病者，然其所长要皆我国人之所短；其所短未必为我国人所长，则惑矣。"更加坚定了他致力于教育事业，从而改变国家落后面貌的信心。在美期间，邓萃英还琢磨出两句话，写给北京高师的同事们："好学不好（去声）学，好（去声）学不好学。"颇有深意。

未及一年，教育部电告，命邓萃英为教育部参事，并负责考察美国的教育。约 1919 年 9 月邓萃英回国。

长校北京高师

1919 年 11 月，北京高师校长陈宝泉奉命赴美国考察教育，校务由陈映璜代理。次年，陈宝泉考察结束回国。陈校长参照美国哥伦比亚大学师范学院办法锐意改革，努力提高北京高师程度，为高师改师范大学做准备。他广泛聘任留美学者到校任教。北京高师创办之初，大批延聘留日学者到校任教，当时是一大进步。但是，随着学校的发展，博采众长，吸纳欧美学派的学术观点和办学思想已成不可逆转之趋势。但是，留日派与留美派之间的矛盾日益加深，一向深得拥护的陈宝泉校长亦左右为难。1920 年 12 月，教育总长范源廉将陈宝泉调回教育部，原任命陶孟和为校长。但是，高师学生纷纷拒陶挽陈，陶孟和请辞。12 月 18 日，教育部派从美国留学归来的教育部参事邓萃英兼代北京高师校长。

因为邓萃英曾在高师长期任教，深得师生拥戴。12 月 24 日，邓萃英到校就职。学生自治会在风雨操场召开大会，欢送陈宝泉校长，欢迎邓萃英新校长。邓萃英即席讲话。他以高师之本旨、高师的分科趣旨及学修态度、高师之教育精神、高师与世界各国之制度、高师与我国教育界需要、北京高师改良之注意点 6 方面发表就职演说。当时，社会上颇有一股不要师范教育或师范教育不必单独设立也可以办好教育的暗流。邓萃英在讲话中批驳了这种不切实际的想法，指出高等师范教育与普通大学的差别，他以美国哥伦比亚大学建立师范学院为例，说明世界文化日益发展，教育已成为一项大的事业，不能不从其他的学科分离出来。他明确指出："非教育不能救国"，要求高师学生担负起这一重任。他还表示，自己虽是"兼代"校长，"但是在职一日，总负一日的责任，而且愿负由此一日行事所发生将来种种影响之责。"

邓萃英做事雷厉风行且严谨缜密行之有效，许多棘手之事经他斡旋均可迎刃而解。他首先召开学校全体主任会议，修改《北京高等师范学校内部组织暂行简章》，健全学校行政管理部门，除校长和校长办公处外，学校还设立评议会会议、教务科、庶务科、会计科等，并就各相关部门订立了规则，加强对学校各方面的管理。

对于选聘人才方面，邓萃英劝诫高师师生选聘教授时要持宽大的态度，深远的眼光，不要求全责备，不要以派系选人，要以才学选人。学校广泛延揽学有专长的专家学者任教或讲学。美国著名教育家杜威博士应邀到高师讲学，并兼任教育研究科特约讲师；梁启超亦被聘为史地部特约讲师；鲁迅被聘为国文部讲师，等等。一时间，高师研究之风大增，学术空气浓厚。这不仅提高了高师的学术水平，同时也给中国近代教育打下了稳固的基础。邓萃英与留日派有旧交，与留美派有新谊，加上他的原则性与灵活性相结合的工作作风，很快得到双方的认可。学生也亲切地送他一个雅号"新空气"。

当时，北京高师已建校十数年，并具有相当规模。但是，只有男生才可享受这种特权，女生被拒之门外。1908年建校的北京女子师范学堂，规模较小，系科不全，程度不高，招收学生也有限。邓萃英长校以后，决定于1921年招收女生，并男女生同堂上课。使北京高师成为全国最早招收女学生的大学之一。他同时决定，高师附属中学另立女子部，附属小学高等部也兼收女生，使男女在教育上得到平等机会。在男尊女卑思想统治数千年的中国，这些决定，无疑是大胆的改革。

过去，学校只有教育研究科可以招考研究生，培养教育专门人才。邓萃英长校以后，提倡科学，提倡研究，大兴科学研究之风。

1921 年，学校就增设了数学、化学、物理（该部因故当年未招生）3 部的研究科，均定学制为两年，毕业及格获理学士。以后，学校又陆续在国文、史地、生物、英文设立了研究科。高等师范教育因此得到了全面提高。

邓萃英一贯认为，"近代度量国家文化，观察学校教育，咸以图书馆为重要之标准。盖图书馆者，辅助社会教育与学校教育而增长其效能：社会方面，可为一般人进德修业娱乐慰安之所；学校方面，供学生课内之参证，及课外之自修；迩来倡导自动教育，设计教育，尤非有完善之学校图书馆不为功。"高师原图书馆是借用史地部教员休息室，面积小，藏书少，不够全校师生之需。因此，扩大学校图书馆，事在必行。当时，学校经费捉襟见肘，在有限的费用中精打细算，并向北洋政府要求增拨款项，凑足四万元，聘请著名图书馆专家戴志笃和德国、美国等专家参与设计、监督施工，建造了一座现在看来仍很庄严、漂亮的图书馆，并配备了全套书架、书柜、桌椅，购置了大量图书，大大改善了师生的学习条件。后来直至新中国成立后学校迁往现在校址前，该图书馆一直作为师大的代表性建筑物之一。

邓萃英在北京高师期间，带领高师学生创办了志成中学、弘达中学、春明女子中学，自任董事长负责这些学校的全面工作，均以德智体全面发展教育学生，至 1937 年抗战爆发，培养各类优秀学生当有数万人之众。

1921 年 3 月，邓萃英任校长不久，北京高等教育界还发生一件大事，即北京 8 所国立专门以上学校的"索薪运动"。当时，北洋政府长期拖欠学校办学经费和教师工资，引起教育界的强烈不满。各校选派代表组成"各校教职员会代表联席会议"——索薪团，要求政府"指定确实款项作为教育经费"，并偿还教职员工资的积欠。4 月，邓萃英与北京大学、北京女高师，以及北京法政专门学校等 8 校校长联名辞职，以积极响应 8 校教职员的索薪斗争。在他的支持下，高师全校教职员曾集体辞职，以表索薪的决心。

1921 年 9 月 29 日，邓萃英奉教育部命赴美国，参加在华盛顿召开的"太平洋会议"，因此辞去高师校长职务。1922 年冬回国，邓萃英兼代教育部次长，并参加北京师范大学的筹备委员会工作。在他的大力推动下，北京师范大学于 1923 年 7 月 1 日正式成立；1924 年 1 月组建学校董事会。这是中国高等学校成立的第一个校董事会。邓萃英一贯主张高等学校应成立董事会。他指出："惟我国专门大学，有惟一共同之弱点，即无学校董事会，一切皆受成于教育总长。对内对外，皆以校长一人当其冲，其结果校长每陷于孤立之地位，办事诸形棘手。"他以教育部参事身份被教育部聘为北京师范大学校董事，与梁启超、李石曾、熊希龄、范源廉、张伯苓、陈宝泉等教育界耆宿共同组成师大校董事会，负责北京

◎ 北京高师平民教育社欢送杜威回国，右一为李建勋、右三为邓萃英、右五为杜威。

师范大学的全面工作。

"师范为教育之母"

邓萃英的教育思想散见于他的文章、讲话和在教育部任参事、河南省教育厅厅长时的各项主张。20 世纪 20 年代前后，教育界对民国初年订立的《教育宗旨》进行讨论。邓萃英直言道："为吾国教育前途计，此种宗旨，似可不必特定。盖国家教育本于立国精神；立国以民主共和为本，则教育自当以发展此种精神为职志。故立国宗旨以外，殊无所谓教育宗旨也。"寥寥数语，阐明了教育宗旨与立国精神之一致，至今仍有现实意义。

邓萃英对师范教育的意义认识准确、深邃。在他任职于教育部或在学校任教期间，这些认识就是他主持工作的指导思想。

20 世纪 20 年代，国内就出现一股盲目取消师范教育或将师范教育纳入普通大学的逆流。邓萃英就不断同这种思潮进行斗争，并于 1919 年全国教育会联合会年会上，与北京高师校长陈宝泉联名提出《设置师范大学案》。1920 年 12 月 24 日，他就职北京高师的演说中就严肃地批驳了这种观点。他说："高师是一种广义的职业学校（Professional School），所造就的是中等学校校长教员，和教育界相当之各种职务；也就是应国内教育界实际之要求，分科准备，拿教育青年作终身职业的人材，与大学目的完全不同。所以高师同大学的差异不在年限的长短，或程度的高低，而在根本上的目的不同。若用美国式有效（Efficiency）一语来说，高师就是造就普通教育最有效的人材。"

虽然，在高师和普通大学都设有国文、英语、史地等部，但追求的目标不同。高师是为中等学校的需求，而普通大学则是："他的正鹄，是专研究学术，发明真理；故其分科可全按诸学术的系统和个人的趣味，其分系愈精细愈妙，于将来实际社会上有用无用，或于社会经济上合适不合适，极端言之，均可不顾。"

高师的培养目标是中等学校之教员，"高师虽然也分设各科，其间有共通的精神，就是'教育'！高师各部教育科教授时数，固然有限，然而他的学校弥满教育的空气；他里边的人，富有教育的兴味，抱终身服务教育的决心；入其中者，可于不知不觉间，耳濡目染，潜移默化；所以就不特设此专科教授，他的教育精神，较诸他校，已有霄壤之差；况且四年中间，既就教育学科系统的学习，复各就其科的教授方法，特别研究，其效果非他种学校所可企及，是当然的道理。"他对高师设立研究科问题，说："先由教育研究科入手，有为正当办法。教育学科，从前多半置于哲学科内，到近来渐渐独立起来。其所以独立，就是因为世界文化日进，教育成为了人类唯一的大事业，教育学术，一天增进一天，不能不分工来研究。高师有特种精神，又具有研究教育之种种设备（如附属中小学等）；集有志研究高深教育学术者，探讨教育真理，讲究教育方法，事半功倍。成绩之优于寻常自可操券。"

当时，欧美日本各国教育已达到相当水平，以德国为例，1907年招收的士兵中，不识字的每万人中只有两人，而"我国教育常识低下，教育兴味之缺乏"，文盲充斥。因此他说："就中国现在情形说，非教育不能救国，而教育界人材又非常缺乏；若实行普及教育，师资一节，首感困难……"因此，他又说："高师不能不独立，不能不提高。"

他不仅在各种公开场合表述自己的观点，也曾多次发表文章专门论述师范教育。他在《师范教育研究》一文，开门见山说："师范教育，对于中国教育的改进，关系甚大。"在第一章"师范教育之由来及趋势"中，开宗明义道："'师范为教育之母'一语，中西人士，都曾如此说法，其意以为今日之师范教育如何，将来之教育即为如何。换言之，正如母亲与子女关系一样。"他重点介绍了德国、法国、美国三国的初等、中等教师养成办法。三国虽有异同，甚至在一国中各州的师范教育办法、年限也不尽相同，但有一点，各国都对师资的培养十分重视。如德国，虽然不单独设立高等师范，仅就大学毕业生，经特别考试通过后方取得资格；然后提交论文，再经笔试、口试均合格后，可取得随习（见习）中等教员资格；再经一年教育研究，一年实地教学实习，方可正式任命为中等学校教员。如美国，在 1895 年全国教育会议决定：一、中等教员资格必须大学毕业者；二、大学须设教员养成科，后二年应讲习心理学、教授法、学校制度、教育史等职业科目；三、大学毕业后，更须一年于严格的指导之下实地授业（未实行）。当时美国各大学均注重教育学，独立为一分科者，有纽约大学的教育科大学、哥伦比亚大学之师范学院、纽约女子师范大学、芝加哥大学之教育大学等。美政府还在增加师范教育年限，提供条件使大学与师范有更多的联系，使师范生有修习大学学科之机会，并增加师范学校的经费，提高优级师范毕业生的待遇。中国的高等师范教育取法于日本，日本又效仿于法国，因此中国的高等师范教育与法国密切相关。所以，研究法国的师范教育亦至关重要。

在《师范教育研究》的"中国师范教育之过去现在及将来"一章中，他首先回顾了中国近代师范教育的起源及沿革，指出：有学堂必须有师；靠聘请外籍教师或靠留学日本的回国人员，均不能解决师资匮乏的根本问题；因此，无论是小学还是中等学校的教员都要在各级师范学校培养，特别在当时中国教育极端落后的状态下，师范教育尤其重要。他同时批评高师的教学方法，一些教师撰写讲义不是提纲挈领，讲课时又详尽完备，使"学生上课时，仍旧两手插腰袋，静听教员讲解，恰若婴儿未能自取食物，张口静候其母之喂饲然。"即我们今天所说的"填鸭式"教学，养成学生不爱思索、不会思索的坏毛病。他说："师范教育，乃训练为师之人，专门的言之，固为师，普通的言之犹是人也，故训育标准，于为人为师二者不可偏废；所谓良师者，不特由学校视之为良，而由国家由社会由家庭视之为良，教育化同时为社会化，是师范教育之标准也。"

他在师范生的训练法、在学中的优惠政策、教育实习、毕业后的待遇等方面，

超政党超宗派是民主国教

育应遵守之信条我师院毕业

诸子果欲献身於纯正教育事

业幸勿河汉斯言

邓萃英

北平师院一九四九级同学纪念

◎ 邓萃英给师大的题词

要采取相应措施，以提高师范生的水平。当时，邓萃英正参与北京高师改师范大学事宜，因此，他以师范大学的培养目标结束全文。他提出的四大目标依次为：培养中等教育之师资；养成教育学术界及行政界领袖之人物；研究实验新教育方法；指导促进国内之普通教育。

主张人格教育

邓萃英一生主张人格教育，重视学生的道德修养。他认为，教育之理想，非专务知识之寻求，而在乎情意之陶冶。为人师者要行重于知，身教重于言教。要从行为上训练学生，使他们具有高尚的情操和坚强的意志，然后才谈得上救国救民。因此他常教导学生说："有科学知识而无道德，将成为无源之流。""感情意志

是主人，知识是奴仆，主胜仆则治，仆胜主则乱，汝等办教育，务由行为上训练学生之感情意志，切勿斤斤于知识之传授。"还说："科学可扩展知识，但科学不能制造科学家；养成科学家，是伦理道德及社会传统之功绩。"

他还认为，德儒之人格教育学说与孔门大学之道相近似，明德、新民、止于至善，可谓即人格之自觉、自新与理想。我国数千年倡言尊孔，实际上，自唐宋以后推行科举制度，徒尚空谈，教育的重心就在为应付科举考试的死记背硬一些脱离实际的书本、死知识。当时废除科举已10多年，进入民国也有数年，但是，一般社会和学校教育的目的仍在片面追求知识，仍在追逐功名利禄，而非在培养道德、陶冶情操。他认为，这是科举之幽灵仍在作祟。

关于人格的教育方法，邓萃英认为，人格教育贯穿在生活的方方面面，在学校教师的人格感化尤其重要，注重实际生活，要求师生躬行实践。他本人以身作则，率先垂范，道德文章堪称师生的楷模。1916年，北京高师校友会成立德育部，师生公推邓萃英为德育部干事长。德育部的主要任务是协助学校对学生进行思想道德教育，使学生尽可能成为社会各界的道德模范并对社会承担责任，同时也影响社会各层，使全民道德素养得以提高。德育部在邓萃英的领导下成为学校培养学生的重要部门。德育部组织修养会、创办德育阅览室，采取定期与学生对话和鼓励学生实践名人名言等方式，提高道德素养。对学生出现的问题，他多不直接批评，启发学生自我觉悟自我改正。他聘请社会名流、著名学者到学校做讲演，当时曾到北京高师讲演的就有陈独秀、王正廷、冯玉祥等人，他们从道德之养成、道德与社会进步、东西方道德之异同、学生的社会义务等多方面启发、教育学生。德育部也组织学生在校内或到社会讲演，其内容都是与德育有关，如：伦理学之动机之价值、我之今日社会观、各种道德之一致、道德之研究、涵养与习惯之关系及涵养的效果、师范生修养道德之必要，等等。学生在讲演中教育别人，自己首先受教育。德育部的核心是修养会，他们效仿北京大学蔡元培等人组织的公德会，提出不赌博、不纳妾、不吸毒、不置私产等自我要求，进而又提出"自强报国"、"兴学济贫"、"终身从事教育"，作为他们的一生奋斗目标。邓萃英经常组织学生到附中、附小参观、实习，实践学生的教育理想。邓萃英大力倡导学生人人注意个人修养，要仁爱、诚实、勤勉、俭朴、勇敢。这些都成为高师学生的座右铭。追求道德高尚、人格完美、为人师表、献身社会，后来成为北京师范大学一贯的校风。

他常著文阐述自己的人格教育主张。他撰写的《人格之特征》长文，就是他集中阐述人格教育的论文。他说："人之所以为万物之灵者，以其有人格。人格者伦理学上之根本概念也。道德由人格生。无人格则无道德可言。故人格实道德之基础也。"虽然因时代、学科不同，人格的内涵各有差异。"近世伦理学所谓人格者，凡为人类无论壮弱贤不肖皆具有之。""人格之个人的特征，有自觉力、克己力、理想力三种之特别活动。"他对自觉力、克己力、理想力均有科学定义。他说："自觉者，以自我知自我者也。自己知其身心状态，自识其心的作用，其能力。""盖人类之行为常自定目的，又依一定之方针而活动进行。其进行中时有与内外诸刺激力抵抗而战胜之者此即自我节制之能力，所谓人格之克己力是也。""盖人类常构思较善于现在之状态，并怀抱到达其状态之希望。此希望实由理想而来。有此理想，故现在快乐可以牺牲，自己生命可以不顾，而唯理想之是达。"他通过人类与动物世界的分析，认为人类社会有进化、有发展，动物界就没有；人类社会所以进化、发展，是因为每一个人共同努力的结果，是因为人类"实具有人格"。"人类社会所以异于本能的群栖者（动物），即在此传授力之一点。余故曰，传授力者，人格之社会的特征也。"

邓萃英一贯主张男女平等。在美学习期间，他对美国妇女在社会中的作用羡慕不已，称"妇女能力之伟大，尤非我东方人梦想得到"。为中国女子教育问题他曾专门撰文说明自己的观点。他说："男女教育，理论上，实际上，均不应为严格之区别。况共和国家，男女皆有受平等教育之权利。"对女校之改革，他认为：除女子专习的家政科目外，其他学校无一例外的都应男女共学，不应设立男校、女校，男生班、女生班。"高等师范为统一教育思想之中心，而文理诸科，绝对的无男女之区别，尤无可分校之理由也。"表白了他对女子高师单独建校的不同意见。邓萃英认为，"我国今日女学之所以难发达，女子职业之所以不振，女子在社会中所以无相当地位，其最大原因，非在男女不平等，乃在女子不自由。"并一针见血地指出："其所以不自由之唯一原因，即在宋儒脑中之贞节观念。"

邓萃英在学制改革、社会与教育等方面，均有精辟论述。

筹建厦门大学

在北京高师任职期间，邓萃英同时被著名爱国华侨、教育家陈嘉庚聘为厦门大学的校长。当时，陈嘉庚筹措建立厦门大学，几易负责人，始终没有一个合适的人选。在闽籍的教育界人士中，邓萃英的资历较深，是一个合适的人选。1920 年 10 月，陈嘉庚主持的筹备委员会推举他为厦门大学的首任校长。陈嘉庚希望邓萃英回京辞去教育部与高师的职务，专心厦门大学的校务。但是，他在北京高师任教多年有感情，这里也需要他来扭转局面。权衡再三，他先推荐闽籍留学日本回国的郑贞文和何公敢两教授分别任教务处主任、总务处主任，代表邓萃英参与筹建厦门大学的具体工作。他们11月底到任。原计划次年暑假招生，有半年多的筹备时间。但是，他们一到厦门，就看到报纸上刊登着次年4月开学的启示。郑、何二人不敢怠慢，一面拜见陈嘉庚，陈述困难，请求推迟开学时间；一面与北京的邓萃英联系，要他尽快拿出办法。邓萃英运筹帷幄，决策千里，根据中国当时的国情，决定先筹办商学部和师范部，师范部下设文、理两科，并指示郑、何围绕这两部需要首先招聘教师。邓萃英还请人为厦大设计校舍，购置设备。1921年1月，邓萃英利用寒假匆匆赶往厦门，集中精力与郑贞文、何公敢研究校务，具体落实招生人数、学制、收费数额等并做出了相关决定。师范部采取北京高师的办法，学费、膳费、住宿费均免，仅制服、书籍费自理。优待师范生的制度，大大推进了福建省普通教育的发展。

1921年4月6日，厦门大学正式开学。邓萃英陪同美国教育家杜威博士参加厦门大学的开学典礼，向与会者汇报了厦大的创办经过，一所由爱国华侨陈嘉庚出资、为国家为乡梓培养人才的厦门大学从此诞生了。但是，邓萃英因北京、厦门两地相距遥远，通讯、交通都不甚方便，北京高师和厦门大学两校无法长期兼顾，也因为他与陈嘉庚在办学的具体事项上意见不完全吻合，随于5月初提交了辞呈。万事开头难。邓萃英虽然主持厦门大学时间不长，但这是学校的开创时期，时间短任务重，一切从无到有，这一良好的开端为厦门大学打下了坚实的基础。

20世纪20年代，中华文化的发祥地河南的高等教育，远远落后于京津沪及广东、江浙等省，教育界人士纷纷要求在河南创办大学，以培养高级专门人才。1922年，在原留学欧美预备学校的基础上成立了中州大学，1926年因战争学校受到严重破坏。1927年北伐军进入河南开封，成立河南省政府，冯玉祥出任省主席。冯玉祥支持教育事业，尤其重视大学的发展，决定在原中州大学的基础上筹建国立开封中山大学（河南大学前身），聘请邓萃英（国民军第二集团军教育处处长身份）出任校长。1928 年 6 月至 11 月仅半年多时间，邓萃英对开封中山大学进行全面整顿；根据省内缺医少药的情况，他力排众议在学校创立医科，下设产科学校；为确保河南省教育发展，邓萃英在省政府为教育争得基金。不久，邓萃英出任河南省教育厅厅长。

当时，国内军阀混战，民不聊生。1931 年"九一八"事变后，蒋介石采取不抵抗政策，丧失民心；邓萃英又耳闻目睹政府的腐败，落实"教育救国"的希望渺茫，他对参政、办学均已心灰意冷，遂于 1931 年退隐家乡从事畜牧业。这是他深藏多年的喜好。远离城市的喧嚣，远离人间的尔虞我诈，恬静的田园生活使邓萃英多年疲惫的身心得以调整。但是，1937 年卢沟桥的炮声打破了他宁静的生活。他只好卖掉牧场，返回北平。他拒不接受日伪的聘任，赋闲家中。他为国家被异族蹂躏而痛心疾首，为骨肉同胞惨遭杀戮而义愤填膺。

抗战胜利后师范大学从甘肃兰州返回北平，邓萃英被聘为师大教授。1949 年，他迁居台湾，曾任台湾省教育部编纂、总统府国策顾问，中央评议委员，兼北京师范大学旅台校友会历届监事长。他虽年事已高，仍关心教育事业的发展和对学生的培养，所发表的言论，多远见卓识。他在生命垂危之际，仍念念不忘教育为立国之本，嘱托身旁的儿孙继承他的遗志，为国家为民族的教育发展多作贡献。1972 年 11 月 26 日，邓萃英逝世，享年 87 岁。

邓萃英先生一生勤勉笃学，廉洁奉公，艰苦奋斗，为北京师范大学、厦门大学、河南大学的建立和发展以及中国的教育事业均作出了不可磨灭的贡献。他注重对子女的教育，7 个子女皆学有所成，其中以音乐家、艺术家邓昌国，高能物理学家邓昌黎最著名，饮誉海内外。

（连　宁）

参考文献

[1]革命人物传．第12集．台北：中央文物供应社，1973

[2]北京高等师范学校校友会杂志，平民教育，教育丛刊等杂志

李建勋

"教不厌、诲不倦"的教育家

◎ 李建勋在高师时

李建勋（1884—1976），字湘宸，直隶省清丰县（今属河南省）人。教育家。早年毕业于北洋大学师范班，后公费留学日本、美国，获美国哥伦比亚大学理学士、文学硕士及哲学博士学位。曾任北京高师校长，东南大学、清华大学、北京大学教授。长期任北京师范大学教授、教育系主任、教育研究所主任、教育学院院长等职。新中国成立后任天津师范学院副院长。

主要著作有：《美国民治下的省教育行政》（英文版）《美国师范学校校长的职务调查》《小学教育行政之改进》《中国教育之出路》《论中等学校教师需要专业训练》《教师之职业道德》《教育之科学研究》等，近年有《李建勋教育论著选》出版。

李建勋是学贯中西的教育家，一生主要时间在北京师范大学任教。他敬业、乐业、勤业，为国家培养出无数优秀教育工作者和教育研究人才。过去教育界曾有"南陶（行知）北李"之说，称赞李建勋和陶行知是大江南北两位齐名的教育家。

首倡高等师范升格为师范大学

李建勋 1884 年 4 月 11 日生于直隶省清丰县（今属河南省）。1892 年 8 岁时入私塾学习，读了四书五经及唐诗，学会作八股文章，14 岁时考中秀才。以后清朝废科举兴学校，以第一名考入大名中学。1905 年被选送直隶高等学堂肄业，后又转入天津北洋大学师范班学习。1908 年毕业后，由直隶提学使司派往日本广岛高等师范留学，学习理化。辛亥革命后，由日本回国参加革命，并任一年教员。后又去日本继续学习，1915 年学成回国，任直隶省视学。

1917 年被推荐得到公费去美国留学，入哥伦比亚大学师范学院学习，专攻教育行政、教育统计及学务调查。于 1918 年、1919 年先后获理学士及文学硕士学位。

1919 年冬，北京高等师范学校校长陈宝泉由教育部派赴欧美考察教育，在美国会见了李建勋，邀其回国到北京高师任教，遂于 1920 年回国任北京高师教育学科教授，后又兼任教育研究科主任。

1920 年，陈宝泉校长考察欧美教育回国后，调往教育部任普通教育司司长，教育部派邓萃英代理北京高师校长。1921 年 10 月，邓萃英被派赴美国参加华盛顿会议，教育部遂任命李建勋为北京高等师范学校校长，李建勋力辞未准，于 10 月 5 日就职。

李建勋继任北京高师校长时，面临急待解决的两大问题：一是高师"改大"的方向尚未确定，必须力争改为"师范大学"；一是学校经费积欠甚多，必须多方筹措并节约开支。

中华民国建立后的 1912 年、1913 年间教育部颁布的学制系统，即通常所说的"壬子癸丑学制"，是模仿日本的学制，规定高等师范修业年限为预科 1 年，本科 3 年，合为 4 年，而一般大学为预科 3 年，本科 3 或 4 年，合为 6 年或 7 年，高等师范较一般大学少 2 年或 3 年。

1920 年前后，由于美国教育家杜威、孟禄等人先后来华讲学，以及留美学生回国后的宣传，国内众多教育家主张修改现行学制，仿效美国实行六三三制，即小学由 7 年改为 6 年，中学由 4 年改为初级中学 3 年，高级中学 3 年，中小学合起来为 12 年，较前多 1 年。这样改制以后，高师毕业生仅比高中毕业生多学 3 年，充任中学教师必感学力不足，难以胜任。因此，主张高师延长修业年限为 6 年，与一般大学修业年限相等，改为"师范大学"。对此，教育界没有争论，但是师范大学是专办教育科，以备大学毕业生考入加习教育学科，或于教育科外兼设师范生毕业后应教授之各种学科则发生了分歧。李建勋主张后者。为此，时任北京高等师范校长的李建勋向 1922 年北京政府教育部召开的"学制会议"提出《请改全国国立高等师范为师范大学案》，在提案中就目的、教材、教法、训练及成例论证了我国高等师范改为师范大学除设教育科外，应兼设师范生毕业后应担任教授的各种学科。

《提案》中的论证如下：

就目的言，师范大学之目的，在按照中等教育的实际要求，授与各科应用的知识，养成教育专门人才；与他科大学的目的不同，如以不同目的之他科大学生，毕业后再入师范大学修习少许教育科目，虽不能谓其无教育知识，但与其毕业前修学之目的既异，其所得之教育效率较之完全由师大毕业者自形薄弱。

就教材言：师范大学在研究学科的同时，还要顾及此种材料对于中等学校学生有何等价值，在普通教育上必要之程度若何，故其学科标准较他科大学专在该大学本身目的上着想者，其取材范围必多差异，如同一化学学科，理、工、农、医各科所取之材料均不同，师大之化学学科又与理、工、农、医各科所取之材料互异。

就教法言：师范大学与他科大学在教法上也有不同，如物理之定律，数学之公式，在他科大学或专以为深究之资，或藉以为运用之便，若在师大，除以上作用外，兼须研究其教学方法，以为施教之用。

就训练言：学校内教学与训练并重，训练之法，又以学校性质如何而异其方针，凡师资所从出之学校，须使全校有共同之精神，此共同之精神即学校充满者为教育之空气，学生所感怀者为教育的兴趣，一入校中，耳濡目染于不知不觉之间，而所学科目，皆倾向于教育化之一途，欲达此训练目的，自非师大不可。

就成例言：若美国哥伦比亚大学师范学院内设教育、实艺两科，教育科内兼备他科，如英文、法文、体育、历史、理化、生物等科。师范教育大家巴格莱氏所著《美国公立学校教员养成之课程表》内，关于中等教员者，修业年限4年，与其他大学相等，内分英文、历史、数学、理科等系，与吾国高师制所分各系不谋而合。

综上所述，足证师范大学，不宜专办教育科，应兼设师范生毕业后应教授之学科，方合教育理论及先进国之成例。

这个提案在"学制会议"上顺利通过了。

1922年11月2日，以大总统令公布"学校系统改革案"（即所谓"新学制"，又称"壬戌学制"）。其中有关高等师范教育的改革如下：

"第22条大学校修业年限四年至六年（各科得按其性质之繁

简，于此限度内酌量定之）。

师范大学修业年限四年（附注四：依旧制设立之高等师范学校应于相当时间内提高程度，收受高级中学毕业生，修业年限四年，称为师范大学校）。"

至此，"高师"的"改大"问题，已圆满地解决了，从此，师范大学确定了在学制中的地位。

李建勋校长在任职期间所面临的另一问题是政府不按时发给经费，积欠甚多。那时不只是北京高师而是北京市十几所高等院校，政府积欠经费均甚多。1922年，当时的教育部接受了北京各高等院校的建议，将各国退还的"庚子赔款"分给各高等学校以补助教育经费的不足。师范大学学生不收学费，还由学校供给伙食，较一般院校自然需款较多，但对"庚子赔款"的分配很不公平。李校长曾联合师大教授多人在北京《晨报》上发表文章据理力争，虽然表面上获得胜利，但却得罪了教育当局。不久，教育部长汤尔和就派人到学校查账。据说当时有一种陋规，即学校经费存款的利息，可由校长私自支配，也就是可归校长私有。查账来的人首先查看学校经费存款的利息是怎样处理的。原来李校长早已将这些利息所得交给总务处作为补助学生伙食之用了。来查账的人见无弊可查，也就不辞而别了。当时师生们说："校长应得的都不取，岂能账目不清，侵吞公款吗？！"

对此，李建勋非常气恼，遂愤而于1922年12月18日辞去了校长职务。教育部派普通教育司陈宝泉司长（原北京高师校长）兼代北京高师校长。

1920年李建勋至北京高师任教育学科教授兼教育研究科主任。教育研究科招收高师和专门学校的毕业生及大学三年级的学生，至1922年毕业，由已任校长的李建勋主持举行了授与"教育学士"学位的典礼，这是我国高等学校以考试招收研究生的开始，也是授与学位的开始。

1921 年，在北京高师又增设理化、博物、数理 3 部的研究科，继而又续办国文、英语、史地 3 部的研究科。至此，北京高师的 6 个学部都设有研究科了。研究科毕业，其学力便与一般大学毕业的学力相等，这是李建勋为提高师范生的学力、为改制为师范大学所准备的措施之一。

接着又把原来的学部改为学系，于 1921 年秋季招生，各学系都设有四年科及六年科两种，学生从三年级开始可以任选一科，并准备在条件成熟时，取消四年科专办六年科。六年科毕业生就与一般大学学力相等了。这也是为提高学生程度为准备升格为师范大学的又一措施。

对于学校的行政机构也作了改革，设教务、总务两处，设教务长负责教学及科学研究工作，设总务长负责事务及财务工作。此后各大学的行政机构也多仿此进行改革。

李建勋任校长期间，为升格为师范大学进行了多方面的准备措施，已具备了大学的实质，所以北京高师改为师范大学已水到渠成毫无问题了。

1922 年 10 月，教育部训令北京高师，令文云："近年以来，国中普通教育不无欠缺，自非设法提高，无以应时势之需要，故造就师资宜有专设之师范大学，查该校开办较早，并有各种研究科之设置，亟应先就该校开始筹备。除由本部敦聘教育界耆宿范源廉、袁希涛、李煜瀛（石曾）及指派专员外，并由该校先行推定教授 1 人组织'筹备北京师范大学委员会'，并由教育部制定'筹备北京师范大学委员会章程'，制定'筹备北京师范大学委员会细则'，所有就北京高等师范学校筹备北京师范大学一切事宜，均由该委员会负责。"

教育部指派参加筹备北京师范大学委员会的专员为教育部司

长陈宝泉，参事邓萃英，此二人均为前任的北京高师校长。

12月18日，教育部委派李建勋为筹备北京师范大学委员会委员。同日，又委派李建勋赴欧美考察师范教育。12月20日教育部令派李建勋为本部留美官费生；如再赴欧时，应随时呈明改给留欧官费。之后再被任命为中国政府代表出席在美国旧金山召开的世界教育会议。李建勋并未参加筹备北京师范大学的工作，而是于1923年作为中国政府代表与中华教育改进社代表郭秉文等一起参加了世界教育会议，会后再去美国哥伦比亚大学继续进修。

师范教育体制和师范大学的捍卫者

1925年李建勋在美国哥伦比亚大学获哲学博士学位后，准备回国，教育部又派为考察欧美教育专员，考察任务完成后，取道欧洲返回祖国。于1925年至1929年间先后任东南大学、清华大学、北京大学教授。

1929年又回北京师范大学任教，兼任教育系主任、教育学院院长、研究院院务委员会委员等职务。抗战期间随学校内迁兰州改名西北师范学院，继续兼任教育系主任、教育研究所主任等职，一直到1946年。在这10多年中，经他任北京高师校长时所提高师改师大的北京师范大学历经多次厄运，为了维护学校的生存，他总是挺身而出，与之进行不懈的抗争。

民国初年，全国设立6所高等师范学校，分布在北京、南京、武昌、成都、沈阳、广州六地，按照新学制改革，除了北京高师改为师范大学外，其他5所高师或改为普通大学、或合并于其他大学，所以北京师范大学成为硕果仅存的高级师资训练机关了。

对这所一支独秀的北京师范大学，有些当权者以不可告人的偏见，采取各种办法，企图取消师范大学。

1932 年教育部以不成理由的理由，令北京师范大学停止招生，师范大学全体教授为停止招生事致教育部"快邮代电"，对教育部所谓停止招生的理由，予以一一反驳。

教育部所提第一条理由，所谓"院系重复""颇患名实不符之病"，教授们反驳说："本校所设各系，向以切合中等教育专门研究及专业训练为标准"，"学系课程，本校实与普通大学大异其趣"。并以国文系为例详加阐释，"推之各系课程，皆务使系统化以植其基，又必使能教育化以广其用"，师大各科"提高而不坠入偏枯，普及而不流于浅率。既以此为鹄的，何至名实不副？"

教育部所提第二条理由，所谓师大原有学生已经不少，在社会上师大毕业生"供过于求"，教授们列举统计数字：师大毕业生 3000 余人，各省原高师毕业生 3000 余人，共计仅六七千人，以三年前所需教员人数（约两万多人），尚不过三分之一，"如此尚得谓之供过于求乎？"

教育部所提第三条理由，所谓"近年来学潮迭起，内容复杂，每令办学者深感困难"。教授们反驳说：学潮非一校现象，纠其根源，"而尤以历年教费无着，设备废弛，督励无方，为学风不饬之最大关键"。最后说："综上三端，大部饬令本校停止招生之理由，无一是处。夫千虑之失，智者之所难免；日月之蚀，薄海之所具瞻。教授等衡情度理，进此谠言；伏愿大部熟察深思，收回成命。傥复内省不能无疚，怙过终不悛，教授等岂忍坐视斯校之罚非其罪，则对于破坏课业之学生，既曾表示不屑教诲于前；对于漠视教育之大部，亦自不肯隐忍依违于后"。措辞严厉，态度坚决。

教育部所提师大停止招生的理由无一成立，最终被迫收回成命。

在这个"快邮代电"中，驳辩各点多为李建勋之立意。

1932 年 10 月 16 日，天津《大公报》发表了教育部的《改革我国教育之倾向及其办法》，文中提到改革现行师范教育，意为取消师范大学比停止招生又进了一步。为此，"北京师大 38 位教授为反对取消师大及变更学制"呈教育部文，提出五大理由：（一）中等师资非受师大之专业训练不能胜任；（二）教师之教师（指训练小学教师之师范学校之教师）尤非受师大之专业训练不能胜任。（三）师大之课程与普通大学之课程相当，而性质全异。（四）师大之环境与普通大学之环境不同，师大专为训练师资之特殊教育环境。（五）师大修业年限亦应延长，大学毕业仅受一年或二年之师范训练以代替师大定感不足。以上分条陈述了师范大学具有特定任务，非普通大学所能代替。迫于事实及舆论，取消师大之议未能通过。

在这个致教育部呈文中，所提不能取消师大的各项理由，仍多出自李建勋之立意。

师范大学所遭遇之厄运，尚不止此，还有在抗日战争胜利后不准师大复校。抗日战争开始后的 1937 年，学校奉令内迁至西安，再至城固，后至甘肃兰州，校名改为西北师范学院，原师大的教职员工，大部分随校至西北师院。抗日战争胜利后，内迁各高等院校均纷纷复员，教育部却下令：西北师院留设兰州，不准师范大学复校复员，激起了北京师范大学校友会（设在西北师范学院内）及西北师院师生的强烈反对，发起北平师大复校及西北师院师生复员的复校复员运动，由北平师大校友总会及西北师院复员委员会共同推选李建勋、易价（校长室秘书）二位教授携《上蒋主席书》，缕陈八项复校复员的理由及事实，赴重庆陈清洽商。校内在"复校复员委员会"领导下，全校罢课，准备赴重庆请愿，经过各地校友的大力配合及全体师生的坚决抗争，又经地方当局的调解，最后终于得以在北平原校址复校，名为北平师院（后又经过不懈的斗争，终于恢复原校名北平师范大学）。任命原训导长袁敦礼教授为院长，西北师院师生一部分复员北平，一部分留设兰州，任命李建勋为西北师范学院院长，李建勋未接受此任命，但却因此未能复员北平。后来应聘为北平师院讲座教授。

为了北平师范大学的生存，李建勋挺身而出，《上蒋主席书》中所陈述的理论部分多出自他的立意。1945年11月20日、21日，重庆版的《世界日报》上，连续刊登题为《李建勋教授访问记》，副标题为《畅论有关高级师资训练各问题》，再一次表述了他对师范大学、师范教育和师范生的认识。现录其要点如下：

李建勋首先从各国师资训练的发展史说起："欧美各国师资训练的发展史，约可分为三个阶段，17世纪末叶至18世纪中叶为第一阶段，专重教材，所造就者为'留声机'。18世纪中叶至19世纪末为第二阶段，兼重教法，所造就者为'教书匠'。自20世纪开始为第三阶段除教材教法外，更重专业精神及健全人格，所造就者才是'教育者'。三者相较，其进步的程序可知。所以现阶段的高级师范学校的任务，在如何始能造就出'教育者'，以负今后为国育才的重任。"

"东汉郭林宗说：'经师易得，人师难求'，经师者乃教书匠之谓，人师者，即教育者之谓，人师为陶冶学生性格的导师，不但要有高深的学问，而且要有伟大的人格和高尚的修养。韩愈说：'师者，所以传道、授业、解惑也'。即此说明为师者必须道德与学问并重。"

"教师虽为一种职业，但与以农工商为业者不同，而与陆海空军的职业无异，必须对国家民族具有浓厚的感情，有成仁成义的精神，有富贵不能淫、贫贱不能移、威武不能屈的正气才能胜任，此乃'儒家的气节'，欲训练教师有此种气节，必须有特殊的环境和课程才能培养。"

"教育是一种艰苦的事业，从事于此业者，必须有敬业、勤业、乐业的专业精神，即对教育有崇高的信仰，对所学有勤奋的努力，对教学有不倦的态度，此种信仰，努力及态度，非有特殊的环境及课程亦不足以养成。"

"师范大学与普通大学所设系科专业名称虽同，目的则异，普通大学生重在知识本体的研究，大学生尽可为学问而学问，师范生则为教育而学问。如普通大学的中国语文系，学生或专究文学，或专究语言文字，甚或专究文学的某一部分皆可。高级师范院校的国文系，学生对文学、语言文字二者皆须有相当的造诣，甚或对学术思想及国故，也须有深切正确的了解，且须应用于改订学生作文而熟练其技巧，使师范生所学'教育化''专业化'，是自与一般大学专致力于窄而深的研究者大不相同。"

以上对师范教育所作理论上的论证，即在今日仍具有现实意义，师范教育理论研究者及师资训练的实际工作者，若能据以实施，相信必会取得满意的效果。

主张教育行政要民主化、科学化

李建勋在北京师大任教时，主讲《教育行政》及《学务调查》两门课。经他倡议把《教育行政》这门课程纳入大学教育系教学计划。在一篇序文中他说："在中国首先讲《教育行政》者有两人，一在南京高等师范者（现时之东南大学）为陶知行先生，一在北京师范大学者为余担任。"由之在当时教育界遂有"南陶北李"之称，意思是说陶行知和李建勋是大江南北两位齐名的大教育家。

他给"教育行政"下的定义是：系指研究、讨论、计划、指导及处理教育之一切活动而言，他强调教育行政机关应专业化、学术化，也就是教育行政机关要科学化。

他提出一个教育区域的教育制度如一人之身，教育行政机关为头脑，它所管理的学校与社会教育机关为肢体，头脑清醒，则肢体俱得其用，则事举，头脑颠顸，则肢体失其常态，则事废，所以教育行政机关必须专业化、学术化，其原因即基于此。

欲求完成上述目的，首先必须健全组织。所谓健全组织，应包括建议的和执行的两部分，前者司研究、计划、报告等事，后者司决定、执行、督促等事。此二者如车之有两轮，鸟之有两翼，相辅而行，缺一不可。我国的教育行政机关内，只是在完成执行的任务，向无建议部分之设置。故主张教育行政机关内均需设置研究机构，此种研究机构不同于大专院校及研究院所所作的高深学术的探求，而是对当前教育上的实际问题进行研究，以求得科学的解决。在他所作《直隶省教育厅行政组织之改革案》中，即在教育厅的组织中设一"教育研究股"。

李建勋主张教育民主，于各级教育行政机关均应设有代表性及权威性的民意机构——参议会，以向教育当局提供实际需要，供其抉择，并修正当局意见，使其措施趋于合理，而使行政首长能博采众议集思广益进行领导。且可牵制当局滥用职权，固执己见，以免流于偏激。为此他曾向1948年1月在南京举行的中国教育学会第9届年会提出《各级教育行政机关设参议会以收集思广益之效案》的提案，详述设参议会的理由及办法。

李建勋非常重视视导工作，曾著专文《吾国督学制度之缺点及其改进》详加评论。他认为视导有"行政视察"与"教学视察"。行政视察中有地方教育行政机关、社会教育行政机关及初等、中等、高等学校之不同；教学视察也有各级学校的各种科目之分，欲完成此多方面的视导任务，实非易事。所以除设有专职常任督学人员外，亦需按需要临时聘请专家担任，并可分区设立常驻办公机构。

李建勋对教育法律问题非常重视，他是当时最重视教育立法的教育家之一，每有机会就呼吁在根本大法的宪法中要设有教育专章，要求用法律条文对教育给以明确的规定，以保障教育的顺利发展，他曾多次提出具体的法律条文，供有关当局采择。

李建勋在北平师大讲授的另一门课是《学务调查》。他非常重视教育调查，主张无论从事实验研究，或进行教育改革，都必须从调查入手。在教学中为了联系实际，培养学生的调查能力，他于1932年和燕京大学教育系主任周学章教授共同组织两校教育系师生在天津进行实际调查，写出《天津市小学教育之调查》，成为调查报告的典型文献，受到研究教育调查学者的推崇。那时被称为河北省教育界三杰的就是李建勋、周学章和曾任北京高师校长的陈宝泉。

教育学术研究硕果累累

1931年7月，女师大合并于北平师大，统名为国立北平师范大学，由原女师大校长徐炳昶继任校长。女师大原有之研究所改为研究院，先设教育科学门及历史科学门，聘李建勋教授为研究院委员会委员、教育科学门主任。11月，徐炳昶辞去校长职。次年5月，行政院会议任命李建勋为北平师范大学校长，固辞不就，而全力开展教育科学门的学术研究工作。1931年9月，教育科学门正式成立，其目的：在养成学生独立研究教育实际问题的能力，使毕业后无论在教育行政机关或各级学校服务，均能作研究及实验工作。遂招研究生20人，于10月上课。至1932年，教育部指示将研究院改为研究所，由校长李蒸兼所长，聘李建勋为主任导师。

1933年，重订研究所的任务是：（一）研究教育实际问题；（二）培养教育学术专家；（三）收集整理并编纂各科教材。

这实际上就是一个"教育研究所"。

1932年，教育部令北平师大停止招生，进而又有停办师范大学的消息（当时全国只有一所师范大学），在这种动荡不安的形势下，教育学术研究工作虽不免受到影响，但仍作出许多成果。这些研究成果有的刊载在师大主编的教育期刊《教育丛刊》上，有的刊载在学报《师大月刊》上，还有一部分印了单行本，如：李建勋编《天津市小学教育之研究》，李蒸编《民众教育意义及办法之初步研究》，黄玉树编《中学校长之职责》，萧季英编《中学教师服务之状况》，张钟郁编《师范学校训育问题》等。在黄玉树、萧季英、张钟郁三人论文的前言中，都提到在选题、搜集及筛选资料以及写作方法等，都得到导师李建勋无微不至的热心教诲，他们对导师诲人不倦的精神感念铭记，永志难忘。

正当教育学术研究工作既喜获丰硕的成果，又培养了专材的时候，1934年7月教育部在改进师大的令文中竟提出将研究所自下学年度停办，学校遵令于9月份从事结束。名为"改进"实为"倒退"。

于10月份学校自行组织"教育研究会"并制定了相应的规

◎ 1934年教育系毕业生合影，前排右四为李建勋

程：以全体教职员同人组织之，以研究教育问题为宗旨，设研究干事及助理若干人，设指导委员，由校长、教务长、各学院院长组成委员会，推选李蒸、李建勋任指导。对此，李建勋发表谈话说："教育研究会之设，为研究所停办后之唯一研究机关。因师范大学必然对于教育问题特设研究机构以从事研究工作，研究问题均极重要，如国民教育问题、教育经费问题、师范学校教育课程问题等均待研究。"在校长李蒸及原研究所主任导师李建勋指导下，研究成果陆续刊登在《师大月刊》第21期（1936年9月）至第32期（1937年3月）。

同年11月，以李建勋为系主任的教育系为引起学生自动研究兴趣，特由全体教师组成一"研究指导委员会"，指导本科生进行研究工作。当时教育系四年级设有"论文研究"课程，每周2小时，以培养学生独立研究教育学术的能力。系主任李建勋对此非常重视，严格执行学生毕业时必须提交毕业论文，不交论文者不发毕业证书。他认为我国大学制度采自美国，美国的大学毕业生约有一半可升入研究院、所深造，我国大学多无此条件（按：这是指当时情况而言），所以学生只能在大学本科就训练其进行学术研究的能力。

◎ 1922年7月，中华教育改进社董事合影。从右向左前排依次为黄炎培、朱其慧；中排依次为梁启超、蔡元培；后排依次为张伯苓、李建勋、熊希龄。

在李建勋系主任主持的系研究指导委员会的指导下，有许多优秀的毕业论文，陆续刊登在《师大月刊》的各期。

教育研究委员会继教育研究所停办后，不但未停止教育学术研究，而且扩展至本科生，形成一时之教育学术研究热潮。

1937 年"七七"卢沟桥事变，抗战军兴，学校奉令内迁，与北平大学、北洋工学院合组为西安临时大学。1938 年 3 月又迁至城固名为西北联合大学，师大为该校的师范学院，仍按原师大之编制设备系、科。按教育部令于 1938 年 7 月设师范研究所，其目的为"研究高深教育学术，训练教育学术专才，及协助师范学院所划区内教育研究机关研究教育问题，改进教育设施"，实与过去的教育研究所衔接。于 12 月初开始工作，李建勋兼研究所主任。

1938 年 8 月，师范学院自西北联合大学分出，独立为西北师范学院，并于 1940 年 10 月迁往甘肃兰州，师范研究所亦改名为教育研究所，李建勋仍兼研究所主任。

抗战期间，物质设备简陋，图书仪器亦甚缺乏，特别是经费太少，全年经费只 5 万元。李建勋在一次讲演中提到"我国教育研究所如包有教员自作的研究组织，每年须印二三种研究报告，但教育部之补助费尚不敷印一种之用，以致许多研究成果，未能问世，等于虚耗心血，诚最堪痛心之事也。"

在上述情况下，西北师院的师范研究所及以后的教育研究所，仍刊印了多种研究专刊。如：金澍荣、尹赞钧：《中等学校毕业生英语写作错误之分析》；金澍荣：《初级中学英语课本之分析》；金澍荣、李庭芗：《高级中学英语课本之分析》；李建勋、许椿生：《战时与战后教育》；金澍荣、杨少松：《西北中等学校师资之改进》；李建勋、韩遂愚：《师范学校教育行政教材教法之研究》；刘一珩、刘汉江：《中等数学教材教法之研究》；程克敬、佘增寿：《师范学校之训育》；鲁世英、佘增寿：《中等学校教师人格特质》等。

以上金澍荣、李建勋、程克敬、鲁世英都是教育系教授兼教育研究所导师，与其所指导的研究员共同进行研究工作。

由上可知，李建勋对北京师范大学的教育学术研究，虽前后所担任的职务不同，但都工作在第一线，既获多项研究成果，又培养了研究专材，凸显我校的特色，使我校在这方面一直位居前列，李建勋的贡献，功不可没。

致力于小学师资培训提高

师范大学虽以培养中学师资为主，但也一直致力于小学教师的培训工作，以之提高小学教师的素质，负责此项工作的为教育系主任李建勋。

1936 年 5 月，教育部颁发《学校附设小学教育通讯研究处办法大纲》，据此，师大教育系设立了"小学教育通讯研究处"，招收研究生二百余人，征集问题四百余个，除重复及不成问题者分别删除外，尚有二百余题，由李建勋主任亲自主持，聘请小学教育界知名人士为导师，负责解答者约在一百左右。当时曾计划发行专刊，以供各处小学教员参考。嗣因卢沟桥事变，学校搬迁，未能如愿。

抗战开始，学校内迁后，各种研究工作一律暂停，小学教育通讯研究处亦即结束。

1938 年 5 月，教育部颁发各级学校兼办社会教育办法后，教育系又恢复了小学教育通讯研究处，于 1938 年 12 月宣告成立，开始招生约百人，至 1940 年 7 月为第 1 期，对所提 306 个问题中选出 100 个予以解答，于 1941 年编著成书，名《小学教育实际问题》，交由正中书局出版发行。

至 1943 年，根据教育部颁布的《师范学院附设中心、国民学校进修班暨函授学校办法》，遂将小学教育通讯研究处改为"中心、国民学校教员函授学校",至 1946 年时,学员近两千人,已解决的问题有数千个,可谓成绩卓著。

1943 年又办理了"小学教师进修班",第一班于 1944 年结业,继续办第二班。

以上"小学教育通讯研究处","中心、国民学校教员函授学校","小学教师进修班"都是为提高小学教员的水平,提高小学教育的质量,都是教育系兼办事业,都是由教育系主任李建勋主持总司其事,成绩显著,对西北地区普通教育的改进作了贡献,深得社会各界的赞誉,教育部的褒奖。

1949 年新中国成立后,他应平原省政府之邀,欣然还乡,任平原省文化委员会委员兼平原省师范学院教授。1953 年平原省撤销后,回北京任华北行政委员会文教委员会委员;1954 年改任天津师范学院副院长,分管科学研究工作。

1957 年,李建勋被错划为右派,并受到不公正对待。于 1958 年返回北京,任中国人民政治协商会议全国委员会文史资料研究委员会专门委员,仍继续努力学习,原计划编写《中国教育发展史》的资料已准备好,不幸又遭"文化大革命"的冲击,所有资料卡片付之一炬。

李建勋一生服膺真理,深信只有社会主义才能救中国,惜年事已高未能完成夙愿。1976 年 2 月 8 日因病与世长辞,享年 92 岁。1979 年,党和人民为他恢复了名誉,骨灰盒安放在八宝山革命公墓。

（蔡　春）

参考文献

李建勋教育论著选 . 北京:人民教育出版社,1993

梁启超

中国近代师范教育的首倡者

◎ 梁启超

　　梁启超（1873—1929），字卓如，号任公，又号饮冰室主人。广东新会人。思想家、政治理论家、教育家。早年中举人，后拜康有为为师。"公车上书"主要发动者之一，力主维新救国。后组织强学会、主办《时务报》，成为与康有为齐名的维新派领袖。百日维新中，参与筹办京师大学堂、译书局。维新失败后逃亡日本，创办《新民丛报》介绍西方社会政治学说和自然科学。辛亥革命后，为共和党领袖、进步党理事，曾出任北洋政府司法总长、财政总长等职。曾参与反对袁世凯复辟帝制。曾在清华大学、北京师范大学、东南大学等大学任教，是北京师范大学董事长、北京女子师范大学董事。曾任京师图书馆馆长等职。

　　一生勤于研究著述，其治学范围除传统的经、史、子、集外，还涉及中外文学历史哲学、政治经济法律、教育文化艺术、民族风俗宗教等方方面面，共撰写了1400多万字，以《新民说》最具代表。其作品绝大部分收入《饮冰室合集》。

梁启超自 1895 年"公车上书"后，几乎亲历了清末民初社会变革的所有政治活动，他或运筹帷幄，或指挥若定，或仓皇逃遁，但他总是雄姿英发，搏击浪尖，一直是中国政治或文化领域一位叱咤风云的传奇人物。他常为国家民族的兴衰焦虑万分，心如火烧，而要痛饮冰水。由此，他自称"饮冰室主人"。1929 年 1 月，梁启超病逝。胡适敬挽："文字收功，神州革命。生平自许，中国新民。"

台湾学者张作锦先生在为梁从诫的《薪火四代》一书的《代序》中称：清末民初"不忍坐视国族沦灭的志士仁人""为数不少，其中最热心、最积极，而又影响最深远者，依我之见，应首推孙中山和梁启超。孙氏认为时局缓不济急，要立即换一个新的政府；梁氏认为国家若想长治久安，国民要先换新精神。尽管两人的救国步骤容或不同，但他们献身国家同胞之忠诚则并无二致，都是念兹在兹，废寝忘食，呕心沥血，艰苦遍尝，真正做到了'造次必于是，颠沛必于是'。"

梁启超认为，改造中国首先要提高国民的素质；国民素质的提高要仰承于教育；教育的发展仰赖于师范。因此，梁启超与中国第一所高等师范院校——北京师范大学有着不寻常的特殊关系和深厚的情意。

师范教育的首倡者

梁启超重视教育、重视师范的思想由来已久。早在 1896 年即"公车上书"第二年，他就撰写了《学校总论》和《论师范》两篇文章。他在《学校总论》的文章中就古今中外国力强弱的实际例子，说明教育乃是一国兴盛的根基。他指出"乱世以力胜，升平世智力互相胜，太平世以智胜。……世界之运，由乱而进于平；

胜败之源，由力趋于智。故言自强于今日，以开民智为第一义。"

"故使一国之内，无一人不受教，无一人不知学。兔置之野人，可以备干城；小戎之女子，可以敌王忾；贩牛之郑商，可以退敌师；斫轮之齐工，可以语治道；听舆人之诵，可以定霸；采乡校之议，可以闻政。"

"亡而存之，废而举之，愚而智之，弱而强之，条理万端，皆归本于学校。"

在《论师范》的文章中，他又明确指出社会进步、兴建学校与师范之间的因果关系。

"师范学校立，而群学之基悉定。""故夫师也者，学子之根核也，师道不立，而欲学术之能善，是犹种稂莠而求稻苗，未有能获者也。"

当时中国的教师情况不外两种，一些为本土科举八股培养出来的旧儒，一些为从西方各国聘来的洋教习。他指出，前者固然没有新的知识可以教授学生，而后者语言不通，借助翻译难以保证教学质量；东西方文化、教育的差异，西方的教学方法未必适合中国；西洋教师只懂得西学，影响学生对中国传统文化的学习；各国教师多只懂本国语言，不便沟通；西洋教师薪水太高。因此，聘任洋教习不是解决中国师资缺少的根本办法。他为中国教师的缺乏感慨万千：

"夫以四万万之大众，方领成帷，缝掖如鲫，而才任教习者，乃至乏人，天下事之可伤可耻，孰过此矣！"

"今之识时务者，其策中国也，必曰兴学校。""欲革旧习，兴智学，必以立师范学堂为第一义。"

他考察了日本的师范学校制度后，提出兴办中国的师范学堂的主张。1898 年，康有为等维新变法派与光绪帝紧锣密鼓筹划变法时，梁启超应总理衙门的委托起草了《京师大学堂章程》，并参与筹办京师大学堂。《京师大学堂章程》是中国近代高等教育最早的学制纲要。在第一章第四节中言：

"西国最重师范学堂，盖必教习得人，然后学生易于成就。中国向无此举，故各省学堂不能收效。今当于堂中别立一师范斋，以养教习之才。"

梁启超是我国近代第一个学制的制订人，也是将设立师范学校写入学制的第一人。他高瞻远瞩，明确了教育与国家兴衰的关系：立师范，兴学校，开民智，育人才，最终达到国民素质的提高和国家的繁荣与富强。

戊戌变法失败后，梁启超虽亡命海外，仍时刻关注国内的动态。他在日本先后创办了《清议报》和《新民丛报》，以"广民智"、"振民心"为宗旨，为改变中国落后的状况制造舆论。当时，创办于1898年的京师大学堂，经过庚子之变乱后已彻底瘫痪。1902年1月，光绪帝又委任颇具革新思想的张百熙为管学大臣，并筹备重建京师大学堂。梁启超因此十分欣慰，也十分关心。1902年，他先后发表了《论教育当定宗旨》和《教育政策私议》等文章于《新民丛报》，为创办新教育者出谋划策。他在《论教育当定宗旨》中说道：

"教育制度所以必起于文明之国，而野蛮半开者无之，何欤？教育者，其收效纯在于将来，而现在必不可得见者也。然则他事无宗旨，犹可以苟且迁就；教育无宗旨，则寸毫不能有成。何也？宗旨者，为将来之核者也，今日不播其核，而欲他日之有根、有芽、有茎、有干、有叶、有果，必不可期之数也。"

"一国之教育与一人之教育，其理相同。父兄之教子弟也，将来欲使之为士，欲使之为农、为工、为商，必定其所向焉，然后授之，未有欲为箕者而使之学冶，欲为矢者而使之学函也。惟国亦然。一国之有公教育也，所以养成一种特色之国民，使之结为团体，以自立竞存于优胜劣败之场也。然欲达此目的，决非可以东涂西抹，今日学一种语言，明日设一门学科，苟且敷衍，乱杂无章，而遂可以收其功也。故有志于教育之业者，先不可不认清教育二字之界说，知其为制造国民之具；次不可不具经世之炯眼，抱如伤之热肠，洞察五洲各国之趋势，熟考我国民族之特性，然后以全力鼓铸之。"

他举出世界古典与现代各三种情况供国人参考，其中古典型的是：雅典、斯巴达、耶稣教；现代型的有：英吉利、德意志、日本。他又说：

"安有无宗旨而可以成完备之教育者耶？安有无完备之教育，而可以结完备之团体、造完备之国民者耶？夫无团体、无国民，则将不可一日立于大地！有志教育者，可无傲欤？可无勖欤？"

梁启超要求办学者首先要知宗旨，二要择宗旨，三要定宗旨，这样所办学校方能有成效。可以说，在管学大臣张百熙冲破重重阻力大力兴学时，梁启超在遥远的东瀛始终予以关注和支持。

北京高师兼职教授

1912年5月，京师优级师范学堂改名为北京高等师范学校，翻开了办学新的一页。10月，梁启超在京师各界的欢迎声中返回北京。1917年以后，梁启超的以"贤人政治"改造中国的理念，被军阀混战所粉碎，决定息影政坛，全身心投入文化教育及学术研究事业。他曾被高师聘为特聘教授，讲授"中国文化史"、"国文教学法"等课程。梁启超渊博的学识、敏锐的思维和广博的见识，为高师学生带来了新鲜空气。高师校长邓萃英回忆在高师长校的几项业绩时，其中就有聘梁启超到学校任教一事。可见，能聘到梁启超任教并非易事。

梁启超也经常到高师讲演，参与高师的教学、研究，以及社会活动。他在高师的讲演一般都在可以容纳一、两千人的风雨操场举行，总是座无虚席，盛况空前，甚至窗台上也常常坐满了人。

当时，北京高师先后聘请美国著名教育家杜威、孟禄、麦柯，英国著名哲学家、社会活动家罗素等到校讲学。1921年6月5日，北京高师平民教育社为欢迎孟禄到京，《平民教育》杂志出版孟禄特号。梁启超为此刊写了介绍孟禄的短文作为本期序。内称：

"门罗（即孟禄）先生来华，行将为吾教育界挟新曙光以至矣。……门罗先生在新大陆教育界之功绩，既天下所同认。今惠然来游，其所以慰吾侪之饥渴者何量！而北京高师者，国人所仰为教育界之总神经者也。其于今兹之调查与擘画，所负责任益重大。平民教育杂志，高师学团中一有力之言论机关也。……吾知团中人必更有以张大先生之业，而为吾教育前途大有造矣。"

寥寥数语，介绍了时任美国哥伦比亚大学教育学院主任孟禄的学术地位，也点明了北京高师在全国教育界的突出位置。平民教育社由高师热心于平民教育的部分师生自愿组合而成，是一个自筹经费的学术团体。他们宁可提高成本，也将梁启超的原文制成铜板印刷在杂志上。由此可见北京高师师生对梁启超的崇敬、爱戴之情。

1921年初，梁启超应北京高师史地学会邀请做了题为《佛教东来之历史地理的研究》讲演。他以人类五大文明的发祥地为例，分析了地理环境对文化发展的关键作用，阐述了佛教东来对我国政治、学术、思想、国民性以及风俗、信仰等方面的深刻影响。这是一篇关于地理环境决定论的重要讲演，也是我国最早用地理环境理论分析、研究中国文明起源的学术讲演之一。他最后对师生提出殷切希望：

"我今日所讲的短篇历史地理的意思，是要诸君知道佛教东来的原因，和他与中国文明的影响，而且要知道我们先民求学的艰苦，和他们不折不挠的精神；还希望诸君也要拿这种精神，这种毅力，去研究学问才好呢。"

梁启超将国家、民族的命运寄托在青少年，他在《少年中国说》中曾有一段掷地有声的名言：

"故今日之责任，不在他人，而全在我少年。少年智则国智，少年富则国富，少年强则国强，少年独立则国独立，少年自由则国自由，少年进步则国进步，少年胜于欧洲，则国胜于欧洲，少年雄于地球，则国雄于地球。"

教育、启迪，甚至为少年指路者应是教师，即现在的师范生。也就是说，中国的希望在少年，教育少年的责任在教师，因此梁启超对师范生寄予特别的厚望。

1921年12月17日，梁启超再次应北京高师平民教育社的邀请，到校作了题为《外交欤内政欤》的讲演。实际上这是一篇教导师范生首先学会做合格国民的讲演。梁启超是高瞻远瞩、深谋远虑的政治家可见一斑。他从平民教育的培养目标而引申到共和国的国民的养成。他将平民教育的定义为二：

"一、从私的生活方面说，要教育他们学做现代的人。二、从公的生活方面说，要教育他们学做共和国的国民。两种是不能偏废的。……想要教成多数人会做共和国国民，非常常造出些机会，叫他们养成政治上协同动作之观念及技能不可。"

然后，他从"（一）国民运动之意义及价值。（二）中国是否曾有国民运动。（三）'五四'之外交的国民运动。（四）今后国民运动之方向，外交欤，内政欤。（五）内政的国民运动之重要条件。（六）现在国民运动应拿什么为主题。（七）'我'自己应做的事"七个方面论述了中国的国民运动。他将国家与人体的构造相比拟，说：

"国家的构成分子——国民，和人体的构成分子——细胞，正是一样。国民当国家安宁的时候，要有继续不断的经常运动，然后政治上病的分子不至发生。国民当国家艰危的时候，要有急起直追的非常运动，然后内部发生或外部袭来之政治上的病的状态，可以减轻或消灭。若是国民都躲懒都害怕，运动力停滞或止息，那么，这国家或是犯著一个险症，暴病而亡，或是害了痨伤，挨些时也断送性命，这是万无可逃的事理。这样说来，国民运动意义之重大，可以想见了。……国家大大小小的事，人人都有权管，人人都爱管。"

他以罗马平民为要求权利，集体逃往郊外的山丘与贵族对峙，史称"退出国都之役"，说明虽为弱者，但是团结起来就可以成为强者，最终迫使贵族让步，形成民主政治局面。他又说：

"我老实告诉诸君说罢：我们若不承认中华民国，——不承认生今之世要适用共和政治，那便无话可说。如其不然，便要知道共和政治的土台，全在国民，非国民经过一番大觉悟大努力，这种政治万万不会发生，非继续的觉悟努力，这种政治万万不会维持。倘若国民不愿意管政治，或是不能够管政治，或是不会管政治，那么，这种国民只好像牛马一般，套上个笼头听人处分。……怎样才能够管政治呢？是要靠国民运动来争得这权利。怎样才会管政治呢？这是要靠国民运动来练习这技能。简单说一句，国民运动便是共和政治唯一的生命，没有运动，便没有生命了。"

对于国民运动的成败，他"觉得国民运动价值，在政治本身是可限量的，在国民教育上是无可限量的。一个个政治问题的运动，虽有成败之可言；从政治教育的意味看来，无成败可言。凡国民政治运动，总是成功，——虽失败也算成功。为什么呢？因为靠他才能养成做共和国民的资格。成固然养资格；败也是养资格。资格养成，什么事干不了。"

他尖锐地批评当时民国已十年，绝大多数人仍不懂民主政治，包括一些党派的"领袖"，盗国殃民、卖官鬻爵、开赌贩烟、贿选甚至派兵包围议会会场等，比比皆是，不一而足，但没有人管。

"总括一句可以说，中国做政治活动的人——无论何党何派——都完全没有了解民主政治的真意义，所走的路都走错了。十年以来，号称优秀分子的人，或是运动这军阀打那军阀，打倒一个军阀，便养成个更大的军阀，或是运动军阀手下的人去倒军阀。那能倒军阀的人，立刻便变成了新军阀。闹来闹去，总离不了这一套。始终并没有人从运动国民上痛下工夫。"

他高度称赞发生在 1919 年的"五四运动"，称：

"'五四运动'是民国史上值得特笔大书的一件事。因为他那热烈性和普遍性，的确是国民运动的标本。""这回运动，算是把中日关系问题大吹大擂的抬到世界人面前去了"。"这回太平洋会议，这问题虽然没有满意的解决，但日本人已渐渐觉得中国民气和世界舆论的可怕，不得不稍为让步。""因为这种运动，引起多数青年的自觉心。因此全国思想界忽呈活气。"

同时，他也指出：

"'五四运动'，与其说是纯外交的，毋宁说是半内政的。因为他进行路向，含督责政府的意味很多。论理，这种运动，应该有扩大的可能性，应该跟着就把方向移到内政方面。然而我们国民仍旧迟迟不进。"

梁启超还以"五四运动"为例，说明国民运动以外交为主，其作用有限，因与外国打交道的乃是政府。内政上局面不改变，争外交决无结果。1919 年"五四运动"爆发前夕，是他最先将巴黎和会这一消息刊登在报端，从而引发了规模空前的反帝爱国运动。两年后，他又能客观评价这次运动的深远意义。讲演最后，梁启超要求所有的人，都从自我做起，推动中国的民主进程。他说："我觉'我'应该做的事，是恢复我二十几岁的时候的勇气，做个学者生涯的政论家。"梁启超之所以选择了这样一个意义深远的题目，就是因为今日师大之学生，即明天中国少年之导师，这是中国的前途所在。这次长达4个小时的讲演，被称为"中国空前之长演"。

1922年4月3日，北京高师举行第一届教育研究科毕业典礼。这是中国首次以考试招收的研究生毕业，也是第一批教育学研究生毕业。全国教育界瞩目这批教育研究科学生，希冀他们日后能成为研究高深教育理论、革新教育和振兴教育事业的骨干。教育部和一些大学均派代表出席。梁启超先生欣然应邀莅临祝贺。他说：

"今天能够参与在首善之区最高的研究教育的机关之毕业盛礼，非常荣幸。诸君从前有在本校或在他学校毕业的，而来到这里，加以二年的研究，诸君对于学问上、知识上，虽说不够，不过所得的修养，一定得了相当的资料，这不必详言。不过诸位将来出去，不只以己得的知识授与他人；须以自己的人格感化他人。我看拿人格来感化人，最大的力量，还是引两句古人的话来说明罢。孔子教学生的时候，学生问他，教学生有何方法。他常常说：'学而不厌，诲人不倦。'其弟子赞之，说'正为弟子不能及也。'教非限于在校教，才算是教。最难的，是诲人不倦。所以厌倦就是因为像机器的蒸汽力未充满，无论何人，创造文化事业就是因为不厌不倦，常常加煤。一个人常常没有此种精神，就是厌倦，有人起初跑到社会，一鼓勇气，本来物质上报酬很少，后遂厌倦起来了，这是不对的。社会事业很多，而在中国的教育家应该格外的不厌不倦。因为诸君是初初出来，我希望要以今天不厌不倦的精神去做，要使学生受了学而不厌，诲人不倦的感化。如有人问我，学而不厌，诲人不倦有何方法，我说这个方法，是循环的。只要去学，当然不厌，只要去诲，当然就不倦，只是天天去学，天天去诲，当然不厌倦。如教员挂出一个头衔，而有厌倦之意，必非教育家。只要真是不厌倦，学多少，拿多少，就是教育家。我希望诸君常常将'学而不厌，诲人不倦'两句话常常放在脑里。"

这两句话后来成为全校师生共同信守的座右铭。正是有梁启超等前辈的谆谆教诲，北京师范大学师生为普及教育事业、提高国民的素养，奉献终生。

北京师范大学董事长

1923 年 7 月 1 日，北京高师改为国立北京师范大学。筹备北京师范大学委员会组建北京师范大学董事会，梁启超、熊希龄、李石曾、张伯苓、范源廉、袁希涛、陈宝泉、邓萃英、王祖训九人为董事，梁启超担任董事长。董事会一致推举学识渊博且德高望重的范源廉出任校长，并得到教育部的认可和支持。当时，范源廉正在欧洲考察教育，回国后能否出任校长尚属未知数。1924 年 1 月 10 日，范源廉一回国就到校上任。师生们欢欣鼓舞，高兴万分，举行了隆重的欢迎仪式。梁启超、范源廉两先生有多年的师生之情（湖南时务学堂）和同志之谊（戊戌政变后逃亡日本）。由范源廉出任师范大学校长，梁启超非常满意。他与范校长、董事们一起参加学校的欢迎大会，并发表了热情洋溢的讲话：

"今天躬与盛会，觉得异常荣幸，我自己对于学界情感，本来浓厚，对于本校尤觉特别亲爱。年来校长虚悬，校内校外，都很着急，本校筹备师大委员会为巩固师大基础起见，组织董事会，再由董事会推荐校长；诸君所渴望的范校长今已就职了。范校长是师大第一任的校长，我们很希望范校长永远伴着师大发展。我们的希望尽管大，不过希望校长进行不要过快。不要贪虚面子，本校不图外表的放大，要图内容的充实。我们要表现出我们的特色来，把原来高师的精神再加上几倍的充实，有几部分办出特色来，可不辜负改大的本意。""高等师范过去，师大新成立，我们当然振刷精神，互相谅解，一致努力。'能以礼让为国乎，何有？''所恶于上，毋以使下！'我们希望能为全国造出最好人材来，这种精神不独用于学问，在品格上更要注意。大家作成一个完全互助前进的团体。我信得过，大家有这种精神，将来不特学识为全国人模范，品格也要为全国人模范。"

会后，梁启超、范源廉，前来庆贺的黄郛教育总长，董事会的李石曾、陈宝泉等与全校师生合影留念。

同日下午4时，师大学生自治会召开全体学生欢迎范校长到职大会，梁启超再次陪同出席。学生自治会的代表讲话之后，梁启超即席演讲。他说：

"在今天这个盛会，我知道同学是很高兴的。我与同学是一样的高兴，其高兴之程度亦不亚于诸君。我从历史上看来，觉得这个学校的前途一定是伟大的，并且我自己感觉学校是一种很有希望的事业。我在二十几年前就想作一点教育事业，不想二十年后又在一处办学。我对于学校方面，校长及董事方面，都觉有一种新生命。所以非常高兴。统计起来全国的教育源泉为南北二高师。虽然高师这种学校很多，但是南北二高师是在全国的教育上是一切的源泉。南北二高师中，北高师地处京师，为学术之中央，故各方来学者较多，因之其地位乃超出一切高师之上。关于全国教育，为功为罪，都是高师所负的责任，而北高师的责任尤大。""……改良学校的前途，我们不能不把希望寄托在这个学校身上。""我想，政治上的罪恶不过一时，而且矫正还容易。教育上的罪恶，不只一时，而且矫正很难。所以办高师的人自己想起来都栗栗危惧。……学生所负的责任更重。学生的责任全在自觉。学生的自

103

觉于改良进步上易于成功，而单有校长教员的督促以求改良进步，则不但难于成功，而且易收恶果。现本校改为大学，同学负极重的责任，很愿意同学总想起范校长所说的'教育之生命怎样，教育之意义是什么'的话。再者，教育上的分门很多。我也希望同学将来不必以办教育必得校长、教长为满足，尤须要注意养成专门人才，不论是教育哪一门，哲学、科学，中国外国，总要担任一种专门的研究。各种专门学问及教育上最高的问题都应当研究。按董事会而论，我们这种董事会是在国立大学中是第一个，而且是以与学校关系最深之陈、邓二位先生为中心的，虽然不请他们来做事，他们也要来做的。我自己敢代表董事会说话，这董事会不是要挂虚名的，而是要实实在在做事的。"

他的讲话赢得学生的热烈掌声。以后，梁启超即以校董事长和兼职教授的双重身份参与师大的活动。

1924 年 4 月 26 日下午 3 时，为欢迎印度大诗人泰戈尔来华，梁启超在北师大风雨操场做题为《印度与中国文化之亲属的关系》的讲演。据记录："是日下午二时许，到会者已达千人以上，后至者皆鹄立窗外。三时五分，本校校长范静生先生导梁先生入场，掌声雷动。范先生致辞后，遂请梁先生讲演。"梁启超从地理环境的角度，论述了中国是在一个孤立的环境中发展了本国的文明，而地中海沿岸的国家交通畅达，交流便利，两地差异很大。他说：

"中国差不多是单独发展的。中国可以讲，自周至汉，全是创造文化的。自汉末至唐，约八九百年，把中国与印度的道路才通了。交通的结果，中国文化上发生很大的影响，得了不少的益处。印度与中国可以说是同母的两个兄弟，印度是哥哥，中国是弟弟，他们一同在那里创造家庭。因为印度比我们长了几岁，所以他是我们的哥哥。他给我们的很多，我们给他的却是很少。我们中国是一个孤立的国家。除了单独创造文明以外，只有印度给了我们一点文明。这一点却是很多。"

他考证了从东晋到唐明皇期间，共有 37 个印度人来中国，187 个中国人到印度，这些人将印度的古老文明带到中国。

"一，（印度）教给我们知道有绝对的自由——脱离一切遗传习惯及时代思潮所束缚的根本心灵自由，不为物质生活奴隶的精神自由。总括一句话，不是对他人的压制束缚而得解放的自由，乃是自己解放自己'得大解脱''得大自在''得大无畏'的绝对自由。二，（印度）教给我们知道有绝对的爱——对于一切众生不妒、不恚、不厌、不憎、不诤的纯爱，对于愚人或恶人悲悯同情的挚爱，体认出众生和我不可分离'冤亲平等''物我一如'的绝对爱。这份大礼的结晶体，就是一部大藏经。大藏经七千卷，一言以蔽之曰'悲智双修'。教我们从智慧上求得绝对的自由，教我们从悲悯上求得绝对的爱。"

一部囊括中外佛教经典的丛书——大藏经，众多繁杂的禅机佛理及修行的条规，经梁启超的高度提炼、概括，成为人类最终所追求所向往的大爱、大自由，即人类追求大同社会的理想。

梁启超在抨击了一些洋鬼子以"带血的枪炮做见面礼"来欺骗中国人，掠夺中国的钱财以后，就印度文明以及它们的副产品，归纳为音乐、建筑、绘画、雕塑、戏曲、诗歌和小说、天文历法、医学、字母、著述体裁、教育方法、团体组织十二个方面，详细地介绍了印度文明对我国影响之深远。这次讲演本来次日还将继续进行，可能是当时接待泰戈尔太忙，或者还有其他急事，使他的报告就此就算结束了。

1924 年 9 月，范源廉校长因为政府拖欠学校经费，愤然辞职。梁启超在万般无奈中召开董事会，决定在范校长返回以前，校评议会代行校长职务。直到 1925 年春，师大校长的职位一直虚位以待。师大师生在劝说范源廉校长复职的同时，也把希望寄托在博学多识、贯通古今中外的梁启超身上。1925 年 9 月 21 日，梁启超在给其子女的信中写道：

"日来许多'校长问题'，纠缠到我身上，亦致忙之一。师大不必论，教职员、学生、教育部三方面合起来打我的主意。……北大问题最易摆脱，不过一提便了。现在师大、东大尚未肯放手。我惟以极诚恳之辞坚谢之。"

当时，北京大学、东南大学两所大学的师生或教育部也在千方百计地聘任梁启超为校长。在三所大学中，他自然最钟情于师大。这里是他多年改革中国的希望所在。但是范源廉校长的辞职令他太过痛心。执政府和新旧军阀穷兵黩武，连年征战，挥霍资财，哀鸿遍野。他们无心于国家的事业，对于区区办学经费多年不增加还长期拖欠。办学经费问题成了各国立大学校长难以逾越的鸿沟。梁启超考虑再三最终没有接受师大校长的职务。他虽学富五车，又极热心于教育，但终生没有出任一所大学校长，不能不说是他人生的一大遗憾。北京师范大学历史上也因此缺了这样一位蜚声海内外的校长，也是一大憾事。

梁启超先生曾多次为《北京师范大学毕业同学录》撰写《序》

◎ 师大董事会合影，左起依次为陈裕光、邓萃英、王祖训、范源廉、梁启超、李石曾、张伯苓、陈宝泉。

和题词。1924 年 5 月 14 日，他在《毕业同学录·序》中写道：

"毕业之名，非达名也。言乎学业耶？终身由之而不能尽，发愤者不知老之将至，学业之毕，其惟属纩启手足之时已耳。言乎职业或事业耶？家庭学校之覆育终，而对于社会之义务，正起始耳，毕云乎哉？是故昔之属辞者，惟于诵一什览一文时或称毕业，其于学则未闻焉。就学而有所谓毕业，自今世机械的学校教育始。就学而有毕业，于是学校与社会生活始分为两橛，学校中业其所业，与社会渺不相属，及其去学校也，则又举向之所业，长揖而永谢之。呜呼！毕则毕矣，吾不知所业为何等，而业此者又何居也？北京高等师范学校者，全国中等以下教育师资所由出也。比年来，教育上之功罪，斯校盖尸其半焉。顷以时势之要求，改建师范大学，其对于教育前途之责任益重且大。大学成立之第一年夏六月，而前此高师诸生有遵限年格当去其母校者，循俗称则谓之毕业。诸生既惓恋其母，怀而不忍离也；又惧同学之分飞索居，而辅仁所资日以疏遏也；又庆幸其为大学第一次之所谓毕业者，而自感与校之同休戚最深切也。于是列次其学籍、与夫在学期间之师长、及校中兴革大端为同学录，以永其念。以余比年在校中时有所讲授，且为大学服务之一人也，使为之序。余惟诸生所以自策厉，与夫在校诸师长所以相训勉者，其懿嫩之言必甚多，无俟余喋喋也。余惟有一语告诸生曰：今日非诸君子毕业之时，乃诸君子始业之时也。知其为始业，则终其身毋或与所学者长揖而谢。虽去其校，犹未去也。人人永保持在校之精神于去校以后，则母校之生命荣誉得分寄递衍焉，以长留天地间，所以爱校者何以加此？"

梁启超在这里明确指出，毕业是家庭、学校对学生的教育终止，同时也是学生对社会负起义务的开始。他还告诫诸生：要终生献身于教育事业，不要见异思迁；要永远保持师大的精神，使之发扬光大，师范大学才会永葆青春和活力。

1925年5月，梁启超又为《北京师范大学毕业同学录》题词"无负今日"并撰写了《叙》。文中称：

"中国之采用新式教育，其首注意者则师范也。而南北两高师成绩最良，北高师在首善之区，俊士咸造，所成就益众，比以时势之要求，改建大学，而范君静生为之长。学风益以振厉，全国属耳目焉。然而政府弗恤，经费无着，范君以去就争至今未得。当新造之师范大学盖儳焉，如不能终日。而一九二五年级之同学，乃于此时奋自淬厉，袭然各毕其所业。诗云：'风雨如晦，鸡鸣不已'。撝斯志也，何艰阻之不可胜，而物务之不可成哉！诸君制同学录，而乞言于余，余谨以'无负今日'四字为赠。昔孔子思吾党小子曰：'进取不忘其初'。夫惟不忘其初，乃可以进取。诸君念之矣。"

1926年北京师范大学出版的《教育丛刊》第五卷第六集上刊登了题为《狂狷的爱国青年》，这是梁启超先生国庆日在师大附中的一篇讲演记录。梁启超首先对"究竟如何方为爱国呢"？他回答说："我自己求我自身为一个健全的国民。……因为现在是'中华民国'，不是'帝国'，人民是全国主人；团体的分支不好时，全团体必不能好。"他以孟子对"狂狷"的解释阐述了当代青年应该如何思想、如何行动才能算是爱国。他说："孟子解释狂狷字很好，说：'狂者进取，狷者有所不为也。'对于进取二字，还附有条件：'进取不忘其初。'对'有所不为也'的解释是'不屑不洁'。想孟子对狂字的意思：是无论对何事，我自己都不颓唐。现在青年的通病是什么'烦闷呀'，'悲哀呀'，报纸常见的无往不是颓唐的话，这真是青年界最不幸之事！"梁启超对各行各业的进取标准是："假使我是军人，遇与外人战争时，我便为国战争；我是政治家，便为国建设各种事业；我是教育家，便日日心在学校，将学校办好，这就是爱国。我做学问，就极力谋进步；我耕田，就做一个好农夫，把力量尽用在田地上，使它多添些出产品。……人有愿望，又能做到，那是大圣大贤，非狂狷小子了。"他特别指出："一国能否强盛，系在青年。"对于"狷"字，他说道："此字不好方面说为狷狭，在好方面则为狷介。狷字最要紧的解释是'有所不为'。……一人处世待人，对'有所不为'都甚重要。……我看不起不愿做的事情，便斫我头我还是不做，这就是狷者的气概。人能'不屑不洁'，才能替自己的人格做得保。""诸君这种年龄，正人类表现狂狷美德的时候，应常常把狂狷的美德来磨练自己，如此才能做真正的健全国民。国人都能做狂者狷者，便都是健全国民。《论语》上有云：'己欲立而立人，己欲达而达人。'我欲自己是健全国民，我便助别人使与我一样是'健全国民'。国民都健全，国家也会健全。"这次讲演时间不算长，但内容丰富，字字珠玑。师范大学附属中学是全国著名中学，集聚着学业优良、志向高远的有为青年。他们多是国家未来的栋梁之才。因此，梁启超到这所中学讲演也属正常。

无论是讲课，还是讲演，梁启超总是一袭宽大的长衫，态度平和而谦虚。他或细声慢语，娓娓道来，如春风拂面；或滔滔不绝，慷慨激越，如惊涛拍岸。古今中外，历史地理，政治文化，无所不包，引经据典，信手拈来，如数家珍。师范大学学生梁容若回忆梁启超在师大的教学情景："1926 年我在北京师大求学的时候，正是梁先生息影政坛，专门从事学术研究的阶段。他在师大教的是中国文化史，只讲到社会组织编，每周也只来两次。由于他的名气大，学识渊博，他每次来授课，教室里都是挤的满满的，以至室无隙位，有的还站着听。有些同学虽是学自然科学的，但届时宁可牺牲本门功课也来听他的讲授，可见他的吸引力是如何大了。"师大另一个学生也回忆他在师大的风采："讲起来有许多手势表情，笑得很爽朗。他引书成段背诵，背不下去的时候，就以

无今负日

梁启超赠言

◎ 梁启超为师大学生的题词

手敲前额，当当作响，忽然又接下去。敲几次想不起来，就问当时陪听的教授钱玄同、单不庵、杨树达等。"

多年来，梁启超一直关心师范大学的建设与发展，并以此推动全国的教育事业。正如有人在写给梁启超长子梁思成的信中所说："任公先生出了很多力去维持师大，中国教育赖以维持。"在梁启超的大力支持下，以及全校师生员工的努力下，北京师范大学虽遇到困难重重，仍能发展、壮大，对中国的教育做出贡献。

为兴女学呐喊的智者

梁启超是我国最早提倡女学的智者之一。早年他曾发表《论女学》，文章开头第一句就说："孟子曰：'逸居而无教，则近于禽兽。'"而在当时的中国，人们以不读书是寻常事，妇女尤其不必读书。他说：

"居今日之中国，而与人言妇学。闻者必曰天下之事其更急于是者，不知凡几，百举未兴，而汲汲论此，非知本之言也。然吾推极天下积弱之本，则必自妇人不学始。""西人分教学童之事为百课，而由母教者居七十焉。孩提之童，母亲于父，其性情嗜好，惟妇人能因势而利导之。以故母教善者，其子之成立也易；不善者，其子之成立也难。""故治天下之大本二：曰正人心，广人才。而二者之本，必自蒙养始。蒙养之本，必自母教始。母教之本，必自妇学始。故妇学实天下存亡强弱之大原也。""今之前识之士，忧天下者，则有三大事：曰保国，保种，保教。国乌乎保？必使其国强，而后能保也；种乌乎保？必使其种进，而后能保也；

进诈而为忠，进私而为公，进涣而为群，进愚而为智，进野而为文，此其道也。教男子居其半，教妇人居其半，而男子之半，其导原亦出于妇人，故妇学为保种之权舆也。今与人言此义，鲜不谓以耕救饥，掘井消渴，迂远而无当也，而不知此盖古先哲王与泰西通儒所讲之极熟，推之至尽，而汲汲焉以为要图也。"

他批判了"妇人无才即是德"的腐朽观念，一针见血地指出："此齐言也。世之瞽儒执此言。务欲令天下女子不识一字，不读一书，然后为贤淑之正宗。此实祸天下之道也。"他发出振聋发聩的呼喊："欲强国必由学校"，"欲强国必由女学。"正如苏联教育部长克鲁普斯卡娅（列宁夫人）后来所说："如果你在家教育儿子，就是教育公民；如果你在家培养女儿，就是培养整个民族。"他们真有异曲同工之妙。

1922年4月1日，梁启超应邀到全国女子最高学府——北京女子高等师范学校做题为《我对于女子高等教育希望特别注重的几种学科》讲演。他开门见山第一句话就是："中国女子不能和男子有受同等教育的机会，是我们最痛心的一件事。我是不承认男女天赋本能有等差的。那么，男子所能学的学科，女子自然都也能学。"他就教育、生活、职业三者的关系说道："教育是教人生活的，生活是要靠职业的，受完了某种程度的教育，立刻可以得着程度相当的职业，而且得着之后，能够胜任愉快，这种教育才算有效用。"他又说"男女的聪明才力不能认他有差等，却不能不认他各有特长。"他认为：女子在整理等方面较男子有很大优势。据此，他为知识女性开列出四种最适合的工作：史学研究与教育、会计学（含金融）、图书馆学、新闻学。这是中国有史以来第一个为女性择业的专题报告了。

同年11月6日，梁启超还在南京女子高等师范学校做了题为《人权与女权》的讲演。他就男女的受教育的不同，导致智识的程度差异。他说:"智识即权力。不从智识基础上求权力,权力断断乎得不到,侥幸得到,也断断乎保持不住。一个人如此,阶级相互间也是如此,两性相互间也是如此。""归根到底一句,无论何种运动,都要多倍实力,少作空谭。女权运动的真意义,是要女子有痛切的自觉,从智识能力上力争上游,务求与男子立于同等地位。这一着办得到,那么,竞业、参政,都不成问题;办不到,任你搅得海沸尘飞,都是废话。"最后,他向女学生们大声疾呼:"诸君啊,现在全国中女子智识的制造场,就靠这十几个女子师范学校,诸君就是女权运动的基本军队。庄子说的好:'水之积不厚,则其负大舟也无力'。诸君要知道自己责任重大,又要知道想尽此责任,除却把学问做好,智识能力提高外,别无捷径。我盼望诸君和全国姑姊妹们,都彻底觉悟自己是一个人,都加倍努力,完成一个人的资格。将来和全世界女子共同协力,做广义的人权运动。这回运动成功的时候,真可以欢呼人权万岁了。"这篇讲演,是梁启超对女师范生的希望,也是对全国女子的希望。

1924 年 3 月,北京女子高等师范学校酝酿改为女子师范大学,先成立校董事会。聘请梁启超、王章祐、杨荫榆、熊朱其慧、毛邦伟等热心女学的社会贤达和学者任董事。他又为北京女子师范大学运筹帷幄,出谋划策,殚精竭虑。1931 年,女师大与北京师范大学合并。

爱屋及乌。梁启超由致力于国民性改造和国民理想塑造,而重视教育,重视师范,因此格外器重北京师范大学。他与北京师范大学非同寻常的关系也就在情理之中了。

(敦　芳)

参考文献

饮冰室文集,平民教育,教育丛刊等。

范源廉

中国近代教育改革家

◎ 范源廉

范源廉（1876—1927），字静生，湖南湘阴人。中国近现代著名教育家。早年就读于日本东京高等师范学校。曾任京师大学堂、京师译学馆教习。参与创办京师优级师范学堂、清华学堂、殖边学校、南开大学等学校。民国初年，数次被任命为教育总长，对现代教育的确立多有贡献。1924年出任北京师范大学校长。曾任中华书局总编辑部长、中华教育改进社董事、中华教育文化基金会董事长，曾组建尚志学会、中华职业教育社等民间文化教育社团。

主要著作有《说新教育之弊》《今日世界大战中之我国教育》等。

范源廉一生致力于教育、科学、文化事业，并以此振兴国家，是中国近现代著名教育家。

新学的积极创办者

范源廉的父母早亡，自幼随舅父读书、生活。此时，湖南巡抚陈宝箴与按察使黄遵宪等推行新政，锐意改革，在长沙创办时务学堂，梁启超为学校总教习，蔡锷也是该校学生。1898年，范源廉考入时务学堂就读，此后即紧随梁启超参与社会的改革活动。是年秋，百日维新失败，谭嗣同等六君子喋血北京菜市口，康有为、梁启超等变法的主要领导人被迫逃亡国外。时务学堂也被查封，40余名学生中有11人逃往日本，范源廉也在其中。此时，梁启超在日本东京创办了大同学校，邀请范源廉、蔡锷等入大同学校就读。不久，他转入东亚商业学校，后又转入东京高等师范学校。从此，奠定了他以兴办教育和研究科学报效国家的思想基础。

读书期间，他看到中国留日学生日渐增多，国内学校多为初创，师资、设备均落后，学生程度参差不齐，大多没有合适的日本学校可读。1902年，范源廉与曹汝霖等在东京创办宏文学院，下设速成法政、师范诸科。师范半年毕业，法政一年半（另说八个月）毕业。范源廉请人翻译日文讲义，便于学生直接阅读，学生在较短时间掌握较多知识，事半功倍，深受欢迎。不到两年时间，全国闻风来学者达两万余众，成当时一大盛况。

1903年，范源廉回国，出任重建不久的京师大学堂师范馆的日文翻译助教（称东文分教习）。当时，国内懂自然科学的人尚少，京师大学堂的正教习及物理学、化学、生理学、植物学、东文等教习多由日本人担任。师范馆正教习服部宇之吉博士讲授教育学、心理学和伦理学，范源廉为服部作翻译。他娴熟的日语和渊博的学识深得学生敬佩。

19世纪末，沙皇俄国根据中、俄不平等条约已占领我国北方大片领土，并野心勃勃继续向南侵犯，屯兵我国东北。新兴的日本帝国主义也虎视眈眈觊觎我国的资源和财富。日、俄两国为争夺在华利益经常发生摩擦。1903年4月，日、俄两国为此酝酿在我东北进行战争。清政府不仅不加干涉，反而宣布中立，听任日、俄两个帝国主义在中国的领土上厮杀。更有甚者，清政府还准备订立中俄密约，接受俄国提出的七条无理要求。当时，新闻传播十分落后，全国人民并不知晓。身为分教习的范源廉从日本教习处得知后，立即转述其他师生。消息传来，京师大学堂鸣钟上堂，200余名师生参加会议。范源廉首先慷慨陈词述说利害，指明沙皇俄国亡我之野心。师生们义愤填膺，有仰天叹息的，有默默流泪的，也有摩拳擦掌的。最后商定电致各省督抚、各学堂，请各督抚电奏力争；大学堂学生上禀管学大臣代奏力争等途径拒俄。他们发出"发大志愿，结大团结，为四万万人请命"的呼声。京师大学堂，特别是师范馆学生率先举起拒俄的大旗，引起朝野震惊，成为我国近代学生运动史上重要的一页。这是与范源廉的爱国情怀和敏锐的政治嗅觉分不开的。师范生丁作霖等在"拒俄"的情绪感召下，请事假到东北，组织"抗俄铁血会"武装抗击俄军，并多次取得胜利。

清政府特别是慈禧太后把京师大学堂学生的爱国之举视为"犯上作乱"，十分恼火，曾下令严办。范源廉可能为了避祸，离开京师大学堂返回湖南。1904年，他有感于欧美、日本的女子都受良好的教育并为社会作贡献，特别是母亲是孩子的第一个老师，对孩子的成长影响深远并直接关系社会。当时，中国的女子还被禁锢在深宅闺阁中，成为男人的附庸。他在湖南奔走一个多月，选 12 名女生率领到日本，送入东京实践女子学校。这是开我国女子留学之先河，是向中国几千年崇尚的"女子无才便是德"的封建传统的大胆挑战。

1907 年，清政府在北京设立法政学堂，对在职官员普及近代法律知识。学校聘请一些日本学者为主教习，聘范源廉为学部主事，辅佐日籍教习并任财政学、理财学、货币学教员。翌年，他创办殖边学堂，招收学生百余人，讲授蒙藏语及有关边疆知识，训练青年从事边疆工作。此举对开发落后地区，推进边疆文化和经济，加强内地与边疆少数民族的团结有相当积极意义。同年，根据学部左侍郎严修的指示，他参与创办京师优级师范学堂（北京师范大学前身）。

1909 年，范源廉以学部员外郎的资格出任游美学务处会办，与总办周自齐、外务部会办唐国安以及教务长胡敦复一起为"退（庚）款办学"事务而尽力。清华学堂开学后，范源廉出任副监督至民国成立，对学生分班、教学等问题颇尽了一番擘画功夫。史料记载说："方范静生先生之长斯校也，百事草创，诸费筹划，然而佐之以胡敦复，分析级次，按照全校人数，都为百有余班，而仍沿用一格、二格之名。清华校制至此一变。"为以后清华大学的发展奠定基础。

1909 年冬，取"高尚志节，不屈于世"之意，与梁启超、林长民等组织"尚志学会"，在北京化石桥购置会所，筹集资金，创办附属学校、医院，邀请西方著名学者如杜威、罗素等到中国讲学，并出版一些西方哲学著作的译本，活跃中国知识界的思想。他说："尚志学会规模虽小，无疑中国社会事业之一苗圃。"由此可见他为国家的教育、科学事业发展有蓝图并有行动，可谓用心良苦。

1910 年，范源廉任学部参事。

民国初年著名教育家

辛亥革命期间，范源廉担任斡旋人，在清政府和革命党人之间奔走。他一方面力主推翻清朝的腐朽统治，振兴中华民族；另一方面，他也怕因双方长久恶战，伤及无辜国民。

民国成立后，至 1924 年的 30 余届民国政府，范源廉曾先后 9 次被任命为教育总长或实际担任教育总长（包括未就任），是我国近现代教育史上的传奇式人物。1912 年民国元年，他出任中华民国临时政府教育部次长，协助蔡元培筹划国民教育。当时，范源廉因党派不同，谢绝入阁。蔡元培深知范源廉人格不俗，颇具才干，就以国家、民族利益相劝。他们配合密切，相得益彰。蔡元培在回忆他们首次合作时说："我与次长范静生君常持相对的循环论，范君说：'小学没有办好，怎么能有好中学？中学没有办好，怎么能有好大学？所以我们第一步，当先把小学整顿。'我说：'没有好大学，中学师资哪里来？没有好中学，小学师资哪里来？所以我们第一步，当先把大学整顿。'把两个人的意见合起来，就是由小学至大学，没有一方面不整顿。不过他的兴趣，偏于普通教育，就在普通教育上多参加一点意见；我的兴趣，偏于高等教育，就在高等教育上多参加一点意见罢了。"

半年后，蔡去职，范源廉继任教育总长。任内，参与修订壬子癸丑学制，以自由、平等、博爱等观念取代了三纲五常的封建伦理道德，废除读经，取消贵族学堂，女子可以入学等。制定各级学堂章程，规定各级学校课程，增加自然科学与工、农技艺课程。规定小学男女同校，并推行义务教育和社会教育等。要求全国各级学堂均按部颁章程办学，达到学制统一，并在全国普及教育。这些章程在当时很有进步意义。其间，教育部公布的民国教育宗旨为："注重道德教育，以实利教育、军国民教育辅之，更以美感教育完成其道德。"在教育部公布的《小学校令》中，规定："小学教育以留意儿童身心之发育，培养国民道德之基础，并授以生活所必需之知识技能为宗旨。"这些注重道德和技能教育的主张，都体现了范源廉一贯的教育思想。他重申对师范生免纳学费等优惠政策，以及拟在全国划分六大师范区，每区设立一所国立高师的规划，表明他重视师范教育，视师范教育为教育之"正本清源"。后因与袁世凯的一些政策相左辞职，旋出任上海中华书局总编辑部长。

1915 年 12 月，袁世凯复辟帝制。范源廉与梁启超、蔡锷等共同起事反对袁世凯称帝。次年，讨袁护国军在肇庆成立军务院，范源廉在上海任该院代表。

1916 年 7 月，范源廉在段祺瑞内阁任教育总长；1917 年 5 月 23 日，出任代国务总理伍廷芳内阁的教育总长；三天后，又被聘为李经曦内阁的教育总长；1917 年 7 月，再次出任段祺瑞内阁教育总长；1917 年 11 月，出任汪大燮内阁教育总长。内阁总理如走马灯似的变换，但范源廉的教育总长的职务没变。1917 年 1 月至 7 月他还兼代内务总长。其间，他主持召开教育行政会议，撤销了《教育纲要》，公布大学分科规程，规定中等学校招生资格，举荐并从欧洲请回蔡元培出任北京大学校长，为北京大学的学风、校风打下基础。

范源廉坚信教育是社会发展的基础，是拯救贫弱中国的根本之策。1916 年 10 月 13 日，范源廉在全国教育联合会讲话。他说：

"教育事业关系于国家社会至为重要。……就今日时势言之，现在中国是处于何等地位，试先就政治上观察。民国成立甫及五年，从前所经过者，均是专制时代，而此五年之中，政治上之设施与共和不相合者甚多。现在立法方面，如国会及各省议会均次第开会，民权不可谓不伸。但何时能收美善的结果，尚属疑问。行政方面、司法方面亦复如是。欲求真能发挥共和之精神，实在相差甚远。欲解决此种难题，目前别无善法，只能采用较稳妥之手段，免去目前之危险，然后积十年、二十年教育上之培养。政治方面庶得确当之解决，是政治之进行，其责任固在教育也。至于财政上及经济上更属显然。……再从经济上观察人民生计又何等困难，凡此种问题将用何法解决之耶？根本救济实又在于教育。是国家财政、人民生计之解决，其责任亦在教育也；又若国际问题，在今日更为紧迫，溯自前清以来外交上之损失更仆难数。有志之士固亦痛定思痛，谋为惩前毖后之计矣。顾国民智能之程度，不能日有进步，即国家富强之程度，其不能日有进步，徒恃文书往来及口头辩论，欲外交上保国家权利，其何可得。……外交问题之解决，又实有赖于教育矣。他如军队之精练与军国民教育，有直接关系；自治之进行与公民教育有直接关系。类似此种问题非常之多。"

1917年5月，范源廉与黄炎培、蔡元培、梁启超等组织"中华职业教育社"，以推广职业教育、改良职业教育、改良普通教育为奋斗目标；以沟通教育与职业为手段，达到使无职业者有业，使有职业者乐业，最终达到改良社会的目的。

1917年12月，范源廉辞去教育总长职务，与教育家、南开学校创办人严修一起赴美考察教育，走遍美国各州，详细考察教育实况，且多有研究。次年初，他在教育部演说，介绍在美国考察教育的所见所闻。美国的教育虽分为三级，即大学、中学、小学，但各学校在学制、所学内容等方面均有不同。如小学有七年制、八年制，甚至还有九年制，以八年为多；中学学制限为四年制，仍有五六年的，但不多见。美国的教育有许多地方值得中国好好借鉴。大致可以将他的讲话归纳为以下几点：

一是重视实践。从蒙养园开始，就注重孩子的动手能力。在蒙养园的幼儿就学会用大积木搭建房屋、小舞台；小学就开始饲养鸡、鸭、兔等家禽，并观察其生活习性；中学生开设剪裁、木工等手工课，大量应用数学，主要教如何合理下料，节约材料。学校还组织模拟议会活动，在班上推选一位议长，其他为议员，人人对国家、社会问题发表意见，各有见地。大学则根据所学专业农林、工矿、医学等，在学校就有很好的实践机会。

二是启发式教育。教师的讲授内容，并不十分发挥，许多内容让学生到图书馆去查阅书籍、资料，经独立思考写出有个人观点的文章。

三是重视道德教育。从小学就注意卫生习惯的培养，定期体检；重视男女平等、女士优先、讲礼貌等教育。

四是教师的素质高。美国没有普通师范，高等师范培养的学生都充任小学教师。一个老师从一年级教到八年级，知识渊博，凡一切科学及图画、运动等均由一人担任。

五是重视体育教育。在校的学生都经过体操、球类、游泳等体育项目的训练，学校对体育成绩要求严格，有的学生文化课成绩没有问题，但因游泳不及格拿不到毕业证书。

六是师生关系密切。

七是社会教育发达。各社区都有相当规模的图书馆，借阅图书非常方便，使终生受教育成为可能。

1919 年，范源廉与严修、张伯苓一起在天津南开学校筹建大学部，即后来的南开大学。

1920 年 8 月，范源廉再次出任靳云鹏内阁的教育总长。19 日，他莅位并即席发表简短就职演说。他因能与教育部同人重逢而感到高兴，接着他说："世界战争方才终了，论此番战争事之发生，说者咸认为历年教育之结果。而近观世界战后一切问题，各国又无不于教育上求解决之方。吾国于国际团体中，向居被动地位。世界潮流之簸荡，吾国自不能不受影响，故此后吾国如欲求所以竞存之道，势非于教育力图改进不可。"说明教育的重要。任内，他批准北京高师等校招收女生，高师附中设女子部，完善各校《操行成绩考察方法》和《学生体育成绩考察方法》，推行国语字母等。

1921 年 5 月，范源廉第八次被任命为教育部总长，他坚辞不就，专事关于教育的社会团体工作和研究生物学。

同年春，美国教育家孟禄被邀请来华调查研究中国的教育。借此机会，范源廉与严修、袁希涛、张伯苓等发起成立"实际教育调查社"，对全国的 10 余个省市的教育状况进行调查，为 1922 年"壬戌学制"的制定提供了可靠的依据。

为孟禄的到来，范源廉为北京高师（北京师范大学前身）的《平民教育》杂志撰写文章，介绍孟禄并阐述对教育的改革首先要调查、研究，找到问题的所在，再行改革。他写到：

"吾国今方值新旧递嬗之会，凡事有亟须创设者；亦有亟须改造者；夫人能言之矣。然徒言创设，言改造，而不预定其计划，犹之纵骑游行，终将无归。知计划之必要矣，而不先之以调查，犹之响壁虚造，百无一当。是故计划之不可无，调查之不容缓，乃当然之序，不易之理也。他事皆然，教育事业，独能外于是乎？虽然，计划与调查，固属甚要；苟无科学，无经验，贸然从事于此，恐不能措诸实行；即行之或将徒劳无功；其必有赖于倡率指导之得人，更无疑矣。孟禄先生，美国哥伦比亚大学师范专科之主任，学识才力，超迈群伦。向曾游历东亚，对于吾华之教育事业，富有研究兴趣。吾国教育界人士往美考察者，晋谒先生，其一种肫挚之悃诚，恒溢于言貌，尤愿于吾华有所协助焉。夫美国之教育事业，今称极盛。考其兴作之始，莫不先事调查，而后订计划。故其成绩昭著，几驾先进诸国而上之。且此方法，不独著效于本国已也，施之于南美诸国而效；施之于菲律宾群岛亦效。孟禄先生，又实深于此种经验者也。吾侪感于我国教育事业创设改造，非可缓图，乃有'实际教育调查社'之组织。因敦聘先生，请为赞助。今者蒙先生惠然远临、慨允尽力、以荷此倡率指导之重任。其裨益于社务之推行，即以益于教育之改进者，宁有涯涘。诗曰：'人之好我，示我周行。'又曰：'他山之石，可以攻玉。'吾人诵此，诚不胜对于嘉宾之欢悦，而益以自振其迈往之气也已！"

1921 年 12 月，由实际教育调查社、新教育共进社等合并成立"中华教育改进社"，范源廉与蔡元培、熊希龄、张伯苓等民国翘楚、教育家为董事。该会下设 32 个专门委员会，以调查教育实况，研究教育学术，力谋教育进步为宗旨；该会的董事不仅要研究教育，而且要亲临教育第一线，要团结全国教育界、全国人民同心协力办好教育。该会重视介绍欧美教育，常派社员到国外考察，并邀请外国专家来华讲学，对当时教育颇有影响。

1922 年春，范源廉赴美国考察乡村教育。1923 年下半年，范源廉赴英国，代表教育部与英国政府谈判，交涉将退还庚子赔款用于发展我国教育事业。范源廉极力主张设立各种学术研究院、图书馆，提高留学人员助学金；并提议在国外的大学开设中国学术讲座，向全世界宣传中国优秀传统文化。

高师改大后的首任校长

20 世纪 20 年代，北京高等师范学校师生为提高本校和中小学程度，不断著文宣传"高师改大"的主张。1922 年 11 月，北京政府同意高师改大。后聘请教育界耆宿范源廉、袁希涛、李石曾等参加北京师范大学筹备委员会。第一次筹备会上，范源廉缺席被大家公推为北京师范大学校长。不久，组建北京师范大学校董事会，梁启超、李石曾、熊希龄、张伯苓、袁希涛、邓萃英、陈宝泉、王祖训和范源廉9人为董事，梁启超为董事长。当时，北京高师处境困难，其一是政府无能，教育经费短缺，学校难以为继；其二是社会上有一股否定师范教育的歪风，他们不顾中国教育落后的实际情况，认为师范教育可有可无，且与普通教育没有什么区别，要将师范院校并入普通综合大学。1923年7月1日，北京师范大学成立。师生们急切地盼望着在教育界和政界均有影响的范源廉到来，以振兴中国的高等师范教育。但是，对像范源廉这样有名气的学者兼官员能否到职，师生们也心存疑虑。

1924年初范源廉从英国回来，1月10日立即就到北京师范大学就任首届校长。师生们欢欣鼓舞，全校召开隆重的欢迎范校长就职大会。教育总长黄郛向师生介绍范校长后，"大家的目光里，都飞迸着全心情的欣慰与诚恳，圆满的笑光，忠实地鼓掌。向范校长竭诚的致敬礼。"在学校董事长梁启超、教育总长黄郛讲话之后，范源廉做了简短精辟的讲话。他说：

"我想学校是社会国家里的一种组织。这种组织，不是可有可无的，他不是社会或国家的一个赘疣，他自有他的生命。国立北京师范大学校，他自然应该也有他的生命。但是，他的生命究竟何在？师范学校是施行师范教育的地方，教育是应该有意义的。现在本校教育的意义，究竟若何？这两点是要弄明白，不可含糊放过去的。师范大学自身不能说话，可我既为校长，就是他的代表，不能不替他问一问。

……本校董事、诸位教职员是与本校成立存在有深切之关系，对于本校之生命，与教育之意义，更必是体验有素的；更紧要的是学生诸君，你们既然把自己一生中最宝贵的一段时光，不去学别种学科，偏要来学师范，你们大多数并不是生长在北京，却不入他处的学校，去习师范，独要来到本校肄业；究竟你们于这师范大学的生命，已经体认了没有？于师范教育的意义，已经了解了没有？是你们不可不自审的！

总之，我们对于这种问题，是很用得着思想的。如果大家都用心一想，便自觉得在学校教员们只是平平常常的教学，学生只是安安静静的学，未必学校就有了生命，教育就有了意义。

……本校有董事，有教职员，有学生。大家的地位虽各不同，可是目的终究只是一个。我们要依据自己的地位，齐心协力的做；有什么困难，大家一样分担。中国现在时局大难，办事不易，但我是中国人，就是吃苦，也是本分，总应当为中国教育尽力的。

无论政局如何纷扰，只要我们个人精神不乱，无论经济如何困难，只要我们大家志气不馁，那么，前途便有无穷的希望。"

当日下午4时，由学生自治会组织召开了学生欢迎范校长大会。董事会的梁启超、熊希龄、陈宝泉、邓萃英及部分教职员陪同参加。由于是学生自己举行的欢迎大会，气氛更热烈、融洽，董事会成员、范源廉校长的讲话更坦率、中肯。首先学生自治会干事宣读《国立北京师范大学全体学生欢迎董事及校长就职祝词》：

> 翳我校长　范公静生　懿欤群公　当代之英
> 校有师表　国有仪型　率我多士　作我新民
> 教训十年　域朴薪蒸　文化普及　本固邦宁
> 其泽不竭　其功不湮　念兹来日　鼓舞欢欣

梁启超、熊希龄、陈宝泉、邓萃英分别就师范教育、董事会的职责，以及学生的习惯等问题讲话，最后范源廉校长就以"学生自治会"为主题发表演说：

"本来学生的自治生活，乃是学生生活的一部分。学生的自治生活，内容甚为丰富，说来甚多。专就外面看，也有两点可分。一、社会生活；二、政治生活。社会生活，甚为重要，以为人离不了社会，人乃是社会的动物。本校自治会怎样，我不知道。在外国方面看来，社会很有秩序，所以学生也跟着养成良好习惯，保存其良好之点。政治生活也是很要紧的，因为人也可以说是政治的动物，人没有不直接或间接与政治发生关系的。对于政治生活要有训练，并不是预备去作议员政客，乃是因为后来到社会上办事，可以有经验与条理的缘故。我们中国学生对于这两种生活与训练甚为缺乏，与外国比来相差甚远。因为什么缘故呢？因为中国社会秩序不良，政治混乱的缘故。然则我们对此怎样呢？

说道这层怎样的话，我先要自治生活名副其实。我们中国是民主国体，我们宜有民治的精神。原有民治精神，就要注意自治的精神。自治的精神怎样才能名副其实呢？简单说一句：无论什么事，都要先自思量。要为自治而自治，不要为章程或为旁的而自治。为什么我们要这样呢？因为我们没有现成的轨道可循，非有创造是不为功的。自治的章程是形式的，专靠章程是无用的。"

"第二点，学校自治生活，有机会可以集会，讲到这点，熊秉三（即熊希龄）先生才演讲的习惯，是很可以留意的。中国人各个分开看来，没有什么不好；可是各个好人合起来办事就不好了。好人合起来总是办不出好事来，这是什么缘故呢？这是因为数千年来专制的政体使然，因为在专制政体底下，人民没有机会可以集会，因此，就没有团体生活训练了。就是现在奉行的宪法条文也不是那时代所能有的，还有什么团体生活的训练呢？因此，团体生活的训练应该注意，假使人人有团体生活的好训练，我想好人合起来办事，就不怕不好了。

还有，自治会可以藉朋友以劝善规过，作自己的身心修养。彼此不要遇事讲客气，宜痛痛快快的，好就是说好，歹就是说歹。

假使一个人能够自觉地决然做去，多少总有几分希望；不然，优游随便，实在没有什么意思可说了。但是劝善规过这句话，讲来甚为抽象，到底从何处下手呢？一言一语，一举一动，待人接物，随时都要留意。假使某人的什物狼藉，书籍没有检点，大概是自己的感觉麻木，没有养成良好习惯的缘故。这些毛病固然也有些由于身体不健全的缘故，但是自己的不留神，也是重要的原因。

综括起来，社会生活、政治生活、朋友关系，都是自治生活的主要部分，都要注意。这些要素，说来当然甚多，但是最要紧的一句话，就是要自己思量，自己反省，不是架起一个自治的空名或是对付了几条自治会章程就算完事。人最要看重的，就是现在，此时此地，不可轻轻放过，希望大家努力起来实行。"

后来，在报道范源廉就任师大校长的文章中，作者兴奋地写道：

"怎样发皇师大的生命？／怎样表现师大的意义？／我们新的光彩，从哪里放出？／我们新的改革，从何处作起？／这都看我们怎样奋斗，怎样努力。／时候到了，莫再迟疑！／起！起！起！／来了，春的消息，／来了，春的美丽！"

师生们普遍认为，高师改大和董事会的成立、范校长的到任，将给学校带来奋发图强与蒸蒸日上的明天。

范源廉果然不负众望，对学校大力进行整顿，主持修订了师大的组织大纲和各种规章制度；完善系科设置，学校本科设有教育、国文、英文、史地、数学、物理、化学、生物8系和体育专修科、手工图画专修科。其中，教育系本科是新设立的，过去只有教育专修科和教育研究科。大纲规定，以后将史地系分为历史系和地理系，增加心理系、地质系、体育系。聘任理化系主任陈裕光兼任总务长，著名教育家查良钊为教务长，更换了一些不能胜任、或挂名的系主任。聘请著名学者来校任职、讲学，梁启超、吴承仕、陈垣、黄侃等知名学者先后来校任教。学生采用学分制，本科生在校期间，应得学分 150 分。严格考试制度，敦促学生确实学到知识。他还对校园、校舍进行修缮，使学校焕然一新。

范源廉提倡人格教育，重视师范生的学识与品德修养。学校实行周会制度，即每周四上午 10 时至 12 时，在风雨操场举行教职员演讲，为"团聚教职员学生之精神，与学生高尚德育之修养"。要求学生应以身作则，为人师表，垂范后学；强调"师道"对社会文化继往开来的作用。他为师大撰写的校歌，就反映了他的教育兴国思想。歌词中写到：

"往者文化世所崇，将来事业更无穷，开来继往师道贯其中，师道师道谁与立，责无旁贷在蒉躬。皇皇兮首都，巍巍兮学府，一朝相聚志相同，朝研夕讨乐融融，宏我教化，昌我民治，共矢此愿务成功！"

师大人高唱这首校歌，为坚守高等师范教育最后一块阵地而奋斗；师大人高唱这首校歌，抗战期间在陕西城固、甘肃兰州筚路蓝缕，弦歌不辍。这首校歌鼓舞师大人奋勇向前。

6 月，范源廉为当年《毕业同学录》题词，写了"以身作则"四个字，并注释道"师范大学毕业诸君以教育为职志，特本'言教不如身教'之旨，为书四字与同学录，共勉之"。此后，"以身作则"就被师大师生奉为校训，师大人也谨记"以教育为职志"的箴言。6 月 19 日，

◎ 范源廉在工作

127

师大举行应届毕业生毕业典礼大会。范源廉校长为每位毕业生颁发了毕业证书后说:

"……张伯苓先生(刚才)说的教育中国的责任即在我们身上。这话我们应该拿来实行。""教育的责任,本来极重大,……因为从事教育界的人能耐劳,简朴,守秩序,讲信用,又都常识丰富,且间有专门知识,所以受人欢迎。一部分教育界的人,既分出作别的事业,故留在教育界的人日见减少,所负的责任亦更形重大。诸君当此时出去任事,要做有能为的人,不要做无能为的人,这样才能生出好结果。"

他向学生提出两条:

"一、健康。无论好志气好思想好学问,总要倚赖健康的身体。大家的身体的健康除少数外,都是不充分的。诸位出去之后,至少也要能保持现状。总希望能比现在更进步。二、学识。世界日日在那里变化,旧日所学必不敷用,必须所学日日进步,方能应付得了。"

范源廉重视师生关系的融洽,认为这是学生道德修养的组成部分。约在3月间,他曾给学生做题为《师友之关系》报告。在讲演中,他主要讲了两个方面,一为学生对教职员的关系;另一为学生间彼此的关系。他首先回顾了中国古代的师生关系为:

"那道统传授,当时认为是人生非常事业;就是些义理文学技术等之传习,为先生者,大多能尽其所长,教给学生。为学生者,对于先生,亦大多能专心壹志,致敬尽礼的好好受教;把事师竟看做与事父事君相同;普通一般人,都是把'天、地、君、亲、师'五者一齐的供祀起来。依今日社会进步的眼光去看,诚然有些失当;但另从一方面说,把师生间关系比诸君亲一样,却并不为过分。因为师生间的结合,常以高尚纯洁的精神为主;这一点在寻常君臣亲子之间,并不是都能做得到的;此于人生是最有意义，于社会是最有价值的。更推开来说，中国这样一个大国，广土众民，能够凭仗自己固有的文化，在很早的时代，即将全国统合为一，原因固很多，而因人类本富有摹仿性，中国人尊师之风，更是盛行，遇事彼此传授，远近遵守，历时既久，遂使大家冶为一炉，不可分解，当必是重要的原因之一了。至于因为尊师过甚，演成守旧之习，门户之见，这确是他的坏处。那些坏处，我们不客气应当努力去改掉；他的好处，我们却不可一并弃了他。"

范源廉自己就是敬师楷模。梁启超实际上就较他年长3岁，但因他在湖南长沙时务学堂学习时，梁启超为总教习，因此，范源廉一辈子对梁启超执弟子礼且甚恭。古人云：一日为师，终身为父，他确实做到了。同时，他也很推崇西方国家的师生关系："西方人本来把社会看得比家庭重……师友之间礼节虽然很简，却是仍然非常重视礼节。至于精神方面，则彼此诚挚相与，真情美感，自然流露。"

他主张中国学生与教师应"教学相长"，互相促进，而且师生在学术观点上可以各异，都不应墨守成规。他认为一个好教员应看他"是否用功。教员如果用功研究学问，他的学问，自必时有进步，时有心得；他自己既好学问，忠于学问，自必很乐意尽他所得的来教学生。他自己既有学问，又肯教人，不论他是老教员，或是新教员，这定是好教员无疑了。"

范源廉又把好教员分为两类：一为天才；一为绩学之士。告诉学生，天才是一般人学不了的，而绩学之士，通过努力是可以达到的。

范源廉特别指出学校职员工作的重要，与学校的发展、学生的学习、生活的关系密切，工作又很艰辛，希望学生在尊敬教师的同时，不能忘记尊敬职员们。

他在论及学生之间的关系时，严厉批评了中国当时的各路军阀，割据一方，称王称霸，置国家利益和人民生死于不顾，屡屡开战，有的就是在日本留学时由意见不一而转化为仇恨、仇杀。他对学生之间的友谊十分看重。他说：

"至说同学的情谊，在学校时应当如何的养成？我想就在各人平日去掉些小小意见，不要妒忌他人，不要图便自己；更积极的互相切磋，互相帮助；那情谊自然就会生长起来。最好是能够'善相劝，过相规'。人有长处，我便学来。人有短处，我便给他补正。孔子所说'三人行，必有我师'的一段话，那是专从己身个人着想，如果大家相处，都能劝善规过，所得效果，便是彼此都好的；自比那独自一人去从善或改不善，更要强一点了。一个学校最不幸的是有少数学生胡闹，同学们大众都视为与己无干；等到乱子闹大了，大家却因连带关系，不能不平分责任。许多闹风潮的学校里，学生内部分裂作若干派，大概多起于这些原因。假使同学们能平常彼此规劝，那样的事情便可以没有；或者就是有了，学校的秩序总还不易破坏，同学的情感也不至大有伤损了。"

他在讲述了学生之间的关系后，又说全校师生均与一个"人"有关系，并且是至关重要的。他说：

"这人便是'师范大学先生'。诸君当知道他在法律上有人格的，他是一个有机体，由许多部分结合而成的。我们各个人在师范大学中为教员职员，或是学生。便是这全体中一个一个的细胞，各有一分子的功用，应各尽一分子的责任。他有他的精神生活，也有他的物质生活。他的精神生活，是要安宁，要整顿，要向上进取；他的物质生活，不用说了，即是校内的种种设备，以及维持扩张的各种经费。精神一方，是我辈应当一齐努力，始终振作不懈的。……我只希望你们能敬爱本身和教员职员同学，尤其是敬爱我们的师范大学。"

在物质方面，他批评一些学生对只负担全部讲义费的一部分，仍迟迟不肯缴纳，致使原本就已十分困难的学校经费更显捉襟见肘。

范源廉非常重视学生的健康状况。他在任教育总长职务时，是军国民教育的积极倡导者，多次鼓励学生锻炼身体，增强体质，强民方可强国。1916年12月28日，范源廉接见北京师范学校野战演习的学生时，说：

"近世竞言军国民教育矣。本部元年定教育宗旨，亦以是著为令。原欲提倡尚武精神为强国之根本。……今时局艰危，竞争日烈，非尚武力不足以固国防，非晓畅戎机亦无以振士气。现征兵之制尚未实行，所藉以表率后，作育新民，惟各师范生是赖。愿自今以往，潜心练习，努力进行，俾中华少年，皆能遵守纪律，崇尚公勇，以养成军国民模范。"

1924年4月，范源廉在师大还作过一次题为《我们真愿作病弱的国民吗？》的报告，也反映了他增强国民体质以达到强国目的的教育思想。他在介绍了欧美国家的公民具有良好的生活习惯，人人身体健壮等情况后，指出中国被外国人讥笑为"病夫之国"，每年死亡人数无论从绝对数还是相对比例均大大高于欧美国家。我们在外留学生，也是"低头弯背，举步蹒跚，杂在一群外国人中间，真是强弱立见了"。他痛惜每年在外留学的学生总有几人因病英年早逝，就是学成回国的，许多人没有服务几年就早夭了。他以美国的著名教育家杜威为例。杜威来华时已是60多岁的老人，在中国这样的年岁不是已经死了，就是不能工作了。但是，杜威在中国各地穿梭讲学，并将沿途所见所闻写成文章，刊登在美国的报纸杂志上。他说："健康对于学问和事业的前途，既有重要的关系；那末，我们怎样可以免除病弱，一雪'病夫'头衔之耻呢？"他从两方面来说明，首先为消极方面：一、饮食，饮食有节；远离烟酒，特别是鸦片。二、起居，早起；讲清洁整齐。三、医药。四、利用闲暇多做户外活动。在积极方面：一、操练，重视学生的体育训练。二、冷水浴，日本、欧美等国通行，应效仿。三、娱乐。他说："凡是好的音乐、绘画、诗歌，于人生都有积极益处；即如笑话能引人发笑，也可以破除生活的沉闷。用这些来代替种种不正当的游戏。结果对于身体精神，都产生影响，使得心情愉快，行动敏捷，就显出活泼地气象了。"

"……总之，人类生活，不外受时间和空间支配。如能锻炼身体，振刷精神，无论处在什么时间空间，都能改造环境，发生希望，从事奋进。中国人在世界四个人中就有了一人，我们不可忘记的现在竟居于弱者和病者的地位；非超脱这种不幸的地位，是永远不能得优胜的。我们若不愿意作病弱的国民，就请先从上面所说的那些话特加注意！"

在范校长的大力倡导下，师大的体育活动更显生机勃勃。学生们不分专业都程度不同地爱好体育，视体育为教育的重要组成部分，深感引领全体国民摘掉"病夫"的帽子与国与民均责任重大。许多非体育专业的师大毕业生也因此成为体育教育家。

同年4月，日本友人服部宇之吉博士与朝冈小村等来华，商讨对华文化事业。范源廉校长、梁启超、汤尔和与北京各大学校长，以及师大30余名教师，在中央公园来今雨轩宴请日本友好。范源廉代表师大讲话。他首先回忆了服部

◎ 范源廉为师大学生的题词

132

宇之吉博士在京师大学堂师范馆的教学活动，称："将来有人作中国教育史，叙述师范教育的起源，第一页就应当从服部博士所曾尽力之事业说起，是无可疑的。所以，今日师范大学欢迎服部博士，并不是随便的一件事，确是很有意义的。"

对朝冈先生为计划日本对华文化事业远道而来表示欢迎。同时，范源廉站在中国的立场上，对他们提出的文化事业超越政治的说法提出疑义："文化事业精神上既是超越政治，而对华文化事务局，乃设在日本外务省内，关于事业经费的预算，又须逐年通过日本国会。这样从表面看，是此项文化事业，完全属于日本的内政；与超越政治之旨，未免不符。……我个人是很希望藉这件文化事业，把中日两国关系改好；但信假使有许多人对此事发生疑问，不惟顶好的计划不能实行，纵实行恐亦难得圆满的结果。……"他暗示中国人对庚子赔款的起因是不会忘记的。范源廉在日本人面前，表现了一个中国人的骨气。

1924年1月，孙宝琦内阁任命范源廉为教育部总长，他婉言谢绝了，仍专心于师大的发展。但是，学校经费匮乏，债台高筑，经费以十三年度的师大计划仍沿用民国八年的预算，政府还经常拖欠。范源廉多方筹集资金，改善办学条件，勉强维持并稍有发展。

不能强人枵腹从公而辞职

当时，军阀混战，政府穷兵黩武，全然不顾教育事业的兴衰。范源廉虽竭尽全力也无回天之术，于是年9月愤然辞职。

9月10日，《晨报》报道范源廉辞去师大校长职务，称："师大校长范源廉因学校经费困难，昨特上呈教育总长张国淦，恳请辞职。"同时，刊载了范源廉校长的辞职函：

"源廉前经国立北京师范大学校董事会之推荐，复承大部不弃，聘任为师大校长。受事以来，业愈半载。校务百端，纷纷未理，职责所在，负咎实深。校中经费一层，最多困难。选经面告，兹更略陈之。盖师大原系高师改建，学生八百人旧有诸生，概由供给膳宿。即新招学生，亦未征取学费，故收入一项，全恃部款。而论及部款，则现已为民国十三年，乃据政府财政上权宜办法，须退走却步，袭用民国八年之预算。由民八至今，校务已选事恢张，而校费反大加减缩。削足适履，不良行为，势已然矣。然即退就民八预算言之，乃又短发经费时亘十月之久，数愈三十万之巨。此三十万元，在学校一方，悉转为负债，半属教职员薪金，半属商号及其他种种欠款。校长为学校代表，身当其冲，各方催索，应付之辞都穷。四处张罗，告贷之途早绝。近则暑假已满，秋节已临，困迫情形，莫由解救。因之开学定期，已行展缓。且时局日亟，军费日繁。将来如何维持，尤属毫无把握。源廉愚陋，初意服务于师大者，原期于教育事业上勉图贡献。今徒受困于筹款支债，转无余力顾及教育。此种任务，实非不才所胜也。特具函奉达，谨辞师大校长之职，即请仍照董事会定章，另任贤能，以维校务。抑更有声明者，此次辞职，系为事实所限，万非获己，对于大部之依托，对于全校同人以及学生之关系与情感，一旦恝置，诚属款然。然事势至此，实难苟留，区区之忱，务希亮察，除另函告师大董事诸公外，专此布陈，即颂台安。"

9月26日《晨报》报道范源廉告学校董事会函，并以"因不能强人枉腹从公而辞职"为副标题，突出范源廉辞职的原因。范源廉在致董事会信函中称：

"……惟廉所以辞师大校长之职者，系为校款无着，初非因于私事。本校既系国立，收入又专恃部款，以前积欠，无望清偿，以后接济，复毫无把握，计自承乏以来，即尽力称贷，至今负累已重。现值时局愈艰，金融愈紧，学校以外，不能再事通挪，更无疑义。至校内情形，除数百学生之膳食需费，附属两校之维持需费，各处帐项，各种日用，在在需费，皆暂置不计外，其支出之最大部分，为教职员之薪金。教员职员合计二百余人，处境虽复不齐，而家计非富裕者应居多数，向时校中月领部款若干，即以分付薪者，犹时以成数不足为苦。况现在乃并前此区区之数而亦无着耶！……"

范源廉为学校的发展殚精竭虑，任职的近一年中工资却分文不取，完全是在尽义务。但是教育的现状和政府的态度使他失去了信心。对于范校长的辞职，师生均感惋惜、痛惜。教授派代表、学生派代表、董事会的董事们，穿梭往来于京津，纷纷劝说范源廉复职。但是，他主意已定，绝无复职的可能。

1925 年夏，师大《民国十四年毕业同学录·本校沿革大要》中写道："其时经费竭蹶，债台高筑，以十三年度之师大计划，犹沿用八年度之高师预算，而又经年拖欠。范先生犹复多方筹款，稍偿宿欠，修理学舍……讵料内乱日亟，国是日非，区区学校经费积欠经年，而黩武乱国之资，则日出千百万不穷。范先生痛愤之余，拂然而去。"表示了对政府的不满和对范源廉校长的理解。

1925 年 9 月，范源廉对师大校长虚位一年之久十分着急，曾给董事会书写信函一封，建议师大《教授治校》。信函写道：

"在今日政局未臻安固之时，若教育当局之更选，教育经费之支放，在在皆与校事有关，果宜采用何制选任校长，庶可期校局之稳定，而谋前途之发展耶？是最宜深计熟虑着也。源廉就平时之观察，稽先进之成规，觉有一种制度，似可参酌仿行，请进言其梗概。往年游德国时考察其大学校长任用办法，因得闻有以本校各系主任轮流任为校长之制。其制视全校分系若干，每系主任皆得为校长，任期概为一年，顺次更替，周而复始。……优点颇多。（1）校长为全校行政之首领，各系主任皆为校长之候补者，其平时计划校事，自不至为一系所囿，而常常努力谋全校共同之发展。且各系主任，既与校长之职责关联密切，全校精神，自尔倍加团结。（2）校长任期虽仅一年，然校中重要之事，各系主任皆必与闻。故前任校长既定之政策，后任者必仍力求进行，不至轻易更变。（3）任校长者即为某系主任，因其本为专门学者，常虑久任行政事务，致妨学业之进益，故及任满一年时，必依例解职，从无有接续连任者。即此亦足使校内研学之精神与时俱进，不至日久生倦。"

这绝非范源廉为解决师范大学校长虚位以待提出的权宜之计，而是他借鉴西方国家办学经验，并经过深思熟虑形成的长远之计。

1924 年 9 月，在范源廉辞师大校长职务的同时，与颜惠庆、顾维钧、黄炎培、张伯苓、郭秉文和杜威、孟禄等 15 人被任命为"中华教育文化基金董事会"董事，范源廉为干事长。1926 年至 1927 年，范源廉为董事长。这个组织负责保管和监督使用美国"退还"的庚子赔款，用于发展中国的教育及文化事业，如建立图书馆、成立科学研究机构、设科学奖金、聘请科学教习等。范源廉还参与建立北京图书馆（即现在国家图书馆）并任理事、代馆长等职。

范源廉将自己一生的主要精力献给了教育事业，其教育思想散见于他先后数次出任民国教育总长时，以教育部名义颁发的有关文件、法令以及撰写的《说新教育之弊》、《今日世界大战中之我国教育》等文章中。

1927 年 12 月 23 日，范源廉不幸因突患腹膜炎瘁死于天津寓所，享年仅 53 岁。噩耗传来，师大师生悲痛万分。京津等地各界数万人为他举行了隆重的葬礼。蔡元培写挽联道："教育专家，最忆十六年前同膺学务；科学先进，岂惟数百社友痛失此人。"杨树达挽联道："败而死有李君抚生，成而死有蔡君松坡，吾党纵有才，非公谁与抗手？不令子为汉之孟博，而令子为宋之希文，造物岂无意，胡为天不假年？"梁启超、任鸿隽等都有追思文字。中华教育文化基金董事会曾写《范静生先生小传》，说："先生为人精敏勤谨，事无巨细，率能尽其条理，接人尤殷勤和蔼，不设崖岸，故朝野翕然景仰。虽屡经罢退，然学制大政，悉取决于先生之手。盖晚近二十来年，以一人而关系全国教育兴衰之重，未有如先生者也。"

1928 年 3 月 4 日，中华教育文化基金董事会在南京召开范源廉追悼会，蔡元培致悼词，竺可桢宣读祭文，柳诒徵做演讲，胡先骕回忆了范源廉抱病坚持生物科学研究的事迹。追悼会的与会人员达成共识，将范源廉生前正努力创办的生物调查所以"静生"命名，以表永久的纪念。同年 10 月，尚志学会、中华教育文化基金董事会集资创办的静生生物调查所在北京成立。

抗战期间，北京师范大学迁往兰州办学，改称国立西北师范学院，校内一排学生宿舍以"静生斋"命名，以此怀念这位一心为国为民的教育家范源廉先生。

（王　珏）

参考文献

[1] 教育丛刊，京师教育报，教育公报等。

[2] 胡宗刚 . 静生生物调查所史稿 . 济南：山东教育出版社，2005

陈裕光

化学家向教育家的华丽转身

◎ 陈裕光在留学美国期间

陈裕光（1893—1989），字景唐，南京人。教育家、化学家。早年毕业于金陵大学，后留学美国哥伦比亚大学，获博士学位。曾任北京师范大学教授兼理化部主任、总务长、学校评议会主席、代校长。1927年至1951年任金陵大学校长。历任中国化学会会长（一至四届）、国民参议会参议员、南京参议会议长。晚年任上海市、江苏省政协委员。

主要著作有《为什么我们都要学科学史》《回忆金陵大学》《陈裕光自传》（手稿），译著《科学与世界改造》等。

陈裕光以化学家成为著名教育家，在中国社会动荡、教育经费匮乏、革命活动高涨时期，曾出任北京师范大学总务长、学校评议会主席并代为管理学校，后任代理校长。自 1927 年起，他出任金陵大学校长，直至 1951 年教会大学被撤销的前一年，执掌校政长达 25 个年头，在中国高等教育史上很少有人可以与他比肩而立。

聪慧少年　俊彦学子

陈裕光父亲陈烈明早年由浙江宁波移居南京，凭借木工手艺艰难创业。他心灵手巧，做工精细，又肯吃苦，打家具、盖房子啥活都干，更重要的是诚信经营、童叟无欺，很快便在南京站稳了脚。1897 年，他组成一个建筑公司——陈明记营造厂，自己做起了老板。这是南京最早的一家营造厂，也是民国时期南京最著名的营造厂之一。包括金陵大学在内的南京许多著名建筑群都是陈烈明的营造厂建造的。

清光绪十九年（1893）元宵节后的第五天——正月廿日（3月 8 日），虚龄已有 28 岁的陈烈明做了父亲——长子出生了。为了让儿子长大以后能够光宗耀祖、光大门庭，他从《三字经》中的"扬名声，显父母。光于前，裕于后"里面挑选出两个字，为"裕"字辈的儿子起名"裕光"。

陈烈明虽然整天为建楼盖房这些生意上的事而东奔西走，但他内心推崇和信奉的还是"至乐无如读书，至要莫如教子"的古训，对于童年裕光的启蒙教育丝毫没有放松。1901 年春天，8 岁的陈裕光被父亲送进了朝天宫附近由国学名家、知名诗人陈省三开设的蒙馆。蒙馆的教育主要包括识字、写字、读书、写文章几个部分。在蒙馆里，陈裕光特别用功，记忆力又出奇的好，过目成诵，出口成章，深得先生喜爱。到 1904 年冬，开蒙不到 4 年的陈裕光已经把别人 7 年才能读完的书全部学通，11 周岁的他已经具有大多数孩子 15 岁时的文化水平了。

1905 年春，陈裕光进入位于南京干河沿的汇文书院，开始接受一种全新的教育。汇文书院（Nanking University）是由美国基督教会的美以美会于 1888 年创办的一所新型学堂，设有圣道馆（即神学科）、博学馆（即文理科）、医学馆（即医学科）和成美馆（即附属中学），并设有小学部，具有较大规模和良好声誉。陈裕光进的是汇文书院成美馆。当时汇文书院分大学（College）、高等中学（High School）、初等中学（Secondary School）和小学（Primary School）4 个阶段，其中，高等中学和初等中学又合称成美馆。每一阶段皆为 4 年，升学系统一元化，均可免试直升，直至进入大学。当然，由外校考入新生则必须参加招生考试。

陈裕光如饥似渴、不知疲倦地吸吮着科学知识的甘霖，迅速地成长。对于书院密集型课程安排，许多同学叫苦不迭，把读书当做嗜好的陈裕光却觉得意犹未尽。在此期间，他又阅读了大量的经、史、子、集之文。其中，唐虞时代的禅让制度、共和精神，盛唐时期中华民族开放的心态、民主的思想、强盛的国力、繁荣的经济、富庶的民众、多元的文化、发达的教育等昔日辉煌，都引起陈裕光极度景仰和无限神往，情见乎辞，他遂取号"景唐"。

陈裕光还经常与成美馆的同学甚至是学兄学弟一起交流思想，探讨问题。像后来成为著名农学家的谢家声、著名教育史学家的徐养秋、著名医学家的戚寿南、中国病理学先驱之一的侯宝璋等人，都与陈裕光有着密切交往。他与被毛泽东誉为"伟大的人民教育家"、同班同学陶行知的"英语辩论"，更是被人们传为美谈。陶行知比陈裕光年长两岁，是来自安徽歙县的插班生。其英语水平远不如陈裕光深厚，为提高英语水平主动向陈裕光挑战。

陶行知硬是凭着"做一番事业的抱负",取得了"十分令人吃惊"的进步。陶行知挑战陈裕光的英语辩论进一步拉近了他俩的关系,并使他们成为互助互学的挚友。这种关系一直保持了 40 年之久。为了纪念挚友,陈裕光后来为孙女起名"贤陶",以表达"贤哉,陶子"之意,并希望陶行知的精神能在后人身上得以发扬。

1910 年汇文书院与另外的教会书院合并成金陵大学。次年春季,陈裕光升入金陵大学,成为书院改建为大学之后的第二届学生。陈裕光选读的是化学课程。当时,金陵大学毕业文凭已改由纽约大学校董会签发,然后转至金陵大学。毕业生持此文凭便可不经考试直接申请到国外有关大学研究院深造,并获得相应学位。这进一步激发了选读化学、立志毕业后出国深造的陈裕光的学习动力,他几乎把所有的时间都花在了化学以及相关学科知识的学习上。

1912 年 1 月 1 日,在南京成立以孙中山为临时大总统的中华民国,中国 2000 余年的封建君主专制时代就此终结。陈裕光对于民主、共和的思想早就心往神驰,毫不犹豫地投身到保卫新生共和国的行列之中。他与同学一起多次组织演说会、辩论会、展览会、宣传游行等活动,以支持南京临时政府。民国元年即 1912 年,他与陶行知等人代表金陵大学邀请东吴大学学生来南京联合召开运动会,这在当时可是一件新鲜事。由于宣传有方,组织得力,南京民众观看"西洋运动"的情绪十分高涨,2000 余人购票进场。陶行知、陈裕光他们便用门票收入充做"国民捐",以帮助民国元戎黄兴领导的南京留守府解决财政困难。物质资助或许是有限的,道义上的支持却无限珍贵。以至于几十年后,黄兴的女儿、金陵大学校友黄德华还向陈裕光动情地提及此事。

金陵大学在汇文书院时期的 1909 年即创办有《金陵光》,初时只有英文版。对此,陶行知、陈裕光等人认为不妥,认为金大虽是教会学校，但终究是中国的大学，应该发行中文版；况且，从学术交流和宣传学校的角度考虑，也很有增设中文版之必要。他们把这一建议呈交给学校，引起包文校长的重视。在一次全校学生集会上，包文对陶、陈等人增设《金陵光》中文版的要求明确表示支持，并诚恳地讲道："此汝等之学校，我辈权为管理，汝能自立，即以之付汝矣。"于是，1913 年 2 月出版的《金陵光》便首次有了中文版——前半部分是中文，后半部分是同样内容的英文版。《金陵光》开设有论著、实业、心理、时评、文苑、传记等栏目。这份以"发扬思想，研究学术"为主旨的刊物影响遍及全国，张謇、蔡元培、范源廉、黄炎培等社会名流、教育大家对它赞誉有加，并先后题写刊名。对中文版增设有着首倡之功的陶行知和陈裕光，在《金陵光》的编辑和发行中发挥了骨干作用，陶行知担任中文主笔，陈裕光担任首席经理员。

1915 年夏天，陈裕光以优异成绩毕业于金陵大学，同时获得金陵大学和纽约大学毕业证书，并被授予文学士学位。需要说明的是，陈裕光虽然主修化学，但当时金陵大学仅设文科，数理课程附设于文科，故只授文学士（Bachelor of Arts，B，A，）学位。直到 1921 年文科改称文理科以后，金大始增授理学士（B，S，）学位。

留美求学　志在报国

1916 年 9 月底，23 岁的陈裕光乘坐"中国"号蒸汽商船，抵达美国西部著名的港口城市旧金山。不久，陈裕光进入位于俄亥俄州最大城市克利夫兰市的克司工业大学（Case School of Applied Science），修读化学工程。在此后近一年的时光里，他学习了许多门化学工程和化学实验方面的课程，动手能力和实验技能有了明显提高。

1917 年夏天，陈裕光结束了在克司工业大学的学习，9 月，转学到哥伦比亚大学研究院化学研究所深造。哥伦比亚大学是美国一所著名的私立大学，既是全美最古老的 5 所大学之一，又是举世闻名的 8 所"常春藤"盟校之一。哥大一直都以其独特的魅力吸引着中国学子前去深造。周自齐（1896 年入哥大学习，曾任北洋政府国务总理）和顾维钧（1905 年入哥大，曾署理北洋政府外交总长、代理内阁总理）是早期留学哥伦比亚大学的代表。郭秉文、蒋梦麟、严鹤龄、董显光、胡适、陶行知、孙科、金岳霖、钟荣光、张奚若、郑晓沧等，亦均先于陈裕光而留学于此。与陈裕光同一年进入哥大留学的中国学人则有后来长期担任南开大学校长、做过国民政府考试院院长的张伯苓和历任东南大学、北京大学、清华大学教授的著名美术家和美术史家邓以蛰等人。

从 1917 年 9 月到 1922 年 6 月，陈裕光连续在这所世界一流学府里苦读了五个春秋。前两个学期，他选修有机化学专业申请硕士学位所需的各门课程，于 1918 年以优异成绩获得硕士学位。在接下来的 4 年里，他又一鼓作气学完了有机化学、无机化学、工业化学、营养化学等方向的"几乎所有化学功课"，"最后专修高级有机化学，并以有关自然科学为辅"。

胸怀"教育救国"、"科学救国"思想的陈裕光，曾写下"热心横飞恨满腔，汉儿发愿建新邦"的诗句，贴在书桌的上方，以时时警示自己要发奋苦读，报效国家。不管是白天还是黑夜，不管是春秋还是冬夏，他的时间几乎都是在实验室、教室或住处度过的。刚进哥大时的一个星期天，他从上午开始做实验，一直做到下午。这时，一位教授进门后发现氯气味道极浓，立即退了出去，同时大声呼喊陈裕光出来。可陈裕光浑然不知，教授快步冲入，一把将他拽了出来："味道太强，赶快出去！"由于他全神贯注于实验，长时间没有离开实验室，加之那几天因感冒而有些鼻塞，所以一直没闻到异味。

陈裕光的踏实和尽责曾让美国教授大受感动。在一个临近毕业的深夜，实验室里又只剩下陈裕光一个人。由于太疲劳，他的手一松，"啪"，一瓶浓硫酸摔在了地上，玻璃粉碎，硫酸横流。幸亏他早已养成在实验室里按规定穿着的习惯，加之本能地躲闪了一下，才没有被飞溅而起、四处流溢的硫酸碰到。陈裕光急步打开房门和身边的窗户，麻利地戴上防腐手套，一手拿干净的毛巾浸透水捂住鼻子；一手拿着镊子，用抹布和废纸去清除地面上的玻璃和硫酸，再将它们送入地下室的垃圾桶中；然后拎水冲洗地面；接着，又用拖把反复地拖擦地面。为了彻底清除气味，不影响次日同学做实验，他一遍又一遍地拖地，一直忙到天亮。早到的同学，把这件事报告给来上课的教授。这位美国老师被感动了，走到陈裕光面前，动情地说道："对于你的出色表现，我表示由衷的钦佩。"并转向同学继续说道："我是向陈裕光致以敬意，但更是向诚实致敬，向奉献致敬，向严谨致敬，向敬业致敬，向科学致敬！今天，我看到了中国科学的希望！"实验室里爆发出热烈的掌声，经久不息。当然，"夜洗实验室"也让陈裕光付出了"代价"，当他后来遇到在普林斯顿大学留学的同乡裘家奎时，他说自己

◎ 代理师大校长的陈裕光

144

"腰酸背痛三四天"。他付出的这些"代价"又是十分珍贵的。经过后来成为金大化学系主任、理学院院长、教务长的裴家奎教授的讲述,一代又一代的金大学子从这件"小事"上都感受到了已是金大校长的陈裕光的"诚笃、负责、稳重、果断和坚强"。

陈裕光始终如一的出色表现,更得到中国留学生的拥护。当时,哥伦比亚大学有200多名中国留学生——仅金陵大学毕业生就有20多人,是全美接受中国留学生最多的大学。富有爱心、甘于服务、敬业乐群、处事稳重的陈裕光两次被公推为"哥伦比亚大学中国学生会"(Chinese Students' Club of Columbia University)会长,还被选为全美中国留学生共同出版的刊物《中国学生月刊》(Chinese Students' Monthly)总干事(General Manager),"中国妇女救济会"(Chinese Committee for Feminine Relief)主席以及"金陵大学留美同学会"会长。后来,这些同学有不少人成为著名人物,如攻读哲学的冯友兰,攻读政治的徐志摩,攻读教育的陈鹤琴和张伯苓,攻读历史的蒋廷黻和罗家伦,攻读化学的侯德榜和任鸿隽,攻读医学的戚寿南等。这些留学生中还包括辞去袁世凯大总统府秘书赴美留学的吕碧城和归国后担任了大夏大学史学系主任的王国秀等几位才女。

作为会长,陈裕光经常组织大家聚会,以增进同胞间的友谊和丰富课余生活;召集同人一起探讨学术,酝酿成立中国化学会;每逢假期,他都热心地帮助新同学联系勤工助学事宜;以同学会名义接待过许多国内访美代表团,其活动能力深为同样被接待过的范源廉等人所赏识;他还热情地为哥伦比亚大学教育学院教授、教育史名家孟禄(P. Monroe)赴华调查中国实际教育提供各种信息和建议。1921年,中国北方发生严重水灾。留美学生获悉后,决定通过演出京剧《木兰从军》进行募捐。陈裕光号召哥大同学积极参加演出,结果有四五十人踊跃报名。他邀来在哈佛大学学习戏剧的洪深修改剧本，请正在美国研究戏剧的张彭春译为英语。经过紧张排练，《木兰从军》于 1921 年 3 月 17 日在纽约正式上演。开演之前，先由演员队队长陈裕光简单介绍剧情。他那一口纯正而娴熟的美式英语，起到了先声夺人的效果。《木兰从军》由美籍华人李兰主演，洪深执导，一经上演，就赢来好评如潮。这出戏在纽约一共演出 8 场，场场爆满。后来又在华盛顿演了两场，盛况不亚于纽约。这回演出，为时虽然短暂，场次也不算多，却顺利地完成了预定的募捐任务。而且，对于宣传中国的传统文化，让美国人民了解中国人的爱国情怀，起到了预料不到的良好效果。这比梅兰芳访美演出早了 9 年。

由于学业出类拔萃，陈裕光在即将毕业时，获得哥伦比亚大学授予的"金钥匙"和"有机化学荣誉学会奖状"、"自然科学荣誉学会奖状"。1922 年 6 月，他以"金钥匙"得主身份，在极为隆重的毕业典礼上，从哥伦比亚大学校长手中接过化学科哲学博士学位证书。在此之前，鉴于他在有机化学领域进行了深入、系统的研究，并取得许多独到的、创造性成果，他还被美国化学会接纳为会员。这对于一位尚在读书的外籍博士生来说，实在是一份很高的荣誉。

1922 年 7 月，陈裕光告别了师友，迫不及待地转道加拿大，从温哥华登上了驶往中国的客轮。在经历了数十个白昼与黑夜的航行之后，他终于踏上了上海的外滩，6 年的留学生涯至此画上了一个圆满的句号。

投奔北师　署理校长

还在陈裕光毕业前夕，一封北京高等师范学校的教授聘书就寄到了纽约，力邀他加盟。发出邀请的是他哥大中国同学会的好友、时任北京高师校长的李建勋。力邀陈裕光到北京高师执教的，还有十分器重他的当时教育总长范源廉。

1922 年 8 月，陈裕光推掉其他邀请，如期从南京家中赶赴北京任教。他之所以欣然接下这份聘书，更主要的是他可以做两样自己最乐意干的事情。其一是从事他所钟爱的化学事业，因为他笃信唯有科学和实业才是救国之路，唯有科学和实业才能实现强国之梦。而立之年的陈裕光，隐隐已成化学界青年领袖。这份工作正好为他提供了一显身手、大展鸿图的宽阔舞台。10 年后即1932 年中国化学会成立时陈裕光被公推为会长，即表明了国内同行对于他化学造诣的推重。其二是可以从事教育青年、培养人才的活动。两个月前，在回国的轮船上，当想到教书可以传授科学知识，可以培养专门人才，可以弘扬中国文化，可以灌输先进思想时，他便感到十分的欣慰。现在，他终于如愿以偿，有机会传道、授业、解惑了，而且是在我国最早成立的一所高等师范学校。陈裕光默默立志，一定要在此做出一番事业。他在理化部教授"有机化学"和"科学史"等课程。他高屋建瓴、深入浅出、言简意赅、条分缕析的讲授，大受学生欢迎和同事好评。十分倚重陈裕光的校长李建勋遂聘请他担任理化部主任。

在北京执教期间，陈裕光还接受中华教育改进社总干事陶行知的邀请，兼职主持过一两年该社科学教育组的活动，负责普及科学、科学测验及科学教育等工作。其间，主持编译了柯尔威和史罗荪的《科学与世界改造》一书。该书由商务印书馆出版，引起广泛关注。在这段时间，陈裕光与蔡元培、范源廉、马叙伦、陶行知等教育家常有思想交流和学术切磋，在学生培养、学科建设、学校管理等方面，受到不少启发。

1923 年，李建勋又入哥伦比亚大学师范学院研修，攻读博士学位。1924 年 1 月，著名教育家、做过教育总长和内务总长的范源廉出任北京师范大学校长。同月，范校长聘理化系主任陈裕光兼任总务长，教育家查良钊兼任教务长。时隔不久，陈裕光又被推选为学校评议会主席。

　　由于政府拖欠办学经费，严重影响学校正常的教学活动，范源廉不愿前去"乞讨"，一气之下，突然于 1924 年 9 月间辞职离校。这一时期，教育总长更迭频繁，先是张国淦、易培基，后是马叙伦（次长代总长）、章士钊（兼）、王九龄，后来又是易培基，国务总理黄郛亦曾兼代。因此，师范大学校长人选久悬未决。于是，校务便由评议会维持。评议会由校长、总务长、教务长和 4 位教授代表组成，作为学校学术枢纽与决策中心，它是校长领导下的决策权力机构，负责审议教师选聘、系科设置、经费使用、课程增减等重要事项。因担任评议会主席，陈裕光两次被马叙伦、黄郛两个教育总长任命为代理校长。当时，国立高校受政治与军事派系的牵连较大，在政治大舞台走马灯一样你来我往的情势下，极难安定：行政人员常更换，办学经费总拖欠，教师操心油米面，学生游行没个完。所以，教育部挑选校长的首要条件，就是能负起学校安定之责。如果从校外选派，恐难为师生接受；如果从校内推选，那为各方所看好的无疑便是代理校长陈裕光了。1924 年秋冬之际，黄郛派人拜访陈裕光，声言只要陈裕光应允，政府即下委任书。这位兼任教育总长的黄郛位高权重，时任北洋政府国务总理，而且摄行总统职权。

　　此时的陈裕光陷入了深思。学问与行政两相比较，他认为行政既非己所长，更非己所好，而科学才是自己的真爱，学问才是自己生命的一部分。而且，他也十分清楚：做校长就得为办学经费而四处奔走，这既非己所长，更非己所愿。而在此之前，他之所以出任评议会主席，是因为这是一个学术性较强的位置；之所以答应代理校务，是因为不忍心看到群龙无首、一片混乱的局面出现，而且只是暂为"看守"、以待贤者而已。他进一步想到，如果自己继续留在校内，十有八九会被任命为校长，而自己是决意不当校长的，那样，一方面会违忤总长的意向，给人以不识抬举的印象；另一方面，也会给继任校长带来负面影响，造成工作被动。恰在此时，早在陈裕光于金大读书时就格外赏识他的金陵大学校长包文来函商聘他为教授。思前想后，他决定暂时离开师大，一待风头过去，尘埃落定，再返回学校。他正好利用这个空当，到南京教一段时间书，一来报答母校的培育之恩，二来与家人团聚。陈裕光将这些想法对辞去国立东南大学教务主任来北京专门办理中华教育改进社的陶行知和来自哥伦比亚大学的教育名家孟禄教授等人讲了，他们均表赞同。所以，在教育部拟聘陈裕光接任师大校长之前，他便以探望刚刚出生的儿子的名义，借着1925年暑假的机会，辞去了北京师范大学教职。

殚精竭虑　守护金陵

1925年秋季开学之时，陈裕光回到了阔别10年的母校——金陵大学，在化学系做了一名教授，主讲有机化学等；同时兼任位于金大东面约两里处的东南大学的教授，每周讲授2小时的"科学教育"。

1926年，文理科科长夏伟思返美，校长包文聘任陈裕光接长文理科。陈裕光不忍心拂逆老校长的盛情美意，遂打消再次北上的念头，担任了设有10多个学系的文理科科长，替包文校长撑起了半边天空，当时的金大共设文理和农林两科，科下设系。

1927年4月18日，国民政府在南京宣告成立。11月10日，金大理事会在上海开会，讨论校长人选。文理科科长陈裕光众望所归，理事们一致认为"他出身金大，与金大渊源较深，学识经验均受人钦佩,对教会情况也比较了解"。一致推举他为金大校长。新校长选举产生后,金大学生自治会当即发表宣言,热烈庆贺金大教育权的胜利收回。学校举行了隆重的新校长就职仪式。于是陈裕光成为金陵大学第一位华人校长。1928年3月25日,在纽约的金陵大学托事部发来电文:"对选举陈裕光为金陵大学校长的公告表示欢迎。在这庄严的场合,我们表示衷心的祝愿。"陈裕光本人怎么也不会想到,他这一当校长就长达四分之一世纪:从成为教会大学最早的华人校长算起,到教会大学校名被撤销前一年的1951年结束,共有25个年头。当这位教育界元老1989年仙逝时,曾是金陵大学学生的著名历史学家章开沅对参加首届中国教会大学史研讨会的中外代表讲过这么一句话:"陈裕光先生的谢世,从某种意义上说,象征着中国教会大学的终结。"由此,人们不难体味出陈裕光在中国教会大学史乃至于中国教育史上的无以替代的地位。

陈裕光长校后,努力维护民族尊严与教育主权。上任伊始,他就宣布"立案之事,当刻不容缓"。在他的积极筹划下,原金大董事会改组为"创建人会",另行组建校董会作为学校的最高权力机构。吴东初出任校董会主席。1928年5月,金大即向大学院呈报立案申请书。8月6日,大学院核准金大董事会的注册登记。9月20日,大学院以668号训令的形式批准金陵大学立案。金大成为国民政府奠都南京后第一所呈请立案并获批准的教会大学。陈裕光也因此而成为被中国政府批准的教会大学校长中的第一位中国人。继金陵大学之后,其他教会大学也陆续向政府立案。对此,金大起到了重要的推动作用。

由于教会学校立案在当时被看成为收回教育权的标志。因此,金陵大学在1928年秋季学期开始时,学生数增加到583人,超过前40年当中任何一年的学生数。其后,在陈裕光卓有成效的领导下，金陵大学在各方面都保持着稳健发展的良好势头，尤其是于1930年把文理科、农林科改建成了文学院、理学院和农学院，形成了三院嵯峨、相得益彰的发展格局。

在办学思想和治校方略上，陈裕光极力推崇民主办学，始终坚持教师治校；要求规章必须完备，法度一定严明；既继承传统、善于守成，又与时俱进、敏于革新；注重教学、科研和服务"三位一体"制度（简称"三一制"）的推广；强调教学与科研并重，认为它们如同是"车之两轮，鸟之两翼"；推行开放式教学，提倡家庭化教育；明确地将"诚、真、勤、仁"定为金陵大学的校训。

教育和科研事业取得的进展以及毕业学生在国外优异的表现，在国内外为金大赢得了广泛的赞誉。1934年11月，美国纽约州大学院鉴于金大近几年取得的办学成就，而向金大颁赠了毕业学位的永久认可（Absolute Charter）公文。此后，可由金大直接授予国际认可的证书或学位。美国的哥伦比亚大学和康奈尔大学亦已取得该大学院此项永久认可公文。这标志着金大的学术地位已跻身于哥大、康奈尔等国际著名大学的水平。当时，国内各私立大学亦曾为此作过努力，但最终仍被金大拔得头筹。

1948年11月12日，金大举行了隆重的庆祝建校60周年典礼。政府要员、社会名流应邀出席。总统蒋中正题以"成德达材"，副总统李宗仁题以"学宗经世"，充分肯定了金大的办学成就。其他如于右任、孙科、何应钦等政府要员，竺可桢等大学校长，徐悲鸿等社会名流，分别表达赞赏与祝贺之意，称赞金陵大学是"南国之雄"、"钟山之英"。陈裕光在纪念大会上提出，"中国高等教育要健康、全面的发展"，必须遵守三条原则，即"公立与私立并重"、"教与育并重"和"注重训练服务人才"。

1949年初，南京的国民政府机关开始疏散。大专学校也接到命令需作搬迁的准备。各校迁校与反迁校的斗争十分激烈。金大同样面临迁校问题上的抉择。当时主迁者不乏其人，当然其中多数是出于对共产党的政策不了解所致。陈裕光以及许多教师如戈福鼎、王绳祖、余光烺、高觉敷、吴祯等教授，坚决反对迁校台湾。经过多次召集全体教职员会议和校务委员会讨论，终于做出了不迁校的决定。陈裕光在 1949 年 1 月正式复函在台校友，告以"经费无法筹措，新旧校址亦不易有妥善办法，决定不迁，仍举行招收新生"的决定。

1949 年春，金大按期开学，教学活动一如往常。师生们几乎每天都能看到校长陈裕光在校园里走动，并时不时地停下来与大家攀谈几句，仿佛压根儿没有听到从北方传来的隆隆炮声似的。所以，自春季开学至国民党军队撤离南京，一直到解放军入城，金陵大学都是照常上课，仅仅在国民党军队撤离时沿途拉夫抓人、枪声四起的紧要当口，学校才停课两日，以让学生避免遭遇"拉夫"之灾。同时，他又在广大进步师生的鼎力支持之下，挑选出 9 人组成了"安全委员会"，严令各委员各司其职，组织师生守护学校。时任教育部部长的杭立武眼见金大南迁无望，只好亲临陈家动员陈裕光及全家去台湾或美国，并为他一家人办妥了出国护照和飞机机票。杭立武之所以这么做，于"公"，陈裕光不仅是金大校长、著名化学家，更是南京市参议会的议长、国民参政会主席团的成员；于"私"，陈裕光是其夫人陈越梅的胞兄。当杭立武乘坐专车在街道中穿行时，才发现南京城内到处都张贴着"南京维持会会长吴贻芳、副会长陈裕光"的安民告示。

1949 年 4 月 23 日，南京解放，金陵大学完整地回到人民的手中。陈裕光也和全校师生一样，沉浸在金陵大学获得新生的喜悦之中。数日后，解放军首长刘伯承、邓小平、陈毅接见了陈裕光，对于他坚决主张不把金大迁走、他本人坚持留在南京以及他在南京解放前夕所做的工作，表示肯定、赞赏和感谢。1950 年 2 月，金大改归华东军政委员会教育部直接领导，并实行校务委员会制，由陈裕光任主任委员。是年 10 月，陈裕光因要参加华东人民革命大学政治研究院学习，金大校务暂时由李方训代理。1951 年 3 月，陈裕光学习结束返校。他感到自己在位时日过长，年事已高，精力不敷，不宜再担任领导职务，遂向校董会提出辞呈。校董会于 1951 年 3 月 3 日举行常委会，批准陈裕光辞呈。同时，对他长校金大 25 年的业绩予以充分肯定："陈校长在本校苦心孤诣，曾经若干次危难局面，不但从未气馁，而且竭力扩张内部。如文理，工农若干学系之添置，使理论与实际得到结合等等。抗战军兴，迁校成都，胜利后，领导复员，节节困难，均能奋力克服，本校所以有今日之发展，实陈校长领导有方所致。"陈裕光辞职后住在上海。

身在林泉　心怀魏阙

从校长位置退下来以后的陈裕光顿感轻松。组织上为发挥陈裕光的化学专长，任命他为上海市轻工业研究所化学顾问。陈裕光愉快地接受新职，全身心地投入研究中，大有要将过去被行政事务"耽误"掉的学术研究的黄金年华弥补过来的心劲。新中国成立前，国内一直都是用铜板印刷。新中国成立后，百业待举，百废待兴。为节约用铜，国家迫切希望能研制出替代铜板的新型材料。陈裕光雄心犹在，宝刀不老，很快便发明了一种"胶木印板"（胶版）。他的这一项用"胶版"取代"铜版"，从而结束了我国铜版印刷历史的创造性研究，获得政府奖励，并拍摄成新闻片在各地放映，"陈裕光"再度成为新闻人物。他的女儿陈佩德女士至今还珍藏着一小块紫铜色的胶木印板及其父亲手书的纸条："此胶版是爸的化学发明，请留作纪念。"

十年浩劫中，陈裕光受到严重冲击，身心备受摧残。陈裕光宠辱不惊、极为平和的心理状态，绝非常人可比。陈裕光始终持有"凡事包容，凡事忍耐，凡事盼望，凡事相信"的坚定信念。在逆境中，他始终坚信"阴霾总要消失，阳光必定普照大地"。浩劫结束后，党和人民政府撤销了所有对于陈裕光的错误结论，完全恢复其名誉。征求他对于那些迫害过他的人的处理意见时，他宽容地说："那也不全是个人的错。过去的事情，就过去吧。要是老想着过去的事情，人该多累啊。"听者无不动容。

1980年，87岁的陈裕光当选上海市政协委员。他怀着"报国之日苦短，建功之心备切"的心情，发出了"尚有一息微力之时，我要为促进四化建设和统一祖国服务"的肺腑之言。他发起组织金陵大学校友会，沟通国内外特别是海峡两岸及与大洋彼岸校友的联系，为祖国的振兴和统一大业献计献策，尽心尽力。侨居北美的金陵校友联名致书陈裕光老校长，执意邀请他到美国各地看一看，走一走。此时的他，再也坐不住了，"好像忽然年轻了廿载似的"，遂于1982年6月，以90岁高龄，远涉万里重洋，只身飞赴美国。他沿着美国东西两岸，访问了华盛顿、纽约、洛杉矶、旧金山等十几个城市，先后会见300多名校友。每到一地，陈裕光都要告诉金大校友祖国正在期待他们为四化建设贡献科技、学术方面的成就，希望他们回祖国讲学、合作开展交流项目或旅游；当场放映祖国尤其是南京现代化的幻灯片给他们欣赏，并告诉他的昔日弟子"祖国安定统一的局面前所未有，各行各业的发展异常迅猛"，务请金陵校友尽早回祖国观光。他带去很多折扇分送校友，每把折扇上都有他题写的一句话："与远方校友有所往来，不亦乐乎！"当时，在台湾的400多名金陵大学校友听说老校长到了美国，联名写信给陈裕光，思乡、思校、思亲之情，洋溢于字里行间。陈裕光在美国的长子、长女、朋友和校友中的不少人劝他在美国定居，都被他婉言谢绝。

从美国归来后，他与海外校友的联络愈加频繁。他特意设计了一种将他的照片和题词联在一起的"联照"，准备随时送给金大校友。上面的题词是："金陵校友，携手前进。振兴中华，造福人群。"他还常常向前来看望他的人们祖露心迹："近年来，喜见好些国外校友陆续专程来访祖国，或从事旅游，或讲学，或研究，或捐赠礼品，或献外汇以资福利、建设之用等，此已年有增加，蔚然成风。我常想每一个校友会的力量究竟是有限的，但是机会却是无限的，因为国外有成就的华人大概皆在国内中高等学校进学过，若是国内大量的中高等学校的校友都能为祖国的建设而联络号召各自在国外的校友，这支民间力量是相当可观的！"

1986 年 5 月，地方政府按规定退还他位于南京市汉口路 71 号的寓所（陈裕光去世后，子女按其遗愿把此宅变资 500 万元人民币，全部捐献给国家），陈裕光回宁定居。不久，陈裕光当选为江苏省政协委员，并被聘请为南京大学校务委员会顾问。他不遗余力地加强与国内外校友的联络交往，为争取团结更多的爱国人士做了大量工作。他说："我已 90 余岁了，在贫穷落后的旧中国，纵有科学救国抱负，也只是纸上谈兵。现在祖国春风浩荡，举国上下气象万千，我年事虽高，逢此盛世，深受鼓舞。"他身在林泉，心怀魏阙，躬体力行，率先垂范，并号召金大海内外每一位校友都能为"振兴中华，造福人群"贡献一己之力。他

◎ 陈裕光在工作

常对身边人说："我别无所好，只要一息尚存，就应为社会主义祖国的建设服务，并向老师——'晚霞'学习：晚霞行千里！"

陈裕光的赤心奉国、高风亮节，赢得人民的极大关注和敬重。1986年6月2日，全国政协主席邓颖超委托吕正操副主席登门看望陈裕光先生，对于他为统一祖国大业、振兴中华所做的宝贵努力表示衷心的感谢。

1988年，陈裕光倡议、组织并主持了有700多位金大海内外校友参加的"纪念金陵大学建校百周年大会"。中共中央统战部向大会发来贺电。在会上，这位老校长欣慰地强调了金大办学的两个特点，那就是"一向要求很高的学术标准"和"拥有乐于奉献、不计酬报、醉心学问、诲人不倦的教师队伍"，前者要求"学生的入学成绩不低于任何有名的英美大学"，后者则是"金大维持高标准的可靠保证"。包括大会在内的一系列金大百年纪念活动，极大地凝聚了人心，鼓舞了士气，影响遍及海内外。

1989年4月19日，著名教育家陈裕光安详地与世长辞。在生命的最后一息，他还想着"要求亚洲基督教高等教育联合董事会拨款，继续支持中国办高等教育"的事情。他为祖国的教育事业和统一大业，做到了鞠躬尽瘁，死而后已。

人们对这位"栽培桃李，驰誉寰球，大名永垂教育史；造福人群，振兴华夏，晚岁长盼九州同"的著名教育家、化学家、爱国老人，给予高度评价："桃李满天下，道德永垂千古；设帐育良材，功勋举世辉煌"，"育祖国教育鲜花，馥郁芬芳，海角天涯，累累文坛结硕果；培中美友谊之树，根深蒂固，取长补短，蓬蓬科技育新人"。

（王运来）

参考文献

[1] 陈裕光 . 自传（手写稿）. 上海市轻工业研究所档案室。

[2] 陈裕光 . 谈谈我在北京任教时期的情况，关于我做学生期间的一些情况（手写稿），原件存陈佩结处。

[3] 王运来 . 诚真勤仁　光裕金陵——金陵大学校长陈裕光 . 济南：山东教育出版社，2004

[4] 张宪文主编 . 金陵大学史 . 南京：南京大学出版社，2002

张贻惠

物理学教育家

◎ 张贻惠在师大

张贻惠（1886—1946），字少涵，安徽人。物理学家、教育家。早年就读于日本高等师范学校、京都帝国大学，专习数理。20 年代曾到美国芝加哥大学做研究。曾任北京师范大学、北京大学、北京女高师、中央大学、北京农科大学、西北大学等学校教授；曾出任北京师范大学校长、中央大学教育处处长、西北大学教务长等职。

译著有：英国物理学家、天文学家 J. H. 勒斯（Jeans）的著作《宇宙及其进化》等。

张贻惠是我国 20 世纪上半叶著名物理学家、教育家。对我国早期物理学的建立曾做出突出贡献，在科学普及等方面亦有远见卓识。在 20 世纪 20 年代社会动荡转型时期，北京师范大学在极其困难条件下仍得到发展、壮大，其功不可没。

留学日本　矢志教育

清光绪十二年（1886）张贻惠出生于安徽省全椒县。他出身在书香门第，父亲是进士，曾做过内阁中书。家有兄弟 5 人，其中 3 人是著名学者：张贻惠行二，其三弟张贻侗专攻化学，曾在北京师范大学、西北大学任教授；四弟张贻志专攻数学，曾在上海南洋大学任教。他们在各自的专业领域中均做出了卓越贡献。

张贻惠在戊戌年（1898）中秀才，年仅 12 岁。15 岁（1901）到南京应乡试，正逢江南高等学堂招生，遂考取进入该校学习。此校是向京师大学堂输送学生的预备学校，相当于现在的高级中学。学习两年后，张贻惠考上安徽省留日公费生。这是由在南京从政的安徽人募集经费承办的，专门选拔安徽籍的优秀学生赴日留学。第一批共选送 10 人，张贻惠是其中之一。

在日本，张贻惠用了一年半时间学习日文，然后考入日本东京高等师范学校，学习数理，5 年后以优异成绩毕业，1909 年又进入京都帝国大学深造。刚学习一年半，国内就爆发了推翻清朝政府统治的辛亥革命。一向盼望祖国兴旺繁荣的张贻惠，再也无法继续安心学习下去了，毅然休学回国，参加革命。一年后又返回京都帝国大学，直到 1914 年毕业后回国。

张贻惠回国后受聘于北京高等师范学校（北京师范大学前身），在该校数理部讲授物理学、数学、化学等课程。当时，北京各高等学校缺乏讲授数理的教师，因此他身兼数职，曾在北京大学、北京女子高等师范学校、农科大学、医科大学等校兼课，前后约 8 年。

1922 年，张贻惠到美国芝加哥大学研究院工作。1923 年到欧洲游历、考察教育一年，于 1924 年回国。他一心想在科学研究方面做出贡献。但是，国内军阀混战，各大学经济拮据，实验设备简陋，图书匮乏，潜心研究学术和著述都很难有所成就。张贻惠遂将一腔热情倾注于教育之中，以期为国家培养更多优秀的物理学人才。

1924 年，张贻惠回到已由北京高师改为北京师范大学的数理系任教授，并兼任系主任。后数理系分为数学系和物理系。张贻惠参与物理系的筹备、规划和创建工作。物理系建立后，他出任首届系主任。他在课程的设置、教学质量的提高、人才的选拔和任用、科学知识的推广等方面做了大量工作。他亲自讲授力学、光学、普通物理学和原子结构论（即原子物理学）等课程，他是当时在中国高等学校中开设原子物理学的第一人。在教学中，他自编讲义，自己带实验，以加强直观性。他讲课深入浅出，条理清晰，语言简洁，很吸引人，学生们都喜欢听他的课。张贻惠的课程堪称北平各高等学校物理学教学中高水平、高质量课程。他在讲课时，还经常介绍国外新建立的物理理论，如爱因斯坦的相对论等，对引进现代先进物理理论做出了贡献。

任北京师范大学校长　竭尽全力

1924 年 9 月，北京师范大学校长范源廉上任还不足一年，因不满当时政府腐败、长期拖欠学校经费，使学校无法正常运转，突然宣布辞职并离校。学校没有校长，群龙无首，几乎陷入瘫痪。

1925 年 10 月 8 日，教育部任命张贻惠为校长。面临办学经费严重不足的困难，为坚持办好全国唯一的师范大学，他四处奔走求助，筹措资金，最后由中华教育基金董事会赠与学校科学教席4座，每座附设备费2000元，并补助附属中学1400元，附属小学600元。此外，学校为广西省代培师资，开办特别班，由广西省政府拨给补助费。在校内，为节约开支，张贻惠裁员减政，裁撤了教务长（由校长张贻惠自己兼任）和事务长，将旧日职员由70余人精简到20多人。学校甚至减少了学生的上课时数。但是，学生的学业程度不减，学校的一起正常秩序不变。在这样困难条件下学校还购买了价钱不菲的德国产教学仪器，如高倍幻灯、天平等。在减少课时的情况下，学校各系增开了新课程：博物研究科增设本地动物学、经济地质学、动物研究、地质研究；生物系本科增开标本制作；其他各系增开清朝史、政治学、社会学等。当时的报纸报道："师大经费之困难，可为各校冠。……收入较其他各校少，而开支又较其他各校为大。""教职员所领薪俸寥寥无几"，"惟该校各教职员对于学生学业异常重视，迩来有断炊之势，然亦愿茹苦维持，……"真实地记录了当时师大的艰难。由于张贻惠的多方努力，学校才得以维持，挽救了濒于停办的北京师范大学。

张贻惠重视人才的培养和选拔，尤其对勤奋好学、成绩优异者格外爱惜，他对汪德昭的培养、选拔就是一个范例。在他任校长并在物理系任课期间，结识了物理系品学兼优的学生汪德昭，毅然将汪在毕业的前一年（1928）破格聘为北京师范大学物理系助教，跟随吴有训教授工作。这一举措，既充实了当时物理系的教师队伍，又为汪德昭日后的发展创造了条件。事过约30年后的1957年，汪德昭被选为中国科学院数理部学部委员（院士），1998年又被选为中国工程院院士，成为两院资深院士。张贻惠和汪德昭的关系犹如伯乐和天马。

◎ 1927 年与理化系毕业生合影，前排右四为张贻惠、右三为汪德昭

张贻惠非常重视学校图书馆的建设。当时国内的科技图书缺乏，学校又因经费紧张，每年购买图书的数量有限，因此学校图书馆的科技图书馆藏很少。为使广大师生能阅读到更多的科技图书、资料，他将自己收藏的一批图书（许多是外文本）无偿捐赠给学校。现在北师大图书馆内还有一些盖有张贻惠印章，并写有"赠"字样的书籍，均为张贻惠所赠，现已成为北师大图书馆的珍藏。

在张贻惠任校长期间，学校曾邀请日本的天文、物理、教育等著名学者，美国的著名生物学家等到学校讲演，以活跃学生的思想和提高研究意识。也曾请李宗仁、方振武等爱国名将到学校做关于国内形势的报告。

张贻惠热爱祖国，思想开明，一贯同情和支持革命。1926 年 3 月 18 日，北京各大学学生在国共两党的领导下，到执政府门前，抗议日本帝国主义炮击大沽口及英、美、日等八国通牒，导致 40 余名青年被枪杀。师大的范士荣（融）就是其中之一。3 月 24 日，校长张贻惠主持召开了有万人参加的追悼大会。会前，学校编写范士荣烈士纪念册，并请于右任为之题写封面。学校在大门与二门之间建造了范士荣烈士纪念碑，还向社会各界发起为范士荣烈士家属募捐的活动，"师大当局及学生等以为此次被难同学范士融为国捐躯，身后萧条，亟应早图善后，以慰忠魂，特发起大规模之募捐，期措得巨款，以为周济范君家属之用。"

1927年，奉系军阀逮捕了中国共产党北方负责人、北师大兼任教授李大钊同志。为营救李大钊，他主持召开了紧急校务会议，讨论营救李大钊的办法；又出面联合北平国立九所院校校长共同营救，并被九所院校公推为代表之一（另一代表为北京大学的余文灿），前往拜访张学良军团长，陈述九校力保李大钊的意见，为营救李大钊做出努力。

1928年，张贻惠应南京中央大学校长张乃燕邀请任该校高等教育处处长。半年后，北平师范大学的老同事和学生纷纷要求张贻惠回北师大任职。1929年1月，他谢绝中央大学的挽留，北上就任国立北平大学第一师范学院（即北平师范大学）院长。他与原师大师生一起要求学校独立，脱离北平大学。后北平大学改组，北京大学和北京师范大学两所学校独立。师大独立后，张贻惠为学校的开学准备做了大量的工作。1929年9月，因耳闻目睹国民

◎ 张贻惠（前排右二）与史地系毕业生合影

163

政府在教育上与以前的军阀政府无大差异，他辞去了校长的职务，但仍在师大、北大两校任教。

编译科学丛书　普及科学思想

1932 年，中国学术界比较活跃，张贻惠也立下宏愿，想在科学落后的中国，把科学思想普及到社会。他认为这是一项很重要而艰巨的工作，决心利用闲暇时间，为科学知识的传播和普及做一些力所能及的工作。他一方面屡次与熟悉的同事、同学、朋友讨论这项工作，希望学术界同仁群策群力共同办好科普这件事；另一方面，他身体力行率先发起编纂科学丛书，由浅易的材料入手，再讲述深奥的专门科学知识。这一工作并不是一件容易的事，况且又是涉及多种学科的系统丛书。原计划丛书的第一、二、三册由他自己著译，同时广约同行们参与以后各册的著译。因考虑到天文学是发展最早的一门科学，人们对于宇宙又有极大的兴趣，并且有许多天文现象举首即见，很容易实地考察，故选择英国物理学家、天文学家 J. H. 勒斯（Jeans）的科学通俗著作《宇宙及其进化》作为科学丛书的第一部，首先进行翻译。该书于 1932 年由北平震亚书局出版发行。张贻惠在书的序言中指出，他在翻译时特别注意达意，而不去斤斤作句句字字的对照。为了使意思更圆满，译文更通达，有些地方做了些变动。书后还有译者自加的增录三条：一、太阳距离的测法；二、天文用干涉表；三、希腊字母和罗马字母，作为补充。此书由于原作者高深的学术水平和娴熟的文笔，加上译者的补充和润色，用极平凡的名词，富有趣味的文字，叙述深奥的科学原理，深入浅出，通俗易懂，使许多读者阅读后，得到天文学的一个大概观念和知识。此书受到读者的欢迎。

原计划科学丛书的第二册为勒斯著的《神秘的宇宙》，第三册为 C. 达尔文（Darwin）著的《最近物理学的物质观》，震亚书局的"最近出版广告"已经预告读者。但是 1933 年张贻惠被任命为北平大学工学院院长，他全身心地投入到行政管理工作，终日忙于院务，无暇顾及科学丛书的译著，后又由于时局变迁，因此以上两本书均未出版。但他的"把科学思想普及于社会"的观点，已为后来者所发扬。事过两年的 1934 年，由周煦良翻译，上海开明书店出版的《神秘的宇宙》译著问世，完成了张贻惠的宿愿。

1929 年，张贻惠发起成立中国数理学会，于是年 8 月 19 日成立。

1933 年，张贻惠被教育部任命为北平大学工学院院长，重新从事教育行政工作。他认为工学院是我国最老的工科学校，同时与自己所学相近，于是决心致力于工学院院务，辞去了在各校所担任的课程。他的治校方针，在当时北平《世界日报》记者采访他时，有所表示，他说：工学院往往被外间人士误会为老朽落后的工业学校，故然工学院的房子，一部分的机器、仪器已有 30 余年的历史，够得上是老的了，但是，在课程和研究上，并不比一般学校老朽，所有的教授和学生都非常努力，大家一致认为工学院当前的唯一要图是使他逐渐充实，在每月有限的经费内，极力节余来扩充设备，使得工学院逐渐地现代化。他又说：本应该提高教授兼课的待遇，但和教授们磋商结果，仍是照以往开支，而将节余之经费，为购买仪器之用，以期使学生不但能知道一切理论，而且还必须要能"做"，能亲自动手，造成一个完全的工学者，方能有益于社会。

宣传和推动全国度量衡统一

早在 20 世纪 20 年代，我国有关行政部门就颁布了《度量衡法》。但是，我国幅员辽阔，民国初期又军阀混战，行政不统一，因此《度量衡法》很难推行，仅是一纸空文。1928 年至 1931 年，国民政府先后公布了《度量衡》和《修正度量衡法施行细则》，使统一度量衡再次成为急务之一。1934 年后，在国内各种刊物上多有热衷于度量衡名称的讨论文章。当时，社会上对度量衡名称的选用极不规范，中国物理学会为此事曾上书行政院和教育部，陈述命名及定义的关系，由此引起了学术界的一场大争论。在这场争论中，张贻惠撰文阐述了度量衡的由来、发展，统一度量衡的重要意义，并指出推行统一度量衡工作的困难，希望在推行市制上努力。还对标准度量衡的命名法提出自己的意见，建议有关部门应与各学会认真讨论，虚心听取专家意见，"订一较完全之系统。则于实用上，科学研究上将更见整齐划一，无扞格不通之弊矣。"他的见解和建议对当时度量衡问题的讨论和解决，统一有关名词的工作均有积极意义，为此获得工程技术界和物理学界的赞同。

1937 年，卢沟桥事变爆发，日寇侵入华北，北京各高校纷纷迁入内地，北平师范大学和北平大学、国立北洋工学院在陕西西安组建西北临时大学，后改名为西北联合大学，合组后各校仍保持各自的特点，师大学生仍保留师大学籍。张贻惠随学校迁移西北。

1938 年春，日寇飞机频频轰炸关中，临时大学难以在西安长久办学。3 月，全体师生有组织地越秦岭，出褒谷，步行数百里，到达汉中。4 月，西北临时大学改称为国立西北联合大学，校本部设在城固考院。张贻惠和其他同仁如袁敦礼、黎锦熙、张贻侗、傅种孙、汪奠仁、赵擎寰等，仍在师大坚持工作。

　　1939 年 8 月，西北联大改为国立西北大学，张贻惠任西北大学物理系教授兼教务长。西迁时期，学生和教职员的生活一般都比较艰苦，学生住在板筑土墙、稻草覆顶、檐下透风的茅屋里，没有饭堂，吃饭在风雨草棚。1941 年前后，物价飞涨，学生们常吃不饱饭。教师的条件也好不了多少，教师一般要走 3～4 里地，从家里赶到地处郊区的学校上课，要经过田间小路，甚是辛苦。张贻惠从 1937 年跟随学校西迁，直到抗战胜利后的 1946 年，一直工作和生活在这样艰苦的环境下，仍兢兢业业，对工作一丝不苟，甚是难得。1946 年，张贻惠兴致勃勃地乘飞机返回北京，不料途中飞机发生事故由此使他突发心脏病，不幸逝世，享年 60 岁。

　　张贻惠知识渊博，学术造诣精深，且为人正直，淳朴敦厚，平易近人，虚怀若谷，一向有长者之风。他多年身为校、系负责人，对行政工作认真负责，锐意改革。他重视师范教育，认识到师范教育对中国教育至关重要，师大毕业生的质量对中等教育至关重要，在 1925—1927 年，他担任北京师范大学校长期间，致力于本科系和研究生专业的发展，使这时期的北京师范大学成为新中国成立前较兴旺的时期。他热心于社会工作，凡对学术、社会有益的事情他从不推辞。他于 1932—1938 年，曾担任《中国物理学报》的编委长达 6 年之久，还是中国物理学会名词审查委员会委员，1933 年，参加了在上海召开的第一次名词审查核定会议。他在科普和度量衡统一工作中的贡献更使人难以忘怀。尤其对北京师范大学的发展和物理系的创建做出了不可磨灭的贡献，全体师生对他的功绩铭记在心，在他逝世后两年的 1948 年，在当时校长袁敦礼的主持下，将原物理楼命名为"贻惠楼"，并刻写匾额悬挂，以致永久的纪念。

（陈毓芳）

167

徐旭生

古史学家、考古学家

◎ 徐旭生

徐旭生（1888—1976），原名炳昶，字旭生，后以字行。曾用虚生、遁庵、四河人等笔名。河南省唐河县人。考古学家、教育家。早年入京师译学馆就读，后留学法国，巴黎大学毕业。回国后曾任北京大学哲学系教授、教务长。期间，曾任中外合组的"中国西北科学考察团"中方团长赴大西北考察。1929年任北平大学第二师范学院（即北平女子师范大学）院长。1931年任北师大与女师大合并后的北平师范大学校长。1932年后，历任北平研究院史学研究会（所）编辑、研究员、所长。新中国成立后，任中国科学院考古研究所研究员。为第三届全国人民代表大会代表。

主要著作：《中国古史的传说时代》《徐旭生西游日记》《试论传说材料的整理与传说时代的研究》（合作）《略谈研究夏文化问题》《一九五九年夏豫西调查"夏墟"的初步报告》。译著有：威伯尔（法）《欧洲哲学史》、显克微支（波兰）《你往何处去》（合作）。

徐旭生先生是我国著名考古学家、古史专家和教育家。他在60余年的教学、科学研究中，成就斐然。20世纪20年代，由他出任的"中国西北科学考察团"中方团长，在科学考察方面第一次捍卫了国家的主权和尊严，并在地质、矿物、考古等学科取得巨大成就。

积极干预现实的人生态度

徐旭生1888年12月10日出生于河南省唐河县。1906年到北京豫学堂学习，同年冬入京师译学馆习法文。1913年春留学法国，在巴黎大学学哲学，1918年自法国巴黎大学哲学系毕业。1919年回国后，在开封第一师范及留学欧美预备学校任教。1920年河南教育界为反对军阀赵倜，推举徐旭生为代表赴北京请愿，此后即留居北京。

1921年秋，徐旭生受聘于北京大学任哲学系教授，讲授西洋哲学史课。期间，翻译了法国威伯尔的《欧洲哲学史》，又与挚友乔曾劬（大壮）合译波兰作家显克微支的历史小说《你往何处去》，这是该书在我国的最早译本。

在北大任教的同时，1925年，徐旭生与友人李玄伯共同创办了《猛进》周刊，徐任主编。关于徐旭生与这份刊物，当代人文学者、鲁迅研究专家孙郁在一篇文章中曾有简要和精辟的介绍："徐炳昶在现代史上有着重要的作用，学问的深且不说，就《猛进》杂志的创刊而言，他的功劳不浅，《猛进》几乎和《语丝》前后诞生，风格不同，思想却是锐利的。文学史上一般不太谈及《猛进》杂志，对徐氏也是语焉不详。其实若翻看这一个旧刊，引人的地方很多。有的文章甚至比《语丝》更有爆发力，是一个知识分子的论坛。就当时讨论问题的特点而言，与鲁迅等人实在是相近的。"

"青年时代的徐炳昶热力四溅，在北大有着一定的影响力。其实按那时的学问程度，他本可以成为很好的哲学教授，在学理上有自己的独特建树。但偏偏愿干预现实，喜欢写一些时评的文字，看《猛进》上的文章，抨击当局者为数不少，见解常常在别人之上。比如攻击段祺瑞政府的杂感，讽刺章士钊、陈西滢、杨荫榆的短章，几乎与鲁迅相同。难怪鲁迅的一些杂感也发表于《猛进》，他在这位主编身上看到的是绅士阶级没有的东西。民国初，留学欧美的学者有一些染有贵族之态，与国民与社会是隔膜的。然而徐氏身上没有这些，你看他看人看己的态度，都本于自然，明于常理，毫无依附他人的奴相。""我在徐氏的墨迹里几乎看不到自我的陶醉。学问不过是为人生的，且为改良人生而献力的。每每见其言说伦理与历史，便隐含着深深的忧患感。他讽刺当下政客与学人几乎都有阿Q态，语气绝无宽容的地方。重要的一面是，文章甚至也鞭笞着自己，那清醒的警语，是唯有健全的智者才有的。"

这一时期，徐旭生不仅用笔鞭笞军阀政府的倒行逆施，而且用行动积极参加反帝反军阀的进步活动。

1925年10月26日，北京各学校团体五万余人在天安门集会，反对段祺瑞政府为在不平等条约基础上与各帝国主义国家订立新的关税协定而召开的"关税特别会议"，主张关税自主。赴会群众刚进至新华门前，即为大批武装警察所阻止，并遭殴打，造成流血事件。徐旭生始终走在队伍的前列，为保护学生被打掉两颗门牙。事后盛传鲁迅被打掉门牙，其实是张冠李戴了。鲁迅在《从胡须说到牙齿》一文中对此做了澄清。为表示不屈服于反动势力的残暴镇压，徐旭生留齿明志，一直将被打掉的牙齿留在身边，直到1976年他逝世后，家人才将这两颗牙齿放入遗体口中火化。

1925年女师大爆发学潮。当时徐旭生正在该校兼课。学校被北洋军阀政府强行解散后，他与鲁迅、许寿裳等进步教授一起，到宗帽胡同的临时校舍义务为学生授课，旗帜鲜明地支持学生的反抗斗争。

1926年3月18日，段祺瑞政府制造了震惊全国的"三一八"惨案。该日上午，北京各学校团体在天安门前集会，抗议日舰冲入大沽口炮轰冯玉祥的国民军及八国公使要求解除国民军武装的最后通牒。徐旭生参加大会后返回。他得知国务院门前发生惨案的消息时天色已晚，立即独自手提马灯赶到惨案发生地，慰问帮助受伤学生，随后又向死难烈士遗体告别，以示哀悼。后不久，《京报》上登出一张段祺瑞政府曾想要通缉的48人名单，徐旭生与李大钊、鲁迅以及其他一大批知名学者均在其中。

赴大西北科学考察

徐旭生在北大任教期间，发生了中国现代科学史上值得大书一笔的一件事，就是自1927年4月始，由中外科学家合组的"中国西北科学考察团"，对我国大西北广大地区进行了长达六年之久多学科的科学考察。这是中国科学家第一次对祖国大西北进行的现代意义上的科学考察；这是中国学术界第一次争得学术主权、中外科学家真正平等合作的科学考察；这也是一次中国科学家取得轰动国际学术界丰硕成果的科学考察。徐旭生从始至终是这次考察的主要促成者、参与者和领导者之一。

"五四"以来，我国学术界包括徐旭生在内的许多有识之士，对自晚清以来许多外国人恣意从中国掠走大量科学资料和珍贵文物，无不痛心疾首，力谋设法挽救。他们曾酝酿自己组织起来开展科学考察，但在当时情况下经费根本无法解决，最现实可行的办法是，争取在中方掌控之下中外平等合作考察，把获得的珍贵文物留在中国。恰在此时（1927 年 3 月），自晚清以来曾多次到中国探险的瑞典大探险家斯文·赫定又率一德瑞合组的大型探险队到了北京，正准备去我国西部考察，已取得了北洋政府的批准，有关部门同意赫定可以将采集品先运往国外研究。这正是时任北大教务长的徐旭生和北大国学门的沈兼士、马衡等人所担心的，于是他们立刻联络北京的各学术团体成立了"中国学术团体协会"（以下简称"协会"），起草了维护我国学术主权的六项原则，发表了《反对外人采取古物之宣言》，得到舆论的广泛支持。时在北伐的声威下已自身难保的北洋政府害怕引起学潮，于是劝说赫定与协会直接接触，如果问题不能很好解决，政府将撤销批准。赫定不得已只能与协会代表谈判。经过反复多轮会上谈判与会下磋商，唇枪舌剑地讨价还价，至 4 月下旬，赫定基本接受了中方意见，双方终于达成了 19 条合作办法。办法中确定了协会下设的"中国西北科学考察团理事会"（下简称"理事会"）对"考察团"的领导地位；设中外两名团长、采集品要运往北京，由理事会处置；有关国防问题不得考察；考察经费由赫定负责；考察期限 2 年等。双方还决定派数量对等的成员参加。这项协议结束了在我国考察只能听命于外国人的历史，第一次争回了我国的学术主权。在这次艰难而成功的谈判中，徐旭生是中方重要成

◎ 徐旭生在西北科学考察

员之一。

理事会紧接着要处理的难题就是由谁来担任中方团长。这是一个没有先例可循前途未卜的苦差事，此人必须有相当的社会地位、应变能力和组织能力，身体要好，本人必须热爱考察，不畏艰险，家庭必须能离得开，这些条件缺一不可。当议论人选时，大家陷入沉默。徐旭生不顾两个孩子还小，北伐大军接近北京大战在即，以及当时公立学校常常欠薪等家庭困难，毅然决然地主动请缨担任这一职务，才使问题得到解决。

赫定开始顾虑这位中方团长会在工作中掣肘。但赫定很快发现，徐旭生是一个正直真诚的人，对赫定这样一位经验丰富的老探险家很尊重，他除了在关系国家主权和尊严的问题上坚持协议的原则外，坦率地承认自己没有探险的经验，并不想干扰赫定的工作安排，只要是为了科学，双方的目标就是一致的。这样，从一开始双方的合作就很顺利。赫定后来说："作为一个普通人或一位人道主义学者，他（指徐）却是一位你可能遇到的最和善和最令人愉快的旅行伴侣"，"在我们的全部合作期内，总有着一种最完美的和谐。"赫定还曾认为，中方团长"不过是画廊中的一种摆设，在实际的野外生活中他没有任何意义。"但很快就改变了看法，赫定发现"在偏远地区由队里的中国同行出面与当地政府进行谈判要比我们外国人有利得多。在这种情况下，能求助于可信赖的友好的中国人的帮助，对我们欧洲人来说真是一笔无价之宝。"

当"考察团"处于最困难的时候，赫定更认识到这位中方团长的不可或缺的实际作用。在到达新疆前，大队一度几乎陷入绝境，原计划从额济纳至哈密月余可到，他们带足了 40 天的粮食，不想途中不见人烟就有 48 天，总计 62 天才到哈密。赫定本人又病倒在戈壁滩，只好留几名瑞典团员陪伴他在一片小绿洲养病，徐旭生单独带队前进。不想情况愈来愈糟，连续几天大风过后，

173

骆驼已无法负重,不得不留人看管全部辎重,徐旭生则带队轻装前进,粮食也已告罄,只能靠杀即将倒毙的骆驼充饥。此时,徐旭生表现出不畏艰险、高度乐观的精神,就在这几天的日记中他写下了一首长诗,结尾四句是:"苦乐由来任心造,宴安鸩毒岂是宝!男儿生当东西南北游,安能株守田园老!"他率队挣扎着走出沙漠,立即筹备粮食、骆驼,派人返回救援。赫定后来曾写道:"我们的景况逐渐地愈是阴沉,而徐教授的自信和宁静也愈是强大,在我们经历的艰难的时期中,他表示出完全能驾御这环境的神情。"

自然的险境刚过,又遇人为的阻碍。原来新疆军阀政府听到谣传:有一团军队(团长的称谓引起)来攻打新疆,有外国人,还有很多大炮(实为气象学家为探空气球充气用的氢气筒),于是调兵遣将进行拦截。因此先期到达的气象组,派出的取款人、购粮人都被软禁。后经徐旭生多方解释周旋,并严格制止一些外国团员拒绝检查行李的行为,才打消了地方当局的疑虑,使处境转危为安。后来,在处理甘肃地方政府驱逐额济纳河气象台、新疆金树仁政府驱逐"考察团"等事件中,中方团长都起到了决定性的作用。

到达乌鲁木齐后,由于出资方德国汉莎航空公司开辟航线试航的目的没有达到,召回了大部分德国团员,并不再出资。赫定不得不回国另筹经费。当时许多有价值的工作刚刚开始,考察时间却已过去大半,若按原计划两年内草草收兵,工作只能半途而废,这是中外双方都不愿看到的,于是两团长决定立即回北平汇报工作,然后去南京争取新的中央政府的支持,申请延期和排除地方当局的干扰。他们在北平和南京得到了理事会和中央政府的支持,延期两年和增派团员的计划获得批准。此时,徐旭生带队的任务已经完成,于是留在北平接任了女师大院长一职,同时参与理事会对考察团的领导工作，未再去新疆。

考察团后来曾再一次延期，最终持续了6年才完满结束。考察取得了丰硕的科学成果，中方团员的成果尤为突出：白云鄂博大铁矿的发现；72具恐龙化石的发现；高昌等遗址的发现；第一张罗布泊实测地图的绘制等，无不洒下考察队员的血汗并轰动国际学术界。他们的研究成果更是影响深远，如地质、考古等成果，至今仍是这一地区找油、找矿、考古不可缺少的参考资料。他们在科技史上创造的"第一"不胜枚举，将国人对西北的认识提到了一个新水平，为后人的研究开辟了道路。

徐旭生参加考察20个月，1930年发表了《徐旭生西游日记》。书中忠实地记录了旅途所见、所闻、所思，有沿途自然风光和险恶自然条件的描述；有全团的工作安排和工作方法；有周围人物的描写，从团长斯文·赫定、中外团员到厨师、驼工，从地方官员到各族百姓；有对生命极限考验的记录及关于苦与乐辩证关系的思考。他还十分关注教育、民族、国防等问题，在日记中都提出了自己的想法。《西游日记》是一部具有很高史料价值和文学价值的著作。

徐旭生具有强烈的民族自尊心，但不是国家主义者，因此能够团结各国科学家、各族工人，大家友好相处。他正直坦率，处事公正，不亢不卑，赢得了中外团员的尊敬。斯文·赫定还十分称赞徐旭生的学术造诣，赫定认为"他的造诣到了他国内文明的最高点，普遍地通达他祖国的历史、文学和哲学。此外对于西洋生活和思想也不只是皮毛的认识。"徐旭生的历史知识，在途中也给了赫定很多帮助。例如赫定把中国学者带去的中国历史古籍称作"金矿"，他写道："徐炳昶教授是这样的友谊，替我翻译这书的最重要的内容。"过去赫定了解考察地区的历史，只能是回国后求教于汉学家，现在却能随时得到帮助。总之，在这次空前成功的中外合作考察中，中方团长徐旭生作出了别人不可替代的贡献。考察结束后，由斯文·赫定建议，瑞典国授与了徐旭生"古斯塔夫三世瓦萨勋章"。

这次考察对徐旭生个人的影响也是巨大的，最终使他从哲学家变成了考古学家。

中西文化的比较研究

自西方留学归来，几十年间徐旭生一直对中西文化进行对比地深入思考和研究。早年发表在《猛进》周刊的文章中，就时常透露他在这方面的见解。抗战时期，英国李约瑟博士为《中国科学技术史》的写作准备材料来华。他曾与李约瑟就中西文化的问题进行过长谈。1945 年，徐旭生撰写了《中西文化的试探》一文，但由于时局动乱未能出版。直至 20 世纪 60 年代，他才将旧稿加以修订，完成了 10 万字的长文，交与《历史研究》杂志准备刊登。不料"文革"骤起，不但该文发表成为泡影，就连文稿也在动乱中不知所终。现在对徐旭生关于中西文化比较研究的思想，只能从他的其他文章涉及的片言只语中窥见一鳞半爪。

徐旭生在《猛进》周刊的文章中，就一针见血地指出过，中国哲学无论哪一派，全都带有历史的性质；欧西哲学无论哪一派，全都带有数理的性质，他还指出，因为数理的缺乏，科学不得畅达。故《京报副刊》征求青年必读 10 本书的目录时，他列举了闻名世界的 6 种几何学和 4 种伦理学，并认为中国人如不经过严格的逻辑训练，文化则会停滞不前。

后来徐旭生对梁漱溟《东西文化及其哲学》一书写的意见中，进一步发挥了上述观点："逻辑在中国几乎没有，几何学则简直没有。……《辩学启蒙》译过来数百年仍不见反应。《几何原本》

输入后，以其有关形体知识，不像逻辑之纯抽象，还引起一点反应，此即杜知耕《几何论约》，李子金《几何易简集》，方中通《几何约》等几部著作。但此中大可注意者，即其并不能向着抽象思路发展去，却从实用立场而要求其删繁撮要，恰与西洋抽象思维精神相反。"徐旭生的看法与梁漱溟是相通的。梁在看到这些意见后写的按语中说："中国人头脑思路不同于西洋人是其不产生近代科学的根本所在。"李约瑟博士也说："所以不能解答近代科学何以在中国产生不出来那个问题之故。"

徐旭生在看到中国文化之不足的同时，也没有忽略它的优点而主张全盘西化。抗战期间，他在一次演讲中曾指出，西方文化自古即为工商业文化，中国文化则为农业本位文化。农业文化虽有若干缺点，但亦有两大优点可贡献于世界：一为民族偏见浅，故同化力较强；二为政治力常能控制经济力。另外，他在论及中国文学艺术和工业所受"忧深虑远"的思想及循环论的哲学之影响时，曾说："中国文学的最高点是温柔敦厚，冲淡夷犹。日月为之失色，天地为之变色，中国少有；而山穷水尽疑无路，柳暗花明又一村，中国却多有之。曲折幽隐而非波澜壮阔——平稳。工业制品在实用方面从不看轻，至于使它华美则认为奢侈而拒绝之（奇技淫巧者禁）。大兴土木亦是被排斥的。因此文化的高度不行，但稳稳发展下去的长度而人所不能及。"

主政师范大学

1929 年 12 月 14 日，国民政府教育部将北平大学第二师范学院（即北平女子师范大学）改名为北平大学女子师范学院，任命徐旭生为院长。

当时正值国民政府在北平实行大学区制遭到反对之后，徐旭生对处于混乱状态的学校进行了全面整顿，突出抓了学术研究工作。在他的倡导下，学校于 1930 年 3 月筹备设立研究所。其宗旨是"提高本院毕业生之程度，及增进对于学术界、教育界之贡献"。经费由停办预科节余的费用中拨出 1500 至 2000 元。他聘请一批在学术上有一定成就的学者，如黎锦熙、高步瀛、王桐龄、王文培、杨荫庆为研究所委员会委员，他亲自兼任所长，黎锦熙为副所长。6 月，研究所在石驸马大街乙 90 号正式成立。研究所曾与美国的福利尔艺术博物馆、山西省立图书馆合作，发掘山西万泉县石器时代遗址并取得成功。研究所出版学术刊物——《女师大学术季刊》。到次年 7 月共出版 6 期，发表学术论文计 58 篇，在文史方面取得了重大成果，在地理学、民俗学、哲学、教育学等方面也有一定成绩。此外，还对本院毕业生、外校毕业生、校外学者以及本校四年级提交毕业论文的学生，只要有研究志愿和能力的，研究所敞开大门。为了鼓励研究，还设立了若干奖学金名额。为提高学生的程度和参与科学研究的能力，在徐旭生领导下，学校决定招收研究生并制订了招收标准。

徐旭生还鼓励女学生要服务社会，要培养自己的吃苦耐劳、坚忍不拔的精神。

当时，北平师范大学因民国政府教育部执行学区制度，被并入北平大学，称第一师范学院。教职员工及学生都强烈反对，要求独立办学。1929 年 8 月，北师大虽然从北平大学独立出来，但因经费短缺，几任校长辞职，群龙无首，学校陷于混乱中。1931年 2 月，教育部决定合并北师大和女师大，任命徐旭生为北平师范大学校长。在合并以前，他同时执掌着两所师范大学。同年 7月 1 日，两校正式合并。为避免两校学科重复,学校设立三个学院，即文学院、理学院和教育学院；相同系科实现合并，教育学院下设教育系、体育系，理学院下设数学系、物理系、化学系、地学系、生物学系，文学院有国文学系、英文学系、史学系、社会学系；两校同专业同年级合为一班；聘请李建勋为教育学院院长、黎锦熙为文学院院长、刘拓为理学院院长；教育学院、理学院设在原师大和平门校址、文学院设在原女师大校址。将原女师大的研究所改为研究院，聘黎锦熙、钱玄同、李建勋、刘拓、李顺卿、朱希祖等为研究委员会委员；研究院下设历史科学门、教育科学门；将《女师大学术季刊》更名为《国立北平师范大学研究院历史科学季刊》；成立校务会议为学校领导机构。北平师范大学以崭新的面貌展现在世人面前。

徐旭生向政府要求增加学校经费，计划增添办学设备，限制教员兼课，实行考察制度，严格考试，整顿斋务等。校长与学生自治会直接对话，改善学校的规章、人员任用等，实行管理公开化、民主化。9 月，徐旭生公布学校建设的五年计划：厘定课程标准、充实设备、整理校舍、扩充院系等。为学校制定了远景规划。

当时教育部拖欠师大教职员工的薪水高达 4 万余元，但财政部每月拨款仅 3500 元。真是杯水车薪，无法弥补巨额亏空。徐旭生致电教育部，校务无法维持，请求辞职。教育部曾答应增加拨款。困扰北平各国立大学多年的办学经费严重短缺的问题一直没有改善。为改变这种局面，徐旭生亲赴南京请求增加经费，而财政部长宋子文竟不接见，徐旭生乃于 11 月 11 日愤而辞职。虽然教育部、学校师生员工均全力挽留，但他对教育部已彻底失去信心和耐心了。

徐旭生有自己的教育理念。他一贯反对关在书斋故纸堆里求学问，而主张到大自然中去。赴西北的考察更坚定了这一信念，他在《西游日记》中写道："想征服自然，却不到自然界里去找那岂不是南辕北辙。"关于中小学教育，他理想中的正路是"把身体的锻炼，思想的练习，美感的陶醉三件不大容易兼顾的事情，设法使它们平均发展，而尤以前两项为最注重。联络它们的关键是自然界。对于雅典，取其美感和清楚的思想；对于近代的科学家，取其实验的态度；对于欧洲中世纪武士，取其勇侠的精神。同德国及日本教育大不同的地方，是他们为褊狭的国家主义者，我们却仍承袭我们大同的主义；同现在我国教育大不同的地方，是我们对于书本的非常轻视，最主要的是引着学生练习着观察自然界，并且从外面看起，我们的教育是粗野的，非柔靡的。"总之用他自己的话说："是想方设法使教育转视线于自然界。"他曾表示，等异日将意见完全整理好后，即当竭力鼓吹以期实行。可惜历史没有给他这样的机会。

关于大学教育，他一贯认为"大学为教职员率领学生研究高深学术的地方。大学里面，授课是要达到目的的一种方法，绝不是最后的目的。"

中国古史研究的成就

自 1932 年始，徐旭生到北平研究院史学研究会（所）任编辑、研究员、所长。新中国成立中国科学院后，他一直在考古所任研究员。他的后半生都在从事考古和中国古代史的研究，在学术上卓有成就，尤其是对传说时代的古史研究是具有真知灼见的。

对传说时代材料的整理和研究，他曾多次发表文章，系统地提出自己的观点。他不赞成一些极端疑古派学者"把留传下来的搀杂神话或有神话嫌疑的故事完全置之不问"，"把它无条件送到神话的区域里面"的态度，认为这就使得我国历史上史前时代到真正历史时代的过度期变成了一次跳跃，不符合历史进化的规律。他提出："那些古代流传下来带有神话性质的传说，固然不能就认为是历史的真实；但另方面，它那搀杂神话的性质，还足以证明它是真正古代遗留下来的传说，并不是后人伪造的假古董。必须把这一部分半神话半历史的传说整理清楚，才可以把我们黎明时期的历史大略画出轮廓，才可能把我们的史前史同真正的历史中间搭上一座联络的桥梁。"为此，他特别重视科学地对待传说时代的史料问题，提出要注重材料的原始性、等次性。他先把材料分类，是"原生的"还是"再生的"。再分期，商周至战国前期作品为第一期，战国后期至西汉末的作品为第二期，东汉以后作品为第三。又再分等次，第一等是直接引用原始的古代传说材料；第二等是据前人旧说，或兼采异说，或综合整理的著述；第三等是改窜旧说，材料晚出，或材料来源不明者。传说材料去取的标准，还要看它是否含有史实的特征，这样来考订古代的史事。

徐旭生按照上述严谨的、独创的治学方法，于1939年春，开始整理占有的大量材料，并深入分析、研究，历时3年完成《中国古史的传说时代》一书，1943年出版。这是我国第一本最系统地研究古史传说的著作，至今仍是研究这一段历史不可或缺的参考书。20世纪下半叶在海内外曾多次再版。这本书凝结着他多年研究古史传说的心得，蕴涵着他独到的学术见解。他认为：中国古代部族的分野，大致可分为华夏、东夷、苗蛮三大集团。

华夏集团地处古代中国的西北方。再可细分为三个亚集团：1. 黄帝、炎帝二大支；2. 近东方的又有混合华夏、东夷两集团文化自成单位的高阳氏（帝颛顼）、有虞氏（帝舜）、商人；3. 接近南方的，又有出自北方的华夏集团，一部分深入南方与苗蛮集团发生极深关系的祝融等族。

黄帝族、炎帝族的发祥地均在今陕西境内，后各有一部分东移，至今日的山西、河南、河北、北京等地。东夷集团，太皞、少皞、蚩尤均属之。它的地域最盛时包括今山东、河南东部和南部、安徽北部和中部，东至沿海。苗蛮集团，三苗、伏羲、女娲等均属之。它的地域以湖北、湖南、江西为中心，北至河南西部山区。这三大集团，在屡次互相斗争又和平共处过程中，最终完全同化渐次形成后来的汉族。

徐旭生还认为，在中国古史上有三大变化：一、华夏族与东夷族渐次同化，形成若干大部落联盟。二、黄帝死后，高阳氏出现，生产力有所发展，贫富分化，劳心与劳力出现分工，这时文明的曙光在望。三、大禹治水后，氏族制度逐渐解体，变成了有定型、有组织的国家。

徐旭生的这些论述，为我国古史传说时代的研究创立了一个新体系。

徐旭生是首先倡导根据文献资料，结合田野考古探索夏文化的学者，他自己率先垂范身体力行。他发表的《略谈研究夏文化问题》一文中提出了指导性的意见。他指出夏文化这个词包括两

◎ 北京大学第三院译学馆旧址前。徐旭生（三排右四）与陈垣（前排左二）、胡适（三排右五）、蒋梦麟（前排左四）等合影。

种含义，夏代文化和夏族文化，两者在时间和地域范围上都不尽相同。他还指出，中原地区有两个地域与夏的关系特别密切，一是豫西地区伊、洛、颍水流域，二是晋南地区汾、浍、涑水流域。这对夏文化的探索，分清概念，指明途径，在学术研究中是至关重要的。

为了弥补考古学上这一大空白点，他亲自到豫西传说的"夏墟"实地考察，调查了几处比较重要的遗址：告成、石羊关、阎砦、谷水河、二里头遗址等。写成了《一九五九年夏豫西调查"夏墟"的初步报告》。尔后，二里头、告成与晋南东下冯遗址的发掘，就是在他的《报告》的启示下开始的。这次调查还有一感人的事迹：他不顾年迈，与年青人一起，一天步行数十里；一日遇到大雨，别人劝他坐大车被拒绝，坚持脱鞋赤脚在泥泞中步行了五六里路才到住所，次日仍继续工作。当时徐旭生已 71 岁，这种为科学事业不畏艰辛的精神，老而弥笃。1964 年，他又亲自到二里头遗址发掘现场，工作长达数月之久。如今，二里头文化遗址的发现和发掘已取得巨大的成绩，徐旭生有首倡和开创之功。

徐旭生学识渊博，学术研究的范围相当广泛，除古史传说、考古学外，还对我国封建社会长期迟滞的原因、井田制、《山海经》等作过深入的探讨，提出的见解均有新意。

高尚的品格

徐旭生是一位有强烈爱国心的知识分子，一生探索救国的真理。他在北京大学时期就积极参加反帝反卖国军阀的斗争。20 世纪 20 年代末日寇步步进逼，国家命运危在旦夕。同许多爱国知识分子一样，他忧心如焚，振臂高呼，号召抗日救亡。1931 年"九一八"事变后两天，时任北师大校长的徐旭生即会同北大校长蒋梦麟，邀集北平各大学校长举行紧急会议,同日他又召集本校院长、教务长召开紧急会议,强烈抗议日本帝国主义侵略我国。9月25日学校召开全体大会,以全校教职员和学生名义致电国民政府,指责有人"一遇外敌,辄取不抵抗主义,洵属奇耻"。后来他之所以辞去北师大校长职务,不满政府的不抵抗也是一重要因素。

1936年西安事变之前,他和顾颉刚、李书华利用在西安开陕西考古会年会之机,于11月中旬一起往见张学良将军,以讲宋史为名向张灌输促蒋抗日的思想。他还与顾一起在北平创办"通俗文艺编刊社"。利用民间文艺形式编写和组织演出宣传抗日救国的节目,出版有关书刊。还捐款募集大刀支援抗日军队。

1937年"七七"事变之后,徐旭生痛感在国家危亡之际,文人不能只是坐而论道,而应以身许国,亲自组织民众抗敌御侮。于是,他只身回到家乡南阳,利用他在家乡的声望,积极宣传抗日,多次在青年学生的集会上发表演讲,痛斥各种妥协失败的言论。在他的倡议和支持下,先后在南阳、唐河办起游击战术训练班,培养抗战军事人才。他还受聘于唐河师范学校任校长,想亲手办一所符合抗战需要的转型学校。但他的许多设想在地方当局的多方掣肘、暗中破坏下都难以实现。最后,不得不被迫离开。前往已搬迁昆明的北平研究院继续他的古史研究。然而正如他后来在《自传》中所说:"当此时而闭户写书,终非本志。"

徐旭生一生刚正不阿,直言无忌,言行一致,践履笃行。他的为人、品格一直为知者所称道。

在出任北师大校长时,同时有多位国立大学校长为学校经费都曾以"辞职"向政府抗争,最后只有徐旭生一人真的辞职。熟人背后多称他为"徐大傻子"或"徐炳傻公",他闻知也不以为意。

1937年上半年,蒋介石于庐山邀请著名学者征询对国是的意见。他在会上直言批评当局以"思想犯"压制舆论的专制做法。

1938 年，为了便于在家乡发动群众抗日，他参加了国民党。但是后来国民党组织部邀他接办河南党务时，他因不满当局的反共政策和处处防制民众而坚决拒绝。1944 年在重庆召开的国民参政会上，他作为国民党方面的参政员，与其他几位河南籍参政员一起，在会上严厉抨击蒋介石的亲信汤恩伯在日寇攻势面前不战而溃的逃跑行为，要求追查责任。当陈立夫要求他们不要再追究此事，以免被共产党利用时，徐旭生愤然表示：如不许讲话，将退出国民党。抗战胜利后，他看到国民党愈来愈腐败，已无可救药，遂自请退出国民党。后国民党召开所谓"国民代表大会"时，仍把徐旭生推为他家乡唐河县的国大代表，但他拒绝参会。

新中国成立后，经过一段较长时间的冷静观察、认真学习和自省，他从内心深深钦佩中国共产党并信仰了马克思主义。这时有朋友邀他参加某民主党派，他表示如果参加政党，就只参加共产党。1957 年春，徐旭生光荣地加入了中国共产党。此后更处处以党员标准严格要求自己，同时仍保持了心口如一，敢于直言的品格，绝不随波逐流。

20 世纪 60 年代初中、苏两党发生论战，他不同意当时内部传达的苏联已转方向 180° 复辟资本主义的说法，认为充其量不过有 40° ～ 50° 的偏差，为此曾与人多次激烈争论，看法始终不变。

1963 年 12 月，在纪念王船山逝世一百七十周年学术讨论会的大会发言中，徐旭生明确表示不赞成有人把王归结为"代表地主阶级利益"，"是地主阶级代言人"的论点，提出"阶级的圈子是可以跳出的"。为此，"文革"中造反派批判他是宣扬封建主义糟粕，他则不屑地回敬以"你们回去把王船山的书读过了再来和我辩论不迟"。

徐旭生对毛泽东同志十分崇敬，但却非常反感林彪对毛的肉麻吹捧。早在"文革"之初，就明确向家人表示过对林个人品质的怀疑。"文革"初，当全国掀起批判吴晗《海瑞罢官》的浪潮时，他在会上公开表示不能理解，说吴是一位历史学家，海瑞是几百年前的古人，看不出与"三面红旗"有什么关系。后来批判刘少奇《论共产党员的修养》的更大浪潮铺天盖地而来时，他反问道："如果说这本书性质是'黑'的，焦裕禄同志临终前为什么床头就放着这本书呢？"（焦裕禄和雷锋是徐旭生最钦佩的两位共产党员，生前他的客厅里一直挂着焦的遗像和毛泽东"向雷锋同志学习"的题词）至于对批判他个人的所谓"反动观点"，以及要他揭发批判别人，他都坚决顶回去，为此受到很多的折磨。他这种大义凛然，在原则问题上绝不向错误低头的刚正品格，许多了解情况的同志至今谈起仍由衷敬佩。

"文革"之始，徐旭生已近 80 高龄，经过几年折磨，原来非常健康的身体（1964 年还曾徒步登上井冈山）每况愈下，曾几次晕倒在单位，不久小脑软化，对许多事已丧失记忆，即不再参加各种活动。1976 年 1 月 4 日病逝，享年 87 岁。

（徐桂伦）

参考文献

中国西北科学考察团资料，女师大学术季刊等。

李石曾

留法勤工俭学的首倡者

◎ 李石曾

李石曾（1881—1973），原名煜瀛，字石曾；笔名真民、真、石僧，晚年号扩武。河北高阳县人。社会活动家、教育家、民国俊彦。早年留学法国，蒙达尼实用农业学校毕业后，就读于巴斯德学院及巴黎大学，攻读生物、化学、哲学等学科。早期同盟会会员，积极参加辛亥革命，为国民党四大元老之一。留法勤工俭学运动的最初发起人。曾任中法大学、北平大学、北京师范大学、农业大学等学校校长，北京大学教授。

主要著作有《石僧笔记》《李石曾文集》等。

20 世纪上半叶，在争取民族独立、谋求国家富强的救亡图存中，涌现出一批志士仁人。他们提出：实业救国，科学救国，教育救国，革命救国……北京师大前校长李石曾先生就是其中的杰出代表。

励精图治为报国　辛亥中坚

李石曾 1881 年 5 月 29 日生于北京。原籍河北高阳县。为清朝大臣李鸿藻第三（也有说为第五）子。其父为皇太子载淳（即同治皇帝）师傅，后曾任军机大臣、工部尚书、兵部尚书、户部尚书、礼部尚书、总理各国事务衙门大臣等要职，是朝廷重臣，曾有"高阳相国"之称。李家地位显赫，家境富足。按照当时的旧例，李石曾一出生就被"荫授"为相当于现在的司局长级别的"郎中"了。他不以父亲权倾当朝而做游手好闲的阔少，却以国家的兴亡为己任。少年李石曾师从颇具革新思想、学贯中西的名儒齐禊亭，读书刻苦，知识广博。他决心出国留学，以改变国家的贫穷、落后和被西方列强欺侮的状况。当时出国留学并非易事。1902 年 8 月，以朝廷驻法公使孙宝琦随员身份赴法国，同行的还有张静江、夏循均等人。

李石曾原准备学习军事，以强国力。但因体质所限，只好改学农业。1905 年，李石曾以优异成绩从蒙达尼实用农业学校毕业，考入巴斯德学院及巴黎大学，攻读生物、化学、哲学。他对拉马克（Jean-Bapeist Lamarck，1744—1829）的生物进化哲学和克鲁泡特金（Petr A. Kropotkin，1842—1921）的互助论尤其倾心。1906 年，他与吴稚晖、张静江等组织"世界社"，从事出版、研究、教育和社会四项事业，其宗旨为力求达到"发扬学术"、"普及文化"、"改进社会"。在发展教育方面，则以"设立学校"和"介绍留学"两项为目标。1907年，由张静江介绍参加同盟会。同年6月，他与张静江、吴稚晖等创办的《新世纪》周报出版，宣传无政府主义，倡导反清实现共和的革命，在旅欧学生及华侨中很有影响，与在东京出版的《民报》东西呼应，成为孙中山领导的革命党人的喉舌。

1911年，武昌起义消息传到欧洲后，李石曾与蔡元培、张静江等人摩拳擦掌，匆匆由法国回国参加推翻清朝的革命。当时汪精卫因刺杀清摄政王载沣事泄被捕，关押一年多刚刚出狱。其时局势混乱，李石曾想方设法将汪安置在至亲、好友齐竺山、齐如山兄弟经营的义兴局内，后择日送往南方。

李石曾与黄复生、赵铁桥等组织京津同盟会于天津，出版《民意报》，鼓吹革命；参与策划京津同盟会彭家珍等炸死皇族权贵组织"宗社党"首领良弼的活动；参与民军在北京的革命活动。

民国成立后，李石曾赴沪宁，向孙中山汇报北方革命形势。在上海，他与蔡元培、吴稚晖、汪精卫等人成立进德会，旨在用道德加强纪律，以期改变腐败的社会风气。会内分普通会员和特别会员；普通会员以不狎妓、不赌博、不纳妾为要求。特别会员又分为甲部，增加不做官吏；乙部又增加不做议员、不吸烟（也有说为不置私产）；丙部再增加不饮酒、不食肉为终生追求。共八条戒律，因此称"八不会"。在从上海返回北京的客船上，李石曾与宋教仁等谈起"八不会"。宋教仁对不做官吏、不做议员不能认同。随后大家又成立了"六不会"。同船的除了以蔡元培为首的迎袁（世凯）专使团成员外，都是辛亥革命的元老。在唐绍仪的倡议下，成立"社会改良会"。该会对家庭、社会、礼仪、习俗、慈善、迷信等方方面面都有涉及。参加的人有蔡元培、宋教仁、李石曾、汪精卫、王正廷等33人。

留法勤工俭学　功在社稷

　　在法学习期间，李石曾见西方人对大豆除榨油外，只做饲料用，就用法文撰写了《大豆的研究》一书，这是中国人撰写的第一本法文学术专著，颇有影响。1909 年，他在巴黎西北郊科隆布创办了豆腐公司（或称工厂），生产豆腐、腐乳等豆制品。1914年又在巴黎开办"中华饭店"，成为第一个在法国创业的华人。豆腐公司的工人是他从老家河北高阳县招募的，大部分人文化基础较差。为让这些工人在异国他乡能独立生存，他让工人白天劳动，晚上就在工厂开办夜校，教授法文和国文、物理、数学、化学等一些基础的文化科学知识。这就是最早的"以工兼学制度"，是留法勤工俭学活动的雏形。李石曾本是老板，但从不以老板自居，亲自编写教材，亲自为工人上课，解答疑难。这个豆腐公司不仅为漂泊在欧洲的同胞提供了就业机会，并引发了一场影响深远的留法勤工俭学运动，李石曾是留法勤工俭学运动最初创始人。

　　李石曾对留法华工的教育取得了一些实际成效，特别是他对共和主义的法国有着强烈的敬慕之情，所以打算在法国培养共和人才。1912 年 4 月，为鼓励更多的青年到法国留学，李石曾与南京临时政府教育总长蔡元培以及吴稚晖、张静江、张继等在北京创办"留法俭学会"，其口号为"尚俭乐学"，其宗旨为："改良社会，首重教育，欲输世界文明于国内，必以留学泰西为要图。惟西国学费，夙称耗大，其事至难普及。曾经同志筹思，拟兴苦学之风。广辟留欧学界。今共和初立，欲造成新社会新国民，更非留学莫济。而尤以先进之国为最宜。兹由同志组织'留法俭学会'以兴尚俭乐学之风，而助其事之实行也。又如女学之进化，家庭之改良，与社会关系尤切。而又非留学莫济。故同时组织'女子俭学会'

与'居家俭学会'。"

为便于青年赴法学习，他们在北京方家胡同创办留法预备学校，讲授法语和介绍法国历史、地理，以及风土习俗等。1912年至1913年，先后有留法预备学校毕业生100多名青年奔赴法国。这个数字超过官方历年派出的总和。参与"居家俭学会"活动也很踊跃，李石曾、蔡元培、齐竺山等十余个家庭前往或准备前往欧洲。留法活动初见成效，李石曾很高兴。但是，出国的青年中，多为中等以上家庭，远不是李石曾最初的理想——贫寒子弟也应大批出国留学。

1913年7月，讨伐袁世凯的二次革命失败后，李石曾返回欧洲，继续经营豆腐公司和饭店。继豆腐公司之后，又有法国北部城市迪耶普人造丝厂从高阳县招来的48名工人。国内留法预备学校也陆续送人到法国，在法国做工的人数日渐增多。豆腐公司的工人在夜校学习取得显著成绩，他们觉得自己通过学习，已经从落后的中国农民变成西方国家的工人。李广安、张秀波、齐云卿等工人提出"勤以做工，俭以求学"的主张，李石曾很表赞同，也深受启发。

1915年6月，李石曾与蔡元培在巴黎创办"勤工俭学会"，其宗旨为"勤以做工，俭以求学，以进劳动者之智识"。这就是"勤工俭学"的由来。豆腐公司的工人成为最早的勤工俭学生。

为取得法国方面的支持，李石曾与蔡元培等与法国教育界的有关人士协商，筹备成立华法教育会。1916年3月29日，"华法教育会"在巴黎自由教育会正式成立。法国的欧乐、中国的蔡元培为会长，副会长为穆岱、汪精卫，李石曾为书记，吴玉章为会计。其宗旨正如欧乐在6月22日的成立大会上所说："发展中法两国之交谊，尤重以法国科学与精神之教育，图中国智育德育与经济之发展。……中国之民将有大作为于世界，亦未可知。是故法人与之接近，益为密切，益为契合。斯诚其时矣。盖当此伟大变化（世界革命）之时，是二民族称不可不互知、互解而互助也。"在《华法教育会大纲》中明确写着："甲、联络中法学者诸团体；乙、创设学问机构于中国；丙、介绍多数中国学生来法；丁、助法人游学中国；戊、组织留法之工人教育；己、在法国创设中文学校或讲习班。"华法教育会是当时中、法两国文化交流的总机构。李石曾虽然没有担任主要领导，但因他与法国方面熟悉，许多实际工作都是由他出面协商、运作的。

1920 年，李石曾与蔡元培等在北京和法国里昂分别创办中法大学。1921 年在法国里昂中法大学正式成立，为北京的中法大学海外部分。同年，在比利时设立晓露槐工业专修馆（详文见后）。在中国留学史上开新纪元，是中国在海外设立大学之始。

李石曾与法国轮船公司交涉，凡持华法教育会介绍信的赴法中国青年，票价一律减半；他与法国一些工厂洽商，接纳中国青年进厂工作；有时，他还亲自到码头迎接新到的留学生，为他们安排工作、学校和住所。经济困难者，就留在豆腐公司边劳动边学习。他甚至帮助留学生扛行李，将自己的住所让出来给留学生住……他以一个长者的身份，敞开胸怀，接纳了来自祖国的每一个游子。

李石曾等人先后在北京、天津、保定、长辛店等处设立留法勤工俭学会预备学校十余所；受其影响，湖南、四川、广东、江西等省也纷纷效仿，报名留法人数剧增。据 1921 年华法教育会名册登载：湖南 346 人、广东 251 人、江西 228 人、福建 89 人、浙江 85 人、河南 20 人、四川 378 人……留学法国。截至 1920 年留法总人数达 1700 余。后有研究文章说：留法勤工俭学人数超过 2000 人。后人称为"留法勤工俭学运动"。一次出国潮被称为"运动"，实属绝无仅有。这次留学运动为国家培养了大批的革命家、科学家和艺术家。革命家如蔡和森、赵世炎、周恩来、邓小平、陈毅、聂荣臻、王若飞、陈延年、陈乔年、李富春、蔡畅等；科学家有钱三强、严济慈、李书华等；艺术家有李健吾、常书鸿、潘玉良、林风眠等。李石曾报效国家的第一举措——留法勤工俭学极其成功。浩浩荡荡的留法大军，成为中国教育史上极辉煌的篇章。同时也因此开辟了中法文教、科技、经济等多方面进行交流的先河。

孙中山晚年曾在一篇文章中说："吾友李石曾留学法国……以研究农学而注意大豆，以兴'万国乳会'而主张豆食代两食（即主、副食），远行化学诸家之理，近应素食卫生之需，此巴黎豆腐公司之所由起也。"周恩来也曾高度评价巴黎豆腐公司在留法勤工俭学中的作用。

第一次世界大战期间及战后初期，欧洲劳动力匮乏。巴黎招工局与李石曾协商，李提出工资与法人平等、所招工人有知识无恶习、招工之人不经手川费与工价、设立工人教育等条件被满足后，到云南、广西等地招工数千人。

创办中法大学　实践教育理想

1917 年，李石曾回国，蔡元培聘任他为北京大学教授。1918年，李石曾与蔡元培等创办孔德学校。李大钊、蔡元培、刘半农、钱玄同、沈尹默等人之子女均在该校就读。

1920 年，在李石曾与吴稚晖等人的竭力鼓吹下，经政府与各方面的赞助，以及法国庚子赔款，李石曾在北京西山碧云寺原有的法文预备学校的基础上，扩充为文、理两科，改称中法大学西山学院。这就是初创的中法大学。起初，李石曾为董事长，蔡元培为校长。1923 年，蔡元培辞职，李石曾以董事长兼校长。经过几年的艰苦努力，中法大学扩大为规模庞大的高等学校。其下设：

甲、研究部（与北平研究院合办），办有镭学研究所、药物研究所；

乙、大学部有文学院（即服尔德学院，以法国著名文学家服尔德命名）、理学院（即居里学院，以居里夫妇命名）、医学院、文学分院（原为社会科学院）、孔德学院（即哲学系，以法国哲学家孔德命名）；

丙、专修部下辖药学专科（在上海）、商业专科学校；

丁、中、小学部有高级中学、孔德学校（包括中学、小学、幼稚园）、西山中学、温泉中学、温泉女子中学、昆明中法附中、温泉小学、碧云寺小学；

戊、海外部设有法国里昂中法大学、比利时晓露槐工业专修馆、留学事务所（巴黎）、华侨教育事务所（巴黎）。

己、特设部辖上海图书学校、测绘所（温泉、碧云寺各一所）、中西疗养院（上海）、西山天然疗养院、温泉天然疗养院、第一农林试验场（香山）、第二农林试验场（温泉）、第三农林试验场（环谷园）、附属铁工厂、附属化工厂、附属煤气厂、附属出版事务所。

中法大学下辖从幼稚园到研究院，涵盖了当时教育所有阶段；以及各种相关的工厂、农林试验场、疗养院等，是一所集教学、研究和生产实践为一体的新型大学。其规模之大、所辖机构之多，以及办学理念之新，在全国均属绝无仅有，其他大学只能望其项背。其实，这些都是李石曾教育思想的具体体现。

中法大学的校徽：校徽为圆形，由内外两个圆组成。在大圆的下方两侧有两只谷穗托着内圆，标志普天下人类的生存是最至关重要的，在此基础上人类才可能创造高度文明社会。内圆上方为一只展翅翱翔的雄鹰，大有"海阔任鱼跃，天高任鸟飞"的意境，标志着自由；内圆的中下方为一只天平，一向表示司法公正的天平在此标志着平等；在天平中轴的两侧各伸出一只手紧紧互握，标志着博爱。中法大学是以人类的宿求、每一个人终生追求的理想、目标为学校的最高理想。由此可以看出李石曾兴办教育志向之高远。

李石曾对法国的教育很有研究，也极称道。他说："学制之完善，法国大学学制所以优于其他各国者，以其具有两大特长：一曰整齐划一；二曰升学、转学，又极方便是也。"中法大学是中国人自己创办、采取法国教育制度为蓝本，参照中国国情而兴办的一所崭新的大学。学校所设的各种机构，是李石曾为未来教育所规划的蓝图。他主张：学校是实行学习与劳动相结合，即俭学与勤工相结合（李石曾在法国已经实行）；理论与实际结合，即学理与实用相结合（李石曾在法国也已经实行）；身体力行、兼全并重，即实干苦干、力求实效（在法国的勤工俭学学生中已经实行）；以优美的环境学习、工作，代替学校的假期和游艺，即将学校设在风景秀丽的郊区。中法大学是国内独一无二以崭新教育理念创办的学校。

李石曾是以中法大学为试验基地，实践他的教育思想。他以陶冶师生的思想、情操和品德，即培育合格、优秀国民为目的；以科学、民主、严谨、求实为办学指导思想；采取兼容并包、思想自由、理论与实践相结合为方法，最终达到脑力劳动与体力劳动相结合、理论知识与生产实际相结合、勤工与俭学相结合，塑造能为社会服务的新国民。

1923年12月，李石曾在《晨报》撰文《教育谈》，阐述自己的教育观。文中说："吾视教育为一种关于社会或哲学之主义，换言之可谓一种改进人群之主义。吾又以为'教育主义'与'政治主义'完全不同。此非谓教育与政治相反，亦非谓与政治无关，特谓根本观念之大异耳。关于人群组织之主义多矣,如旧式之'君主主义'、'武力主义'、新式之'民国主义'、'国家社会主义'等,在在皆是,然均不能脱于'政治主义'之范畴。盖政治者以强力求治,以法则求治;至'教育主义'则以真理求治,以学术求治也。"他将当时的教育分为三派:"曰主义派或学术派,曰艺能派或实用派,曰主义与艺能兼全派或折中派。"他认为"蔡孑民(即蔡元培)先生主持北大,恒倡'为学问求学问',此可代表学术派之言也。黄任之(即黄炎培)先生倡导职业教育甚力。……为代表实用派者也。……则吾个人则欲兼求主义与艺能者。吾之理想教育,则大学虽为最高学府,亦不宜忽于艺能。职业学校虽以应用见长,亦不宜忽于主义。"他以留法勤工俭学生和法国的学校为例证明。文章最后写道:"总之,吾个人对于教育之观念,以为主义与艺能或学理与实用当兼全并重,必使全世界之农夫艺匠皆有学者之知识思想,或即学者同有农夫艺匠之功力,而终完全更代片面之职业与阶级,方足谓为教育之成功。"

◎ 1935 年到师大讲演乡村教育问题。前排左四为李石曾、左五为李蒸。

1923 年，教育部批准北京高师改为师范大学，聘请李石曾、袁希涛、范源廉等为筹备委员。次年 1 月，北京师范大学成立董事会，聘请教育界耆宿李石曾、梁启超、张伯苓、袁希涛、范源廉、陈宝泉、邓萃英等为董事。从此，李石曾以关心师范大学的校务为己任，经常出席师范大学的各种活动。

1928 年，南京政府大学院（即教育部，委员长为蔡元培）将北平的九所大学合并为北平大学，任命李石曾为校长。九所大学均纷纷要求独立。师大学生为学校的独立和增加办学经费、恢复公费屡闹学潮，甚至冲击大学办公处，与门警发生冲突。原校长张贻惠辞职。师大学生自治会数次代表全校学生向教育部请求，请任命有教育学识及经验、并有资望和能力的李石曾为校长。1930 年 2 月，民国政府果然任命李石曾为师范大学校长。其时李石曾在上海，请李蒸为代校长。当时，教育部屡次要停办师大，年轻且无任何背景的李蒸校长每每遇到困难，均能得到李石曾的指点，带领全校师生渡过难关，并为中国的教育事业作出巨大贡献。后来李蒸在师大长校达 15 年，李石曾始终是高等师范教育和北师大最有力的支持者。抗战胜利后，学校从甘肃兰州返回北平，以及由北平师范学院改回师范大学校名，即"复员复大"运动。李石曾始终是师大师生的坚强后盾，在推动"复员"、"复大"中都曾起了重要作用。

保护故宫国宝　功垂青史

1924 年 10 月，冯玉祥发动北京政变，囚禁曹锟，重组内阁，同时废除大清皇帝称号并通令清逊帝溥仪搬出皇宫。11 月 5 日，李石曾以国民党代表身份进皇宫参与接收紫禁城。清室人员要求给三天时间收拾东西。李石曾立即指出："物品不必收拾，有关历史文化之物品，以不搬走为是，因系国宝，不宜归一人一姓，你们今天出去后，只将无职守的太监开出，各宫殿仍旧归原看守人看守，并加封条，以专责成。"此后数日，他与清室会谈，组织各方面代表接收国玺 30 颗，并果断决定，将这些国玺就地封存。

中国最后一个皇帝溥仪被驱出皇宫后，故宫内珍藏的历代珠宝、瓷器、字画、古书等大批国宝将面临散失的危险，其后果不堪设想。李石曾一面立即带领有关人员查封了故宫，对文物一一登记造册；一面建议黄郛摄政内阁：请设立清室善后委员会，其主要任务是对故宫保存的所有文物进行清点、登记、保管，以防遗失和损坏。李石曾不顾风险，主动请缨负责办理清室的善后工作。11 月 20 日，清室善后委员会成立，他就任委员长。为防止清宫人员出入夹带，在神武门派了国民军把守，对太监、宫女，甚至溥仪和瑜、瑾二位太妃的行李也一律进行检查。事实上也确实从溥仪的行李中发现了王羲之等名人字画。

1924 年 12 月 10 日，李石曾主持召开清室善后委员会第一次会议，通过了《点查清宫物件规则十八条》，建立了严格的规章制度，以确实保证文物的安全，并杜绝意外。13 日，清点工作开始。他们对每件文物进行鉴定后，登记造册，贴上委员会特制的标签。有的贵重物品须详细记录其特征，必要时甚至用摄影、显微镜等技术，工作琐细繁杂，但井井有条。

时值隆冬，天寒地冻，但为保证安全，故宫各殿均不准设煤火，工作人员紧张、热烈而有序地在进行清点。李石曾及清室善后委员会最大的困难并不是来自清点工作的本身，而是社会。当时各路军阀、政客、原皇族，以及想一夜暴富的社会混混等都想染指故宫文物，甚至接替黄郛的段祺瑞临时执政也多方掣肘。他们目的无法达到，便用造谣中伤的卑劣手段诬陷、攻击李石曾。但是，在事实面前，这些谣言均不攻自破。李石曾病逝后，其遗物再一次证明了他的清白和人格的高尚。

早在法国留学时，李石曾就对巴黎的罗浮宫、凡尔赛宫的瑰宝惊叹不已，羡慕法国人民将历代法皇搜刮的民脂民膏变成全法国，乃至全人类的共同财富。幻想着他幼年在清皇宫中看到的一切，有朝一日也会成为人民大众的可以瞻赏的艺术品。

1925年9月29日，李石曾召开会议，议决通过了以"善后会"名义制定的《故宫博物院临时组织大纲》和《故宫博物院临时董事会组织章程》，推举严修、蔡元培、卢永祥、张学良、李石曾等21人为董事；李石曾、黄郛、鹿钟麟等8人为理事。对董事会、理事会的职权和义务做了详细的规定；把故宫博物院分为古物馆和图书馆，必要时将设立专门委员会。经过紧张艰苦准备，1925年10月10日，"故宫博物院"正式成立。李石曾为首任院长。当天，在乾清宫举行了隆重的成立大典，李石曾亲笔书写的"故宫博物院"匾额嵌在神武门的门楣上。典礼之后，故宫立即对外开放，并通令全国，保存全部故宫文物，勿使散失。保护故宫文物，成为全民的义务，不管是什么人敢于染指故宫文物，都必将遭到人民的反对。李石曾主张："故宫博物院不为官吏化，而必使为社会化；不使为少数官吏的机关，必

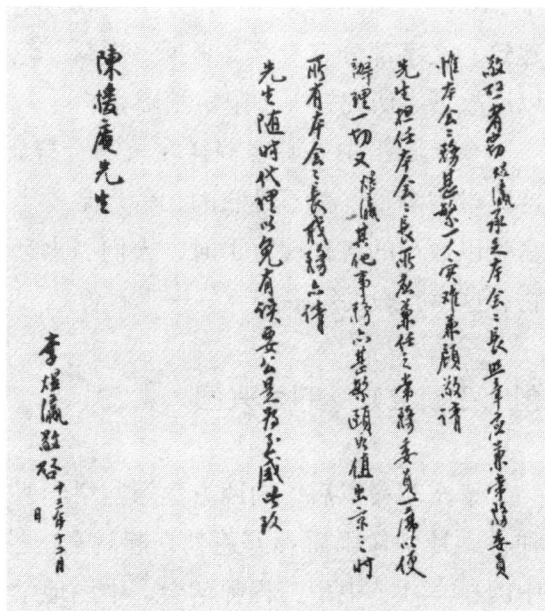

◎ 李石曾为故宫博物院工作与陈垣的通信。

199

使为社会民众的机关。"他认为："故宫将不仅为中国历史上所遗留下的一个死的故宫，必为世界上几千年一个活的故宫。"应成为"全国公物，或亦世界公物。"10月14日，故宫博物院对外全面开放。每天数以万计的中外游客饱览了过去深藏在皇宫大内的瑰宝。

故宫及其藏品有着深广的学术研究价值。其研究领域涉及政体、典制、礼仪、典籍、档案、建筑、珍藏等诸多方面。为鼓励研究故宫，李石曾在故宫博物院建立之初就提出："多延揽学者专家，为学术公开张本"；"学术之发展，当与北平各文化机关协力进行"。在当时社会动荡的困难年代里，一批杰出的学者专家荟萃故宫。他们陆续编辑出版了《文献丛编》、《史料旬刊》，汇编了《筹办夷务始末》、《清代文字狱档》、《故宫所藏殿版书目》等。最有影响的是1929年10月创办的《故宫周刊》，连续出版了510期。该刊图文并重，介绍了故宫博物院所藏各类文物及古建筑，文字部分有专著、考据、史料、笔记、校勘、目录等，为以后故宫学研究打下了坚实基础。

今天，当中外游客徜徉在故宫金碧辉煌巍峨深邃的宫阙间，饱览琳琅满目、美不胜收的无价之宝（当然也包括珍藏在台北故宫难以数计的各种瑰宝）时，人们当永远铭记并感谢保护这些文物和这座宫殿的第一功臣——李石曾。

创北平研究院　科学兴国

辛亥革命以后，向西方学习与科学兴国的热潮迅速升温，各种科学社团像雨后春笋蓬勃兴起。全国性的社团有地质研究所、中国科学社、中华工程师学会、中国地学会、中华化学会、中国天文学会等等。但是，这些社团都是民间组织，没有统一领导，各行其是。

1927 年 5 月，国民党召开中央政治会议，蔡元培、李石曾、吴稚晖、张静江等人共同提议建立中央研究院（地址在南京）。会议通过了这一提议，并公推蔡元培、李石曾、张静江为筹备委员。不久，又明确规定，中央研究院隶属中央政府大学院（即教育部）。1928 年 4 月，民国政府又明确了中央研究院为一独立机构。

在国民党中央政治会议决议建立中央研究院被通过后，李石曾鉴于建立研究院是为推动各地科学研究之风，特别是故都北平是全国科学、教育人才最集中的地方，理应也有一研究机构。因此他当时就提出：应同时设立局部或地方性的研究机构。这一提案于 1928 年 9 月被通过。次年 5 月，北平研究院筹备委员会成立，李石曾任筹备委员会主任，蔡元培、张静江为筹备委员。同年 8 月，行政院决议以北平大学的研究机构为基础，组建北平研究院。9 月 9 日，北平研究院正式成立。李石曾为院长。

北平研究院下分行政事务与研究机构两部分。研究机构下辖理化、生物、人文三部，设有物理、化学、镭学、药学、生理、动物、植物、地质、历史九个研究所和测绘事务所。各所长由专任研究员兼任，另有研究员、副研究员、助理研究员、助理员、练习生等若干人。北平研究院自成立一直从事各项研究并取得很多科学成果。至 1936 年已经发展为十个部十七个研究所。参加研究工作的科学家、学者有：李书华、严济慈、钱三强、胡先骕、林镕、刘慎谔、朱彦丞、蔡希陶、孔宪武、赵承嘏、何作霖、徐旭生、陈垣等。

1930 年，北平研究院筹建博物馆，内设艺术、理工、风俗陈列馆，馆址在中南海怀仁堂。1932 年，由齐如山收集、整理的大量关于京剧的历史、剧目、行头、乐器等，在绒线胡同建立国剧陈列馆；1933 年建立天文陈列馆；后又陆续建立了坐落在广安门大街内的劝工陈列所、中山公园内的卫生陈列所、先农坛太岁殿的礼品陈列馆、鼓楼上的通俗教育馆、前门箭楼上的国货陈列馆等。北平研究院的成立，大大推进了学术研究事业的发展，涌现和培养出一批科学研究人才，同时对群众性的科学普及也产生了无法估量的影响。

北平研究院植物研究所早在 1937 年卢沟桥事变前就搬迁到陕西的武功、沔县；抗战爆发后，由李书华在昆明成立北平研究院总办事处，将主要研究机构迁至昆明。保存了部分科学资料和标本。抗战胜利后北平研究院迁回北平，新中国成立后北平研究院以及所辖各研究所被编入中国科学院，成为新中国科学研究的机构。

热心公益事业　造福国民

1924 年 1 月，中国国民党在广州召开第一次全国代表大会，李石曾当选为中央监察委员，一直连任至第六届(1945 年)。但是，他对做官并不感兴趣。

1926 年"三一八"惨案后，北京段祺瑞政府以"假借共产党说，啸聚群众，率领暴徒，闯袭国务院"罪名，通缉李大钊、李石曾等人。李石曾匆匆躲进东交民巷法国医院内，才免遭逮捕。

1927 年春，北伐军占领上海。李石曾参加在沪中央监察委员会议，与蔡元培等赞成蒋介石的"清党"主张。1928 年，国民党占领北京后，李石曾任国民党北平临时政治分会主席。抗战爆发后，李石曾一直来往于欧美、香港、重庆之间，致力于国民外交。抗战胜利后，他回北平主持研究院的工作，组织复员和确立今后的发展。1948 年被聘为总统府资政。

李石曾一生对教育、科学、文化事业情有独钟。他曾出资聘请酷爱戏剧的焦菊隐创办北平戏曲专科学校，改革旧戏剧；焦菊隐为校长，李石曾为董事长。为初出茅庐的青年画家刘海粟能出国办画展，他与蔡元培、叶公绰等人鼎力支持，成立筹备委员会，在国内先举办现代绘画展。清末建立的北京农事试验场曾具有相当规模，集动、植物为一体，是个带有公园性质的农事试验场所，特别是附设的动物园（原称万牲园）曾是一个很热闹的地方。民国后，疏于管理，动物所剩无几。1929 年，北京农事试验场改组为北平天然博物馆，聘请蔡元培、吴稚晖、李石曾、易培基等 11 人为理事，负责筹办天然博物馆。李石曾被推选为院长。他多方筹措资金，引进动物，呼吁社会各界支持，不久动物园又得以开放。他还创设了中法工商银行、上海及日内瓦中国国际图书馆、世界书局等。据说，他创办的公益事业多达 60 余项。

1949 年，李石曾移居瑞士，后迁乌拉圭，从事海外文化交流活动。1956 年定居台湾。1973 年 9 月 30 日逝世于台北，享年 93 岁。

2004 年 9 月 10 日，在中法友谊年活动中，法国蒙达尔纪市将协努瓦农校前的一条马路命名为"李石曾路"，以纪念"中国留法第一人"和李石曾赴法 100 周年。

李石曾一生中坚持只做大事，不做大官。凡事关江山社稷、人民大众的公益事业，李石曾的名字常常是紧随蔡元培之后出现。因此，他一生中很多时间是与蔡元培在一起，或从事，或倡导相同事情，可谓志同道合的同志。1968 年，李石曾年至耄耋（88 岁），为蔡元培诞辰百年撰写一短文。文章中回忆了他与蔡元培、张静江、吴稚晖 4 人共同追求，说："蔡孑民先生与吾人友好相互共同之关系，六七十年以来之事略可分为八大时期……蔡张吴三老先后作古，以至今日民国五十七年，我犹奋斗于中欧泛美之间，此为第八期未尽之年，乾坤如何旋转，史地如何写绘，吾笔书之，有待异日。"

综观李石曾先生的一生，努力开拓奋进，以致力于教育、文化和科学事业为主，为国家、民族的兴旺与发达，孜孜不倦寻求出路。李石曾先生为办学、办报、支持辛亥革命等屡捐巨资，但身后却无一私产。

（王　彧）

参考文献

[1] 鲜于浩．留法勤工俭学运动史．重庆：巴蜀书社，1994

[2] 郑名桢．留法勤工俭学运动．太原：山西高校联合出版社，1994

[3] 教育公报，东方杂志，中法大学校史等。

李蒸

中国高等师范教育制度的坚定捍卫者

◎ 李蒸

李蒸（1895—1975），字云亭，河北滦县人。教育家。1919年北京高师（北京师范大学前身）英语部毕业。后留学美国，获哥伦比亚大学师范学院教育硕士、哲学博士学位。曾任北京大学、北京师范大学、中央大学等校教授，国民政府社会教育司司长等职。1930年任师大代校长，1932年至1945年任师大校长。1949年4月任国民党和谈代表参与国共和谈，和谈破裂后留在北平。新中国成立后，任政务院参事，全国政协一届代表、二至四届委员，民革中央委员等职。

主要著作有《民众教育的认识》《战后中国师范教育方针》《积极的社会教育》《国家的出路与教育》《北京师范大学历史上的存废之事》等。

　　著名教育家李蒸先生解放前曾两度执掌北京师范大学，任校长时间长达 14 年，而且均是临危受命，在学校最艰难的时期为学校谋生存，求发展。他为中国高等师范教育奔走呼号，不遗余力，是高等师范教育制度的坚定捍卫者；他为中国的乡村教育殚精竭虑，是中国民众教育的开拓者之一。回首中国教育发展的艰难历程，谛视当今欣欣向荣的高等师范教育和如雨后春笋般兴起的各类民众教育，李蒸为之奋斗大半生的事业，今日正日益兴盛，日臻完善。

潜心研究　立志教育

　　1895 年 5 月 22 日，李蒸生于河北省滦县王辇庄（现属唐山市）一个耕读世家。其父李振棠，秀才出身；其母吴氏出身于滦县城内世家，不幸在李蒸 9 岁时去世。后李家败落，孩提时的李蒸长期住在外祖母家，入县城公立小学堂就读。1910 年考入天津河北省高等工业学校附属中学。他天资聪颖，又勤奋好学，学习成绩突飞猛进。1914 年底中学毕业，升入天津河北省立高等工业学校化学系。后他因家中无力供给学费和不能忍受实验室化学试剂的气味辍学，到觉民小学教书半年，此为教书生涯之初始。

　　1915 年，李蒸考入公费的北京高等师范学校英语部。1919 年以全班第一名的成绩毕业并留校工作，担任体育科新聘教师费特（美籍）的翻译兼校长室英文文牍，同时还兼市立三中的英语教师。当时，正是"五四"运动前后，他参加了"五四"运动的大游行，受到了反帝爱国思想的熏陶；聆听了杜威、孟禄、蔡元培、陈独秀、胡适、章太炎等人的讲演，深受民主科学的新思想影响。留校工作四年半时间里，他深感自己的知识不足，报考了河北省官费留美生并一举考中。

1923 年 4 月，李蒸启程赴美，当年暑假后进入纽约哥伦比亚大学师范学院，主修乡村教育。每学期选 15 个学分。他仅用一年时间就获得硕士学位并通过博士学位的资格考试。其速度之快，实属罕见。他选定博士论文题目为《美国单师制学校组织之研究》。1925 年秋，李蒸赴美国中南部 11 个州参观考察乡村学校。他深入各州、县，特别是人烟稀少的偏僻乡村，与师生座谈，获取第一手资料。各级教育机构和各学校校长、教职员的热心协助，使他的论文资料翔实、完备。一篇十余万字的博士论文证明了李蒸思想的深邃。他在论文序言中开宗明义说：

"本研究之主旨为自美国单师制度之先进理论与实践获得启迪，以便对中国乡村学校进行改革与完善。""我在访问美国各州学校期间受益匪浅。作为一个外籍学生，如无此第一手之察访，我终究无法明了美国乡村学校及乡村生活之诸多问题。此次访问使我明白美国乡村生活中'与世隔绝'，'道路与运输问题'，以及何为乡村公立小学，单师制学校或双师制学校。……我从美国农民及其家庭所获得的经验令我永志不忘，并可激发对中国农村改革之设想。""本文研究之成果依然可适用于大多中国乡村学校情况，……中国乡村学校教师较美国教师更需要——教学法来规范其教学工作；此乃由于中国教师很少得到督学方面的指导或在职培训。目前在美国单师制学校实施之教学法，对中国教育当局是极好之启发和建议。"

我们不难看出，李蒸所选博士论文的题目和内容，是要通过对美国单师制学校的研究，给教育尚处于落后状态下的中国以启迪。"他山之石，可以攻玉。"李蒸的目的恰恰在此。

1927 年春，李蒸参加了论文答辩。虽然主考教授们从不同角度对论文内容提出质疑，但是李蒸对答如流，论据充足，立论独到，并有大量实例和资料佐证。他的答辩受到主考教授们的一致好评，并当即与他握手表示祝贺。李蒸一次答辩通过并获得哥伦比亚大学哲学博士学位。

李蒸在美国读书四年余，在学三年半时间，其余的一年时间为博士论文收集材料，或因公费不到就去饭馆打工；也曾利用假期到乡间做工。这些看似与学习无关的各种劳动，不仅换取下一年的生活费，还在劳动中了解美国的国情，更重要的是锻炼了他的意志和体魄。他在劳动中发现：美国文化的特点在实用，"在解决生活问题，在讲究效率。美国一般文化水准很高，不但教育业已普及，而且全国人民无论男女老幼都有求知向学的志愿。国家在教育上的设施，在为人民谋便利，任人民利用平等机会求个人的自由发展……"深深感到美国民族有许多地方可供我们效法。

1927年秋，李蒸取道欧洲回国，任北京大学、北平师范大学和北平大学讲师、副教授。1928年，出任北平大学区扩充教育处处长、河北省教育厅科长。1929年出任南京大学区民众教育院主任、江苏省立教育学院教授兼实验部主任。

初长师大　脱颖而出

1923年北京高师改为师范大学。但学校经费仍沿用1919年的预算还常常拖欠。师大的校长无法维持学校的正常工作，教育部任命的几任校长均以辞职告终，学校长期处于群龙无首状态。1930年2月17日，国民政府教育部委任国民党元老李石曾为师范大学校长，李蒸为代理校长。李石曾始终没有到校。李蒸在李石曾及师大同学会代表催请下，于1930年2月26日到校就任。

李蒸满怀对母校深深的爱前来就职。2月28日上午，他在就职大会上说："今天……是快乐的日子，好像是出阁的姑娘回到娘家来，同叔伯兄弟姊妹再见面一样的快乐。"他对母校有爱，更有期望。他将"普及教育，阐扬文化"确定为师大办学目的。学校的长远工作目标确定为：为学校谋发展；为同学谋求学的便利。由于他在学校就读和任教数年，人事关系较熟，对学校特点及问题所在均了然在胸。

3月10日，李蒸赴南京、上海，会同李石曾及有关部门商议为学校争取经费之办法。返校后，立即对学校进行全面整顿：成立总务处；建立工作日志制，加强对教职员工作考察办法；建立由9人组成预算整理委员会；成立卫生委员会；组织课程标准改进委员会；成立出版委员会；解决图书馆新书来源问题；创立校务会议等。其中许多制度为学校首创，且每一事项都针对学校因长期无人领导，疏于管理造成的问题。他从经费预算、人事到教学等多方面，均强化管理，向管理要成绩。特别是学校的主要领导和各系主任均参与管理，使各项管理制度行之有效。学校定期召开会议，决定学校一切重要事项，决策公开化，管理也趋于民主化、科学化了。自李蒸到学校后陆续出版的《北平师大临时汇刊》，就是决策走向公开化、民主化、科学化的证明。

李蒸对学生管理亦有明确目标。他以"培植优良师资，特别是中等学校师资"；"研究高深学术，特别是教育学术，及其他学术之教育方面"为师大师生努力之标准。在个人修养方面，要求立身处世能以身作则，为人师表；在专业服务方面，要求有充足之学识，有教人的能力，能灌输一切有用知识的技能，能启发人之思想，纠正人之错误。

虽然李蒸与李石曾等为学校的经费多方奔走，但是国民政府拖欠学校经费依旧。时至11月中旬，已拖欠五个月的经费才拨发了一个月的。教师薪水仍不能按时发放，图书、设备更不能购置，学生膳食靠赊欠……学校经济情况困难异常。但是，李蒸以教育学生、办好师大为头等要务，和校务会议成员想方设法四方举债，勉强维持。

1930 年 11 月 14 日为师大成立 28 周年纪念日。有历届毕业生及社会各界代表千余人参加校庆大会。李蒸在庆祝大会上发表了演讲。他说："由本校历史来看，本校是由附属而独立，由高师而大学，表面上虽成大学，而实质仍如故，如经费及设备等，仍如高师时代。今天我们全校师生应共筹良策，发展本校，以期名副其实。"并对全校师生提出更高要求。

1930 年 12 月 20 日，李蒸任期已满，教育部免去他的代理校长职务，同时任命他为国民政府教育部社会教育司司长。李蒸在代理师大校长的 10 个月中，丝毫没有临时观念，始终从学校的长远发展着想，制订规划、目标，又从学校眼前的一件件事情脚踏实地做起，为学校的稳定和发展做了许多基础工作。李蒸的管理才能也得到了展现。

受命危难 一往无前

1931 年 7 月 1 日，国立北平师范大学与北平大学师范第二部（即北平女子师范大学）正式合并，下设教育学院、文学院、理学院，学校的规模和教师队伍都较以前壮大了。历史学家徐炳昶出任校长。由于学校经费长期拖欠，当时的国民政府财政部长不仅不予解决，反而对校长无礼，导致徐炳昶愤然辞职。各院长及系主任亦随校长之后纷纷辞职，学生罢课、请愿屡屡发生。学校陷入混乱达半年之久。

1932 年 7 月，教育部令李蒸出任国立北平师范大学校长。他再次临危受命，于 7 月 15 日到校任职。

李蒸到校当天，立即分别拜访教务长和教育学院、文学院、理学院三院长，以及各系主任，敦请复职。他们见李蒸再次到学校任职,遂一律"勉允所请",均于 7 月 18 日(星期一)到校复职。在他们的带动下,其他教师也无条件复职。

几天后,李蒸就组建了"校务整理委员会"。该委员会下设教务委员会、训育委员会和事务委员会,并选举了各委员会主席。委员由各院长、各系主任、研究院院长等组成。校务整理委员们负责学校组织、各系课程、学校预算、学校训育四项工作。这是事关学校生存、发展的主要事项。

7 月下旬,正当全校师生在李蒸领导下努力恢复学校的正常教学秩序时,风波再起。新闻媒体传来教育部"整理大学办法"的提案中停止师范大学当年招生。当时教育部长朱家骅说:"对各校分别裁并整理停止招生为体察实际情形,谋办学之便利","至于师范大学,约有学生 1000 人,本为造就中学师资之目的,然按诸现在内容,竟与普通大学无异,颇患名实不副之病。"虽然朱家骅闪烁其辞,不敢直言停止招生的真正原由,但刊登在报纸上的文章泄露了天机:"学潮迭起,内容复杂,每令办学者深感困难。"

停止招生不过是取消师大的前奏。以陈立夫、朱家骅为首的教育部否定高等师范教育制度由来已久,常对六大学区中仅存的北平师大施以冷枪暗箭。作为一个教育落后的大国教育部长,无视中国绝大多数人仍浑浑噩噩亟须教育的现状,却要挥刀砍去作为教育本源的师范大学,其原因是多方面的。当时,国民党各派系之争已扩大到教育界,师大一向没有政界后台只能任人宰割;在学生出路方面,一些普通大学颇为妒忌、觊觎师大毕业生就业率高、岗位条件好。教育部以系科重叠、名不副实和毕业生供过于求等冠冕堂皇的理由欲取消师大。这些理由既不是事实,又难掩人耳目,真正目的不过是要打击、取消一批非"直系"的学校而已。

李蒸刚刚就任就遭此打击。但是，他深知：在中国"无师范教育，便无教育"，"要维护这已有 30 年历史的学校，不可任其随随便便地消灭埋没"。他立即电告教育部"对于本年停止招生一节酌于变通"。随后，他又以《本校校长为本年停止招生事呈教育部文》，向教育部和社会各界详细陈述意见，据理力争，保全学校。同时组织全校教授 30 余人致电教育部，先后发表了《本校教授为停止招生事致教育部快邮代电》、《本校教授为师范大学具有特别任务呈教育部长文》。这三篇呈文成为保存中国高等师范教育的不可动摇的基石。

李蒸在《呈教育部文》严肃批评了全国各省已有的 2300 余所中等学校，师资匮乏，相当一部分教师没有经过正规训练，滥竽充数，贻误青年，影响国家。最后写道："当此国难期间，教育救国，为刻不容缓之图，培养师资，尤为教育根本，不可一日中断……为属校进行发展计，为全国中等学校师资计，为师范教育计，酌予变通办法，于整理之中，仍寓维护之意，无任迫切待命之至！"教授们在致教育部长文中，对教育部长的"名实不副"、毕业生"供过于求"和学校"学潮迭起"三点给予有力驳斥。同年 11 月，《师大月刊》创刊，李蒸在《前言》中写道："吾校课程之特色，即不仅注意如何'学'，同时注意如何'教'；且不特训练'言教'，兼养成'身教'。以故，于学术上不在石破天惊之发明，不在凿空探险之奇迹，而在平实正确，求一人人共由之路，以奠全国中等教育之基。"进一步阐述师大与普通大学的区别。总之，这些文章是对教育部和朱家骅等的决定给予全面有力的驳斥。

教育部命令师大停止招生，不过是蓄意取消师大的第一步。是年 12 月，国民党四届三中全会在南京召开，"中央组织委员会"提出《改革高等教育案》，公然提出"国立师范大学应即停办"。李蒸急赴南京，向朱家骅面陈师大之不可替代性，尖锐指出：不重视师大，必将贻误青年，影响社会，损害国家。经他据理力争，与校友们多方奔走呼吁，使该案未予通过。当时，全国其他师范院校均已改为或并入普通大学。因此，李蒸在教育部内支持者少，反对者多且有权有势，为保存高等师范教育李蒸可谓孤军奋战。以后，每遇到类似情况，李蒸即刻多方斡旋。对师大的生存，他始终萦绕于心，经常忐忑不安。后来，朱家骅曾多次让师大迁往洛阳、石家庄、西安等地，均被李蒸严词拒绝。

李蒸一面加紧对学校的整顿，一面与教育部等上级部门交涉。教育部终于批准了《国立北平师范大学整理计划书》（以下简称《整理计划书》）。《整理计划书》实际上成为师大以后五年（1933—1937）发展的思想基础和工作指南。

《整理计划书》中对于师大的使命和30年来的成绩、困难进行深刻分析。国立北平师范大学是当时中国仅存的高等师范教育学府，负有改进全国教育之使命。师大成立以来，为中国现代教育，特别是基础教育做出了卓越贡献。其毕业学生服务全国各省区学校及教育行政机关者占80%以上，在全国教育界具有相当之地位与成绩。文中写道：从"高师时代，有完备之学科与设备，并有整肃严格之训练，故勤朴好学之风，甲于各校。毕业生服务教育界者，克尽厥职之声誉，腾于全国，可谓能尽师资训练之责任矣。"文中指出："教育为人类文化承先启后之一种事业，以教育为职业者与他种职业，只以自己生活为满足者异，须以社会及民族为立场，而不以个人为立场，着眼于千百世之后，而不以目前利害萦诸胸怀，具有澹泊高尚之志趣，刻苦勤学之习惯，诚挚温厚之感情，庶几言教身教，立己立人；……""盖教育专业，必须长期充分之训练，始有教人技术，与教人人格，乃以教育为职业之志愿，已为世界学者所公认。即就中国中等学校教师统计，称职者，服务年限最久者，皆为高级师范毕业之学生，……（师

213

大）改进之道，简单言之，师范两字，与大学两字，应兼筹并顾，不使割裂，而充分表现师范大学四字整个之特性，师大之生命与出路，全系乎此。"

《整理计划书》中进一步将师大的培养目标明确为：造就中等学校良好师资、教育行政人才和教育学术专家。为达到此目标，师大的组织机构、课程设置、训育手段、教学方法，必须具有师大的鲜明特点。因此，学校自幼稚园、小学、中学、大学至研究院（所），都应具备良好的教育设施，并彼此间保持密切联系，特别是中小学、幼稚园应作为大学部的实践基地。强调各学科基础知识的传授和学术研究，鼓励教师、学生参与研究工作。重视学生教学法的学习，要求教学法力求理论与实际结合，特别要重视附中、附小优秀教师实际教学经验的传授；各学科教员应注意研究该科在中等学校之教材与教法等。在训育上，学校力求严格，组织训育委员会负责此项工作，以养成整肃勤朴之学风。总之，该《整理计划书》是全面提升师大质量、水平的纲领性文件。

虽经过取消逆潮，师生在李蒸带领下，在校友和社会各界的支持、帮助下，师范大学不仅得以生存，并得到发展、壮大，成为北平三所重要大学之一。

当时，师大与女师大合并已一年多了。校庆日采用师大原来的 11 月 14 日（京师优级师范学堂成立日）和女师大的校庆日均不合适。李蒸与校务会议的教授协商，最终采用京师大学堂师范馆成立时间为校庆日，过去用阴历，现在用阳历，即每年 12 月 17 日为师范大学的校庆日。这一改动，使中国国立高等师范教育向前推进了 6 年时间。以后，李蒸几乎每年的校庆日都有讲话，反复强调要继承和发扬师大的优良传统，为国家的基础教育事业做出更大贡献。

为实现恢复招生，李蒸于 1933 年 2 月就将招生计划、办法上报教育部备案，可见其用心良苦。8月，修改师大《组织大纲》、《学则》；10月，学校成立乡村教育实验区，在北平郊区宛平、昌平、温泉等地设立乡村教育实验区，并在区内开办三年制的师范班，为农村培养师资。

教育部明令师大取消原来的研究院，李蒸即将研究院改为研究所。1933年9月，李蒸在研究所成立时说："师大必须为毕业生设置一继续深造的机关始称完备；并且当时其他国立大学正开始创设研究院，本校已有的组织更有保存之必要，于是一面因为遵从教育部意旨裁减经费，一面顾虑外间批评，缩小范围，集中精力，专门研究教育问题，名称则改为研究所。"研究所的任务："第一研究教育实际问题，第二培养教育学术专家，第三搜集整理并编纂各科教材。""师大研究所研究教育问题，……它和其他各种自然科学一样，问题繁多，研究起来也十分困难，简单说来，教育学术研究有三方面：第一是教育目标，研究教育目标必须明了世界思想、国家政策和人生理想，所牵涉到的范围非常广大。""第二是儿童研究，现在还有成人研究，就是儿童和成人心理及心理发育的情形，天赋智能差异，社会经验差异之研究。""第三是教育方法，就是如何带引赤裸裸的儿童进入理想的境界问题"。12月，设立教育问题通讯研究部。虽然后来时局变化，师大几经搬迁，研究所也几易其名，但是师大的研究机构在全国的教育方面始终发挥着领军作用。

11月，创办学术性刊物《师大月刊》，每学期出版4期，一年出8期。该刊后来确实成为师大师生发表学术研究成果的园地。

学校组织机构也做了调整，成立了校务、教务、院务、系务和事务五种会议，突出校、院、系三级领导，做到无论教务还是教育等事项，层层有人管，事事有人抓。学校的面貌大大改变。

学生所习课程也由过去主修一个专业改为必须再选修一门副

科；重新明确了各系所习课程及学分的核算办法，采取学分制兼学年制；师大各系毕业生一律称"教育学士"，研究所毕业学生视程度不同，颁发教育硕士学位或教育博士学位；利用假期开办暑假教育讲习班、中等学校理科教员讲习班，在较短时间内为社会培训了大批师资；添设了小学教育通讯研究处，以通讯形式为全国小学教员解答疑难。

在办学经费异常紧张的情况下，学校千方百计筹集资金，添设工艺劳作师资训练科，新建工艺劳作师资训练科工厂；学校的设备增加了，新建了化学实验室、生物系研究实验室、物理系电瓶室，增设无线电发送设备；新建学生宿舍"丁字楼"，改善了学生的学习生活条件；……学校还筹集到建设校友大楼和大礼堂的资金，但因"七七"事变爆发而作罢。

在停办师大的逆流中，由于李蒸的亲和力及多方工作，全校教授无一他就，还聘任了方永蒸、王钟麟、黄国璋、郭毓彬等著名学者加盟师大。期间，学校培养了大批优秀毕业生服务社会，如后来成为考古专家的苏秉琦、哲学家张岱年、名记者浦熙修、古典文学家王汝弼、空气动力学家陆士嘉、生物学家汪堃仁、世界史学家林举岱等；以及后来成为党和国家各方面领导人才的周小舟、张连魁、杜润生、林一山等多人，以及服务基础教育的大批优秀教师。

李蒸于取消师大的声浪中出任师大校长，在短短的几年时间里，他擘画运筹，殚精竭虑，维护了师大的独立，成功地把师范大学办成闻名全国的一流学府，并为以后的西迁、发展、复员、复大取得胜利奠定了坚实的基础。

筚路蓝缕　陕甘弦歌

　　1937 年 7 月 7 日卢沟桥事变后不久，北平沦陷。敌伪政权邀请北平各界名流出面维持局面，李蒸亦名列其中。具有强烈爱国思想的李蒸于 8 月 7 日自北平脱险到天津。9 月初得悉国民政府教育部令北平师范大学、北平大学、天津北洋工学院迁往西安组建西安临时大学的消息，他赶赴南京与教育部接洽后，转往西安。

　　西安临时大学于仓促中组成了。原三所大学校长李蒸、徐涌明和李书田均为西安临大的常委。当时西安市内找不到一处可容纳几千人的地方，学校只好分散多处安置。11 月 18 日学校正式开学上课。临大是个对外形式，内部实际管理和课程设置、教学等方面仍由各校校长负责。

　　从平津两市历尽艰辛到达西安的师生多具有强烈的爱国热情，他们参加西安市各界联合举行的要求政府抗日的游行；临大校内利用国共合作抗日有利形势，曾邀请八路军副总司令彭德怀、陕西抗日大同盟主席杨明轩、民盟负责人梁漱溟、西北战地服务团团长丁玲等到学校做抗日形势的报告，以鼓舞师生抗战必胜的信心；校内组织歌咏队、漫画队、话剧团等宣传抗日救亡，请贺绿汀、张汀等进步作曲家、漫画家到学校指导学生。同时，学生自治会也派出学生代表到延安学习、考察。师生的爱国热忱高涨，抗日必胜的信念益笃。国民党对西安临大校内的进步活动十分恐慌，遂派党棍进驻学校，并委以重任。此种卑劣行径遭到李蒸等原三所大学校长的强烈反对，他们以集体辞职相抗争，并取得了胜利。

　　西安临大设校不久，太原失守，晋南战事吃紧，风陵渡不断有敌机骚扰，西安机场也遭轰炸，师生无法安心上课。经教育部

217

同意临大迁往陕南。李蒸事先派体育系教授董守义带领部分学生组成抗日宣传队徒步到汉中一带，从吃、住、行等方面做了实地考察。临时大学的负责人又经过周密策划和安排，于1938年3月16日晚全校师生启程迁校。火车于午夜发车次日下午到达宝鸡，然后大队人马徒步向陕南进发。由宝鸡到汉中要翻越秦岭，全程约250多公里。大部分路段崎岖艰险，荒凉贫瘠。

除部分年老体弱教授及家属包用汽车从西安前往汉中外，绝大部分师生整队徒步前往。临大编为一个大队，下分三个中队和若干区队和分队。另设运输委员会和膳食委员会，负责全大队的辎重和伙食。李蒸任第一中队队长兼膳食委员会主席。每中队拨给胶轮大车15辆，装运粮食、炊具和行李。每日三餐，早晚为集体开火，早餐有粥，晚餐为米饭和土豆、粉条、蔬菜等炖的汤菜；午餐为每人自带的锅盔和咸菜。从西安出发前定做了几吨锅盔分散由各中队携带。

这支由文弱的知识分子和热血青年组成的队伍，铭记"国家兴亡，匹夫有责"的警言，高唱着"义勇军进行曲"、"大刀向鬼子们的头上砍去"、"工农兵学商，一起来救亡"等抗日歌曲，同仇敌忾共赴国难。他们风餐露宿，不畏艰难险阻，浩浩荡荡，长途跋涉，斗志昂扬地行进在崇山峻岭之中。他们越过秦岭，跨过褒谷，以每天50里的速度，经十余天顺利抵达城固。在整个徒步迁徙的过程中，做为学校的主要负责人的李蒸，精神饱满，步伐矫健，始终是师生们的精神支柱和行动表率。

西安临大全体师生于3月底抵达陕南城固县。城固县是一个自然环境优美，四季气候温和，物产丰富、文风素盛的小县城，但也是一个闭塞、狭小的弹丸之地。临大的到来，使数百年寂寞的小城沸腾了，但它却没有足够的房舍来接纳众多远道而来的客人。为安顿全校师生和早日正常上课，李蒸和几位负责人颇费了一番苦心。他们将学校分散到勉县、南郑和距城固县城 35 里远的古路坝。旧贡院、文庙、天主教堂都成了教室、宿舍和办公室。1938 年 4 月，西安临时大学奉命更名为西北联合大学。原北平师范大学为西北联合大学下属的师范学院，李蒸任联大常委兼师范学院院长。

期间，西北联大再次发生教育部派党棍、特务进驻学校担任要职，秘密迫害进步学生和解聘进步教授的事件时有发生。1939 年春，李蒸和徐涌明到重庆向陈立夫部长提出调离该特务的请求遭拒绝，两校长为维护学校的正常秩序再次毅然辞职。陈立夫恼羞成怒，决定对西北联大进行改组。7 月先将工学院、农学院独立为西北工学院、西北农学院；8 月，命取消西北联大建制，分别成立西北大学、西北师范学院、西北医学院。李蒸被任命为西北师范学院院长。原来的西北联合大学彻底被肢解了。

李蒸以有限的经费，在较短的时间内收购城东土地，率领师生自己动手建立茅屋校舍 200 余间，平整土地为操场，建立饭厅、盥洗室和厕所。一切都因陋就简，但整洁适用。资金短缺，就东挪西借，真可谓捉襟见肘，困难重重。在万般艰难的情况下，李蒸靠着坚韧不拔的毅力和精打细算的睿智，与全校师生在陕南的汉水边招生上课，平地建起一所高等师范院校以及附属中学。

教育部将北平师范大学改为西北师范学院之后，并未就此罢休。1940 年 4 月，教育部命西北师院再西迁，可供选择的校址有兰州、天水等地。当时的教育部长陈立夫冠冕堂皇地说：借助北平师大的力量发展西北教育事业。刚刚安定下来的学校将再度遭遇动荡，师生们对教育部的"扼杀"阴谋万分气愤，甚至集体上书教育部，陈述拒绝搬迁的理由。

李蒸权衡再三，上命不可违，况且弹丸之地的城固要长期容纳西北大学和西北师院两所高校实属困难。他认为迁到一个较大的省会为好，有利于学校的发展。1940 年 6 月，他到兰州考察，选择了交通方便、不在市区但距城仅 10 里，前有黄河、背靠皋兰山的十里店荒滩为新校址。城固、兰州两地相距 2000 余里，交通不便；新校址没有现成校舍；教育部所给资金有限，造房又需要时日等，一大堆的问题摆在眼前。为减少搬迁损失和不影响学生的学业，李蒸决定分年迁校计划：1941 年暑假，兰州十里店建立西北师院分院，开始招生；城固仍为院本部，但停止招生，旧有学生仍在城固读到毕业离校。教职员和图书、仪器、设备则视课业需要分批迁往兰州，新校区逐年添建校舍可以从容不迫，不觉压力太大。1942 年，西北师院本部迁到兰州，城固为分院。1944 年，迁校工作结束。学校从城固到兰州的搬迁持续了 4 年，时间虽长，却避免了一次性搬迁造成的混乱和损失。李蒸提出"以教育为开发西部先驱"的口号，使师生的抵触情绪化为开发西部的动力，激励着师生们知难而进，为战时的国家分忧。

当时，西北迫切需要培养中学师资。如何为西部教育多做贡献，始终萦绕李蒸心头。学校除原有的国文、英语、史地、数学、理化、博物、教育、体育、公民训育、家政 10 个系和劳作科外，加办了国文、史地、理化、国语、体育 5 个专修科，还有劳作师资、优良小学训练班、先修班等，另有附属中学以及师范部。李蒸还率部分教师深入青海牧区考察，并为当地培训师资。学校的教育研究所一直是全国著名的教育研究机构，不仅培养出许多教育研究人才，还有大量的教育研究成果问世，学校出版的《学术季刊》等杂志影响全国。在抗战的艰苦岁月中，能取得这些显赫的成绩实属不易。1944 年，当地的报纸对西北师范学院的描述颇为真切："提到西北师院，人人会联想到抗战前的北平师大。它是继承师大的精神，一脉相传下来的，抗战开始后，它虽一度经过西安而迁移到陕南城固，民国 30 年教育部才决定建立永久校址于兰州。……全校上至研究所，下至小学幼儿园，无不俱备，……从它的历史以及目前的规模看来，实在是西北的一个庞大而完整的最高学府。"

西北师范学院成为西北地区规模庞大、系科专业齐全的国立高等学府，为西北地区的普通教育和高等教育都作出不可估量的贡献。朱家骅、陈立夫等利用战乱等理由，企图以调整高等学校布局为借口搞垮师大的图谋再次失败。

迁校兰州，使师大教师队伍受了损失。教师中有不堪忍受颠沛流离的生活，有家中老小拖累等原因留在城固的西北大学。李蒸以他在教育界的影响广揽名师，并知人善任，组织起一个强大的教授队伍。师大原有的著名教授黎锦熙、袁敦礼、董守义、李建勋、方永蒸、胡国钰、陆懋德等随学校迁往兰州，新聘请了焦菊隐、于赓虞、李长之、刘国钧、严济慈、袁翰青、包桂濬、叶丁易、张世勋、李嘉言等名师来到西北这片荒凉的土地，还有师大毕业生在国外学成归来并千里迢迢追随母校到兰州的张德馨、汪堃仁、徐英超、孔宪武、邹豹君等，他们后来都成为各学科领域的领军人物。一时间西北师院俊彦云集，文气鼎盛，西北教育事业呈生机勃勃之景象。

经费短缺，物资匮乏，条件简陋是西北师院最突出的问题。李蒸苦心擘画，精打细算，为师生们的衣食住行无不费尽心机。师生自己动手造校舍建大礼堂、制作仪器挂图和体育器械……一切都因地制宜，因陋就简，但是学习、生活均井井有条，学习空气浓厚，教学质量仍保持国内一流水平。校内各项文体活动也丰富多彩，有京剧、话剧、豫剧、唱歌、诗歌等社团；以及读书、墙报等学生小组；还有篮球、田径、棒球、体操等体育锻炼队，还曾举办了中国最早的滑翔机训练班。在校外还办有社会教育实验区，倡导平民教育、民众教育、社会教育和乡村建设运动。那时，李蒸一身兼教学、教育行政、学术研究、社会活动等多项工作。虽工作千头万绪，困难重重，他总能得心应手，游刃有余。

为了延续北平师大的校风、学风，学校不仅沿用师大的校庆日、校歌，李蒸在各方面都尽量保持师大的优良传统，如保留学校的组织机构、学则等，就是记录学校工作的《校务汇报》也始终没有间断。每逢总理纪念周、开学典礼、校庆等重要纪念日，以及为《毕业纪念册》写序言，李蒸总是念念不忘介绍师大的光荣历史，说明西北师范学院就是北师大的延续，是一所历史悠久的著名大学。他还将几座新建的学生宿舍以老校长的名字命名，如筱庄（陈宝泉字）斋、静生（范源廉字）斋、旭生（徐炳昶字）斋。虽然学校名称改变了，规模小了，但学校秩序良好，全校师生团结一致，教师认真授课，学生勤奋攻读，人人精神饱满，校内一派严肃、紧张、生动、活泼的景象。在艰难困苦中，师大不仅得以延续，而且仍能保持相当规模。

1945 年 5 月，李蒸已调离西北师院数月后，当地政府为表彰他为西北地区教育和社会所作出的卓越贡献，将十里店唯一的一条街命名为"李蒸路"。

1945 年，中国人民经过八年艰苦卓绝的抗战，人们已经看到胜利的曙光。学校师生最期盼的是能够在战事结束后"复员"北平。但对抗战期间苦心经营的西北师院也颇多感情，希望在兰州设"分校"或留部分教师维持西北师院，担负起西北地区的高等师范教育任务。李蒸以他敏锐的目光觉察到问题并非如此简单："原因是朱家骅又接长了当时教育部。在抗战以前，他就三番五次地要把师大搬开北平。现在则要把师大永远留在西北的。"可巧当时的三青团书记长张治中因公到新疆路过兰州，对西北师范学院的艰苦创业，勤朴奋进精神大为赞赏，对李蒸的人品、才能颇为赏识，就推荐李蒸出任三青团副书记长。李蒸犹豫再三，决心难下。

正如他后来的回忆："师大复员大有问题，当时负有校长责任的我不能不予谋应付。抗战胜利后，如果原来的各大学都能复员，惟独师大不能复员，我作为学校校长，一定是交代不下去，学校一定会发生问题。我心里不断在焦虑，想不出好办法。……当时我曾考虑再三，论我与师大的历史关系和师生感情是无论如何不能离开学校的，但为了争取师大复员，我就了三青团副书记长职务，在政治上就有力量可能影响朱家骅的教育政策，我把抱着这个目的去重庆的'心理话'分别向学校教授们和学生们都说清楚了，这样大家就放我走了。"后来的实际情况就如上述所说。

李蒸长校师大 14 年，可谓受命于危难，拼搏于师大生死存亡之中。最后为师大复员复大不惜放弃自己喜爱的教育事业，告别患难与共的师生和亲手创办的西北师范学院，为师大的传承和发展，为国家教育制度的完善和发展，奉献自己的一切！他恪尽了师大学子的义务，尽善尽美地履行了长校师大的历史职责。

1945 年 8 月抗日战争取得最后胜利，举国欢腾。果然不出李蒸所料，抗战期间迁往异地办学的大学都接到复员的通知，只有师大迟迟没有消息。师生为复员北平，特组织了复员委员会，与校友总会一起联络各方力量，呼吁社会各界关注、同情、支持，并以罢课、请愿等形式向当局施加压力，提出"三原"（原校长、原校址、原校名）为条件，争取早日返回北平。李蒸在重庆知道这些情况后，一面电告师生他已不可能回校任职，请维护学校声誉立即复课；一面与在重庆的校友董守义、查良钊等人利用各自的社会关系奔走斡旋，反映西北师范学院师生要求返平的迫切愿望。同时，三青团中央正式发表声明支持师大复员北平。李蒸为师大的复员曾亲自与朱家骅理论，朱家骅却以德国就没有师范院校为据反驳（企图取消师大的阴谋暴露无遗）。李蒸驳斥说：战败之国，不足为法，不然可以一起去见总统。朱家骅的气焰立即收敛了。李蒸将黎锦熙、李建勋、袁敦礼等校友会 14 名理监事联名《上蒋主席书》和全体学生发表的《为拥护恢复国立北平师范大学敬告社会人士书》提前交到陈布雷等实力派人物手中，请他们帮助推动师大复员。经过师生的共同努力，教育部被迫于 1946 年 3 月同意师大复员，但是校名为北平师范学院，待成立文、理、教三学院后再恢复师范大学校名。

1947 年 5 月，恢复原校名之事音信渺茫，全校师生急切地盼望着。当时正值反饥饿、反内战、反迫害运动高涨，师大中共地下党以恢复师范大学名称相号召，使全校师生不分政治态度都集聚在一起，并为此罢课、游行，为反饥饿、反内战、反迫害运动推波助澜。学校成立了"复大"委员会，选派 5 名代表赴南京请愿。临行前，李蒸为代表们面授机宜，告诉他们到上海首先找曾任师大校长的国民党元老李石曾，请求帮助与支持；朱家骅为人势利，欺软怕硬，对朱不必客气等。"复大"代表团在南京与朱家骅当面理论，毫不示弱。校内师生立即掀起声讨朱家骅的高潮，并声言要全校罢课赴南京请愿。事情闹到这样，朱家骅也有些紧张，一面请在南京的师大校友出面斡旋，一面派人安抚全体师生。后来，李蒸还利用自己是国民政府立法委员、国民党中央常委等身份，与立法委员中的师大校友一起到教育部、行政院活动，最后得到行政院院长翁文灏的首肯。1948 年 10 月底，教育部下令恢复北平师范大学原校名。

培育新民　功在社稷

李蒸是我国著名教育家，其一生主要精力在教育事业。但是，他并不仅仅局限于教育事业本身，在探索发展教育的同时常常思索、探讨以教育改造国家、民族和社会。他一贯认为：教育是复兴民族的重要途径。因为社会上存在着"污秽、黑暗、萧条、伤心、惨目、绝情、悖义"等社会病态，这些均与"教育不普及，教育不得法"有关。他尖锐地指出："就国家环境，民族智慧来说，我们可以称得起是一个可以有为的伟大国家。只是因为教育不普及与不得法，遂成就了一代比一代衰落；受外人欺侮也就一代比一代厉害。"这与现在常说的落后就要挨打如出一辙。因此，"国家大计，即在教育"。李烝曾说："教育是将社会上固有的文化传给下一代儿童，使其不致断绝并且日渐发展的一种程序。野蛮民族有野蛮民族的'文化'，文明国家各有其特殊的文化，都是用教育的方法一代一代的绵延下去。但是，在这代代相传的过程中，因为随时增加'新'的发现与'新'的思想，所谓'文化'者也就继续不断的改变，或者经过改造；继承文化的人，其思想行为也就逐渐与以前的人有所不同。所以，教育不但是传播文化的工具，并且能够改变人的行为。"

李烝出长师大后的十余年时间，正是中华民族处于生死存亡的危难时期。在东北"九一八"事变和上海"一二八"抗战爆发后，李烝在争取师大的生存同时，仍密切关注着国家的前途和命运，思索着教育与抗日的关系。1933年5月于《师大月刊》上发表了《国家的出路与教育》一文，论述了中国抗战时教育应该和必须做的事项，体现了他的教育救国思想。他说："要紧的是在教育的各阶段中，无论是小学、中学、大学，以及实施教育的不同的方式中，无论是学校或社会教育，都要一贯的以'养成国家观念'与'培养民族意识'为主旨。"他认为：培养民族意识、国家观念要从儿童抓起，从中小学抓起。"训练儿童、青年及成人认识我们国家及民族，此种认识由小学起经过中学大学逐渐深化以至坚定不磨为止。"要进行国家观念、民族意识的训练，首先必须有好的国史教本和参考书，"要生动活泼地描写我民族过去的伟大事

尊嚴師道
繼往開來

◎ 李蒸题词

迹，以及历代解脱外力压迫与复兴主权的努力与经过，……国史教本要以'中华民族'的建设活动为主，不注重朝代的更替；其中要包含真正伟大人物的传记与各种关系人生的发明创造之叙述。外国历史中之可以印证我民族之伟大者更要多多列入。"其次，需要一本好的地理教本和参考书，使孩子"由小学起养成爱乡土的观念，扩大起来，自然而然的能够养成爱国心。"第三，在教授自然科学时，要与日常生活密切联系，尤要指出我们的民族行为何以不科学化或是反科学的；要特别注重利用科学方法以维持我们民族生存、民族延续以至民族的逐渐发扬光大。第四，他认为：近代生活必须是有组织的社会生活方能维持与发展。我们民族的团体生活只发展到家族为止，"这是一般人缺乏国家观念与自私自利的根本原因"，必须赶快纠正。"所以政治经济法律合作服务一类的社会科学与道德陶冶在学校教育同社会教育中都是非常重要。……社会教育的训练要注重团体生活与合作的能力与道德之培养。"第五，"身体的锻炼同健康是我们民族生活的基本需求，在教育上应当首先注意。先要有健壮的身体，然后方能有健全的智力与正确的人生观。"这是抗日战争大战在即时李蒸为教育开出的"药方"。于民族危亡迫在眉睫的形势下，李蒸大声疾呼加强国家观念、民族意识的教育，使全国上下精诚团结，一致抗日，不失其积极意义。

同时，李蒸也一贯认为，教育是人类一项伟大的事业，但其功效是缓慢的，不可能在一朝一夕就取得成功。他说："教育决不是打吗啡针、吃人参汤"，"教育要十年做的，决不能一年便完成。"他将教育分为三个阶段：从小学到初中的基础教育阶段，除完成基本科目学习外，最重要的是"作人的训练"，教师"应负起灌输儿童民族意识的重责"；第二阶段是高中到大学的专门人才及技术人才的训练，"应当特别注重实用科学与技术"；第三阶段为民众教育，即全民族的终生教育。在抗战的非常时期，"务必使老百姓都有'自治'、'自卫'、'自养'的能力"。

李蒸在师大求学、任教到出长师大，连同他在哥伦比亚大学师范学院4年，在师范院校学习、工作前后计26年之久。他认为师范教育是中国教育的本源，教育事业是国家最重要的事业。认识相当精道、深邃。他提出："我们要注意师范教育：无师范教育，便无教育。""我们认清教育是重于一切的事业。""咸谓民族之托命在教育，教育之本源在师范学生。盖今世民族与民族间之竞争，乃构成各民族诸分子，全体文化、体格、道德各方面之总比赛，非只决胜负于疆场也。"他批评自清朝末年以来虽废科举，兴学校，广泛吸收西方文化与科学，但是，自民国建立以来，"军事教育之结果，造成20年来之国内战争；法政教育之结果，造成20年来之官僚政治；工业农业教育之有裨于国计民生者，盖亦甚鲜。新式教育之有明效著验者，只师范教育耳。无流弊之可寻，有显明之成绩。……国人现代生活知识之获得，与文化程度之提高，大抵皆过去师范生之功也。"

他认为师范大学有别于普通大学，曾撰文说："现代各国大学，有偏重高深学术之研究者，有注意专业之陶冶者，而吾校今日之主旨，实兼有上述二者之任务。故一方面须培养中等学校优良之师资，而另一方面，又不敢懈于高深学术之研究；盖顾名思义，'师范大学'四字，对此两方面实应兼营并进，不容有所偏重也。"他强调师大的学风在平实正确和踏踏实实，不在一鸣惊人和哗众取宠。他在谈话中经常强调师范大学的双重使命：研究教育之高深学术，培养教育研究人才和教育行政人才；培养中等学校师资，为教育落后的中国普及教育服务。这是师范大学义不容辞的两项使命，并均不得偏废。他还说："吾侪认清目标，认清吾校特殊之使命，'不倦'、'勿躁'、'勿骛'，本一贯之精神，……踏实前进；耕耘之日，历尽艰辛；收获之日，自有酬报。"这个酬报自然是教育工作者所特有的桃李满天下的无限幸福，以及为国家培养各类人才的无比自豪。

师范大学培养的学生主要是服务于中小学的普通教育人才。而"教育人才与其他方面专门人才其性质又多不相同，因为教育的对象是整个的人，而其他学术则多半对事，所以师范大学是有它特殊功用的。"因此，李蒸要求全校学生必须学好教育学、心理学、教育行政等课程，必须经常到附中、附小做系统的长期的观察，至少每周一次，期限至少一年。每次参观都要有详细的报告。增加学生的教育实习时间，因为"师范生之于附中、小学，犹习农者之于农场，习工者之于工厂，习医者之于医院。从实地练习，获得正确之知识与技术。"他要求学生要德智体全面发展，认为："体育决不是简单的肌肉运动，不应把体育与健康教育混在一起。体育，严格说来便是'教育'。"因此，他要求所有学生不论学习何专业，体育和音乐都被列入必修课，以此砥砺师范生的性格，陶冶师范生的情操。由于校长的重视和体育系教师的督促、指导，1943 年兰州举行田径运动会，西北师院获得全部项目的第一名。

李蒸认为师范生所从事的是培养、教育人的事业，师范生在学校深造期间，不仅要学习知识，更重要的应将自己训练成"人类的楷模与师表"。因此，师大在训育方面尤其重要。他说："普通大学对于学生之思想行为生活，类取放任态度，几无训育可言；

师大使命既异，训育未容忽视。""必须以最适宜之学科教育及最严格之身心训练，养成一般国民道德上学术上最健全之师资为主要之任务，特别注重养成诚实勤劳，而具有以教育为职志之学风。""师范教育之主旨在发展完全人格，使知识、感情、意志、思想、行动等等皆臻健全，即所谓树立做人模范之事业，昔贤所谓'师严而后道'者，即品端学正之士，方能收教化之功。"学校选派最优秀的教授组成学生生活指导委员会，指导学生的个人思想行为、课外学习及社团活动等；整顿学校风纪，加强学生管理，务必使学生养成诚笃、敬业、勤勉、朴实的作风。

李蒸认为，一个教育者应具备爱、敬、信三个字。他解释说："爱是教育的根源，是教育的出发点，教育的过程。教育的目的都是爱，有爱才能有兴趣，爱儿童才能教育儿童。人生最大的爱是父母之爱，……其次为教育的爱，先生爱学生，学生爱先生，这样才有良好的教育。""对于事业能负责任为对事业的敬。我们从事教育工作，对于教育事业要敬。""信就是信任、信赖。当教师的要相信学生将来能成一个人才，作学生的要相信先生给我们的指示是正确的。师生必须互信，才可以有良好的教育效果。"这是李蒸对教育工作者的爱儿童、爱事业、相信学生的基本要求。

师大自1924年范源廉校长为《毕业同学录》题写了"以身作则"以后，师生即以此为第二校训（高师时曾以"诚实、勤勉、勇敢、亲爱"为校训）。李蒸出任校长后，也大力倡导学生"进了师范大学，首先要认清将来从事的职业是教育，是充当教师，是为人师表。教育事业是清苦的职业，升官发财都没有份。"他要求学生在四年的读书期间应做好：教师修养、服务精神、丰富学识和健康体格四方面的准备。他特别阐述了教师修养，"即教师品格的修养，做教师应当有高尚品格。"他进一步说："高尚品格不是一般所谓清高，不是消极的不做坏事，而是能表现一种高尚行为的人格。"他将高尚品格归纳为以下十项内容："1. 自制（管理自己）；2. 自立（依赖自己）；3. 可靠（可以信赖）；4. 守时（守约准确）；5. 勇敢（有胆量，见义勇为）；6. 负责（有责任心，勇于负责）7. 切实（工作实在，不敷衍）；8. 忠诚（对国家民族尽忠）；9. 合作（能与人合作）；10. 和善（不残忍，不欺压弱者）。"对于服务精神，他解释说："就是要认识人生是服务人群的，要养成厌恶自私自利的心理与习惯，要能牺牲小我而为大我。"

李蒸非常重视民众教育，是我国民众教育的开拓者之一。李蒸在美国哥伦比亚大学师范学院是以研究乡村教育获得硕士学位。1929 年，他被聘为南京大学区民众教育院主任，后又应聘为江苏无锡民众教育院教授暨实验部主任（后该院与劳农学院合并称江苏省教育学院），讲授"乡村教育"，"社会教育"等课程。30 年代以后，他在师大出任校长，始终以师大为基地大力发展民众教育，潜心民众教育达 20 余年，并为此作出卓越贡献。

李蒸定义民众"在一个共和国家应当是指全体人民而言"，教育"是满足生活的程序，自幼至长，自生至死，皆在教育之中"，即全民教育和终生教育。他进一步说："我国教育宗旨，系根据三民主义，希望达到民族独立，民权普遍，民生发展以促进世界大同。""欲民族独立，固当建立巩固之基础，从小学教育入手，使国民皆有知识，有能力"；"民权之普遍，骤视之，似较民族独立问题，稍易解决，实则两者有相互关系，连带作用。中国之所以酿成今日之局面者，其最大原因，即由于民众无权能；民众无权能，则政治舞台，一任少数人之操纵，为所欲为。而民众之所以无权者，推究其故，实由于民众无知识，无能力。欲使民众皆有权能，且欲使民众皆快有权能，除教育民众而外，更有何种方法？""中山先生一再诏示吾人，所以求民族之独立，民权之普遍者，莫非为发展民生计；……任何国家之富强，端在乎全体人民各个之实力是否充实，而使人民充实个己之实力，又端乎教育。"民众教育又是一种"利用民众工作余暇而实施的教育事业"，可以不拘形式，便于实施，能"用最少金钱在最短时期内收到最大效果"，因此"文盲最多且最贫弱的国家所最适用的"。他认为在中国实施民众教育是以"造就全国公民都成为'健全的公民'"为目的，其主要内容有：扫除文盲、培养公民的爱国心、使人人都能独立谋生、增加社会生产、使人人身体健康、人人养成卫生习惯、培养人民的高尚娱乐兴趣、培养健全的家庭分子。其中"应以培植生产能力增加社会生产为中心目标"。

他在无锡民众教育实验部时，首先成立了无锡黄巷民众教育实验区。全区约 200 多住户，有民众近 800 人，实验的主旨为"普及民众教育，促进地方自治，以期发展乡村经济，改善民众生活"。实验部还成立了乡村民众教育馆和地方民众教育馆，定期向民众发放各种问卷，调查、了解民众的需求，以及民众工作的成就。他以一个开拓者的热情，结合国外民众教育的经验为实验部制定了《江苏民众教育院、劳农学院实验部三年计划大纲草案》，明确规定其目的为研究民众教育的实际问题，创造系统的实施方法。在讲课期间，他编写出一套系统教材，为中国早期推广民众教育起到了引导性的作用。以后他到北平工作，还经常到江苏教育学院讲课，并发表了多篇有关民众教育的理论文章。

1930 年底，李蒸在国民政府教育部任社会教育司司长，以极大的热忱投入到开展全国性的社会教育工作中去。

1932 年，他到师大出任校长。他结合师大特点，制定了民众教育工作的开展计划。1933 年，在李蒸的直接领导下，北师大在北平近郊的宛平、昌平、温泉等地开展乡村教育实验区筹备工作，继而在实验区开办了学制为三年的师范班，以培养实际从事乡村教育的师资。后来，这些学员大部分留在乡村从事民众教育工作，成为推行乡村教育各项实验工作的基本力量。1935 年乡村教育实验区举行成立周年纪念大会时，李蒸发表了热情洋溢的讲话。实验区还举办了多种民众教育活动，如成立男子与妇女两种农民补习学校，成立农民俱乐部、农民书报室，以生动活泼且多样的形式，开展民众教育工作。实验区的总目标是：激发民众爱乡土、爱国家之观念，提高各项活动之技能与兴趣，提高文化水平，提高处理解决问题的能力，传授农业知识。实验区充分体现了李蒸的"社会教育化，教育社会化"之思想。乡村教育实验区和城内的平民学校为师大的学生提供了便利的实习场所，特别是提高了学生服务社会的意识。实验区的工作获得社会广泛的好评，并产生了深远的影响。

虽然时局动荡，师大几经搬迁，但李蒸始终千方百计创造条件开展民众教育工作。师大迁至城固，易名为西北师范学院后不久，便在城固郊区积极开展民众教育工作。1941 年初，在城固近郊的邯留乡成立了乡村社会教育施教区。李蒸在邯留乡社会教育施教区开学典礼上的讲话，其大意为：师范学校应兼办社会教育，使学校和社会打成一片，以改造社会；本院办此施教区即可使学

◎ 李蒸在乡村教育实验区讲话

生获得实际教育之经验，以便改进推行社教之方法与增进其服务能力；本地之社会教育亦亟待改进；现在本地人有疫病的很多，施教区的诊所是帮助大家治病的；要提倡改良农业生产方法，以增加生产能力。1941 年至 1942 年，学校利用暑假组织 80 多个学生进入邯留乡，开展为期四周的社会教育活动，如宣传兵役法、帮助农民夏收、讲授卫生常识及进行其他各种社会服务。李蒸对这 80 多学生提出具体要求，如态度要和蔼，言语要谦逊，力求通俗，多用漫画宣传等。施教区的农民经指点，采用科学种田的方法，庄稼产量大幅度增加。西北师院因迁往兰州，结束城固的施教区时，当地民众依依不舍，还赠送了"社教民爱"的锦旗。

学校迁到兰州后，以十里店及附近村落孔家崖为据点，充分利用学校的人力及设备，使学校成为社会教育的中心，并在此进行社会教育方法的实验，以便向其他地方推广。其主要任务是，发动师生深入乡村，研究农民问题，并带动本院辅导区（陕、甘、宁、青等省区）内各中等学校兼办的社教活动。西北师院在孔家崖办夜晚补习学校，以讲故事、看图画等形式教农民识字；提倡新生活，引导乡村、家庭都要讲卫生，整洁、简单、朴素地生活；成立宣传队，办简报、演活报剧、讲演、张贴漫画、教唱抗日歌曲等形式，介绍抗战动态，揭露日军奸淫烧杀的暴行，激励民众的爱国情操，积极参与抗日活动；宣传破除迷信，西北乡民多不识字，迷信之风普遍，师生们向他们讲解科学常识和医疗卫生知识，改变他们有事就拜佛求神习俗。学校经常举办流动图书馆，进行街头宣传，放映电影，家庭访问，参观示范清洁家庭，办示范农场，协助民兵训练等。《甘肃民国日报》和中央通讯社都有专文报道西北师院的民众教育工作，称赞他们是西北教育的拓荒者，普及文化的传播人。

1943 年 11 月 16 日《甘肃民国日报》特辟一版专刊，报道了西北师范学院社会教育实验区迁兰成立典礼的情况，并介绍实验区主要任务为：弥补过去教育领域方面的欠缺，即偏重学校教育，忽视社会教育；偏重城市教育，忽略乡村教育。实验区倡导：平民教育、民众教育、社会教育和乡村建设运动，以及系统从事各项社教的措施。同时刊登了李蒸的题词："努力唤起民众，提高文化水平。"1944 年 8 月 25 日，该报又刊出"西北师范学院暑期社会服务团社教特刊"，报道了本年暑假西北师范学院学生 50 余人参加了十里店和孔家崖两村为期一个月的暑期服务队情况。同时发表李蒸为该版的题词"普及教育，服务人群"。

李蒸的民众教育理论，是他"教育救国"思想的重要组成部分。虽然在国家主权受到侵犯、人们的生存权利尚无保障的情况下，李蒸的民众教育思想无法在全国实施，但他率领师大师生在北平、城固、兰州坚持开展民众教育工作，使当地居民受益匪浅，亦证明民众教育利国利民，不可或缺。

西北孔雀　人中翘楚

李蒸博学多才，温文尔雅，有大儒风范；他身材伟岸，气宇轩昂，仪表俊美；他才思敏捷，能言善辩，声如洪钟；他严于律己，宽以待人；他以身作则，凡是要求别人做到的自己必率先垂范，竭诚实践。李蒸在思想、学习、生活、工作、品格等方方面面都是全校师生争相效仿的楷模。因此，李蒸极受师生爱戴和敬重。

时任中央大学校长的罗家伦曾到西北地区考察，并应邀在西北师院演讲。罗家伦看到昔日荒凉的黄河乱石滩上竟有一座秩序井然、学风严谨、朝气蓬勃的高等学府。一向趾高气扬的罗家伦对创建、管理这所大学的李蒸，不禁心生佩服之情。罗在报告中曾大谈："我在西北看到了孔雀！谁说西北不好，孔雀也不东南飞了！"由衷地称赞李蒸为西北的孔雀。

李蒸一贯艰苦奋斗、勤俭节约，以苦为乐。无论在北平还是在西北，学校办学经费短缺，政府还常常拖欠，李蒸总是千方百计精打细算，以最少的经费办最多最好的事情，总能事半功倍。在西北的 8 年，学校艰苦异常，他与师生们一起吃冰冻的面馍、一样喝黄河的浑水。他将好房子让给教授们住，好家具送给别人用。有的教师家里缺水，李蒸立刻将自家的水送去。当年，他家的孩子多又年幼，经济也很紧张。他虽然衣服、鞋子打有补丁，但总是衣冠整洁。他到兰州城里办事，常常坐着敞篷马车，甚至骑着毛驴，怀揣凉锅盔，饿了就一口冷水一口锅盔。到陪都重庆办事更难，常常从所坐的车上下来推车，或者兼有步行……无论怎样的困难他总能泰然处之，没有丝毫的为难之色，让人感觉有校长在一切问题都会迎刃而解。师生们在校长的从容神态中看到战胜困难的决心和对未来的希望。

李蒸勤于思索，学习钻研问题。他在努力办好学校同时，始终在学习、研究中国的教育问题。他呼吁国家重视教育，特别对文化教育较落后的西北地区，应加强文化建设，认为"文化建设为一切建设之基本"，"文化就是人类所有精神的、物质的各种创造、各种成就的总和"，"文化建设工作包含教育与研究事业，文学与艺术的创作，及新闻与出版事业"。抗战胜利后，李蒸又及时发表了关于战后教育的文章《今后教育建设之路》，谈了教育复员问题，要精神复员、要学校复员、延续学校历史、奖励学校成绩、扩充学校发展等。为北平师大复员，也为全国学校复员后的主要工作奠定了坚实的思想理论基础。

李蒸做事一向身体力行，率先垂范。学校在城固时，李蒸家住县城里，学校在城东教场坝，每天他要跑很远的路到学校与学生一起升旗、做早操。兰州三九天非常寒冷，李蒸仍是最先到达操场。在李蒸的带动下，学生们都养成早起的习惯和遵守纪律的品质。学校经常组织到条件艰苦的边远地区考察教育、为地方教师解答疑难，李蒸常常亲自带队，深入到山区、牧区了解情况。李蒸严于律己，公私分明。学校里仅有一辆马车，主要担负从城里运回各种物品，另为校长及其他负责人进城的交通工具。李蒸除非因公进城才坐这辆马车，因私绝不使用。

李蒸心存大爱，对学生和蔼可亲，如同对子女，关怀爱护备至。1933年，教育部曾以学生闹事为由开除了30余名学生。事情稍稍平息之后，李蒸就悄悄允许他们复学。这批学生大部分是中共地下党成员和思想进步分子。有的学生竟在学校读书长达六七年之久。有的教师讲课学生们不欢迎，李蒸总是客观地、妥善地处理，使教师的自尊不受伤害，学生的要求也得到满足。到西北后，生活条件太苦，大部分学生只身逃离北平，缺少衣物。李蒸为此与教育部交涉，使每个从沦陷区来的学生得到政府补助，并每人发放一件棉大衣和一套衣料。学生生活困难，他千方百计为学生出谋划策，甚至出面介绍兼职工作。

李蒸特别善于主持会议和演讲。他主持周会，分析时事，要言不繁，几分钟便归结出"日本必败，中国必胜"。这些饱经日寇摧残流离失所的同学，听后感到人心大快，并获得无限的鼓舞和安慰。他介绍报告人的情况总是十分得体恰当，总结时又能提纲挈领的将主要内容概括为几点并引用报告人的原话，起到画龙点睛的作用。李蒸言谈非常精妙，许多学生对他的讲话佩服得五体投地。李蒸因外出公干数日后返校，师生们就迫不及待地要听校长讲话。当时正是万物生长的春季，李蒸说：看到大家健康喜悦的面孔格外高兴，天气转暖，校园中的草木也都呈欣欣向荣的景象！他看了看坐在前排的康绍言教授（满脸张大千型的胡子），又说："连康教授的胡子也都表现出发扬的气象！"师生轰然大笑，人人愉悦兴奋，康绍言也觉得很得意。一次，一位搞工科的学者到西北师院做报告，很有些鼓动性。该学者最后说："有为的青年，都要去学工程！……工程师是伟大的！"全场愕然，不知该如何收场。李蒸站起来称赞了报告人讲得好，然后话锋一转说："不过刚才听先生对于工程的分类虽然精到，只是遗漏了一种最大的工程，就是——人类的工程！教师是人类的工程师，岂不更伟大？这样大家就不必改行了。"于是，掌声雷动，全场为之倾倒，就连报告人也鼓掌称赞。抗战胜利前夕，他曾应毕业生之请到重庆市立女中做时事报告。该校师生被李蒸的博学善言感动得掌声不绝，一阵阵地高喊："太老师讲得好！太老师讲得好！"并应邀一天三个单元连续做报告，结束时学生们仍依依不舍。

李蒸是一位坚定的爱国者。早在 1919 年，他就参加了反帝爱国的"五四"运动。抗日战争之前，他给学生讲话、写文章等，几乎都要谈日本对中国的侵略和中国人民的抗日战争必胜。1936年，他为家乡滦州撰写《滦州志》之序言。文中郑重提出"救国根本要图"，并呼吁发展家乡经济，使家乡生产、生活现代化、科学化。他到兰州选校址，考虑到农民利益，提出两条规定：决不占用农田盖校舍；按省政府地价收购，决不让农民吃亏。在抗战期间，他为师生讲话，曾以介绍美国田纳西河流域由穷乡僻壤变为富庶之地，激励师生将来开发黄河，使之成为丰腴之乡。在李蒸爱国思想的感召下，1944 年学校有百余学生毅然投笔从戎，参加青年军打击日本侵略者，是全国高校中参军比例最高的学校。

抗战胜利后，西北师范学院国文系派出学生到台湾推广国语。李蒸曾专门与赴台的学生谈话，他强调："日本统治我国台湾 40年，不仅施行高压暴政，而且大力推行日语和奴化教育，以图削弱台湾人的中华民族意识和爱国思想……同学赴台任务，不只推行国语，更重要的是，要向台湾青少年讲明台湾历史，恢复他们的中华民族观念和爱国思想。"

抗战胜利后不久，国民政府任命李蒸出任教育部长，被他拒绝。他说："我无法接受这种任命。本来可以不打内战，两党合作，共治国家。现在闯下这么大的祸，弄得这么糟，我无意做这种官。"1949年1月，由张治中推荐，国共双方均无异议，李蒸成为国民党和谈代表，4月到北平参加国共和谈。4月16日，国民党方面通电全国拒绝和平协定，李蒸与和谈代表团一起宣布脱离国民党，站到人民方面来。新中国成立后，李蒸曾任中国人民政治协商会议第一届代表，国民党革命委员会中央委员，中央人民政府政务院参事室参事及文教组召集人，全国政协第二届委员、文教组副组长，全国政协第三、四届委员等职。他随全国政协委员一起到陕西、河北、四川、江苏等地视察、参加座谈会等，他将所见所闻一一记录，并向有关部门汇报，以推动国家建设事业的发展。每逢春节、中秋节，李蒸都要通过中央人民广播电台向台湾当局、台湾同胞讲话，希望台湾朋友为祖国的统一大业做出努力。李蒸对国家、人民的事业始终那样认真负责。

1975年2月2日，李蒸在子女陪同看完国庆25周年庆祝大会纪录片后，由于兴奋、激动等原因，突发心脏病逝世，享年80岁。

有人说："真正的'第一流的教育家'，在思想上会对人们有所引领，会发自内心地关注弱势群体，关注教育公平，会不遗余力地推行平民教育，并把教育提炼成一种感人肺腑的艺术与精神。他们有先进的思想，有坚韧的行动，有非凡的创造。"对照这个标准，李蒸是第一流的教育家，当之无愧。

孟子曰："爱人者，人恒爱之；敬人者，人恒敬之。"李蒸先生以他的高风亮节、卓越成就，赢得人们永远的尊敬和怀念！

（王钧广）

参考文献

[1] 李蒸纪念文集.北京：中国社会科学出版社，1996

[2] 赵志邦.国共和谈代表李蒸.刊于《传记文学》第七十卷第五期，1997

[3] 教育丛刊，教育月刊，西北师院学术季刊等。

袁敦礼

中国现代体育教育的先驱

◎ 袁敦礼

　　袁敦礼（1895—1968），字志仁，祖籍河北徐水。教育家、体育理论家、中国现代体育的奠基人之一。北京高等师范学校英语部毕业，后获美国芝加哥大学学士、哥伦比亚大学硕士、霍普金斯大学硕士学位。长期在北京师范大学任教，曾任体育系主任、教务长、训导主任、总务长、校长等职；兼任北平体育委员会常委、全国体育研究会会长、中国体育学会常务理事、民国政府教育部体育委员会常务委员等。新中国成立后，历任西北师范学院副院长兼体育系主任，中华全国体育总会副主席，全国政协委员、甘肃省政协常委。

　　主要著作有：《体育原理》（合著）《近代奥林匹克理想与组织及其与我国体育之教育》等。

袁敦礼是我国著名教育家、体育理论家、中国现代体育的奠基人之一。他酷爱读书,笃信孙中山的"教育救国"和"实业救国"的主张,决心献身教育事业,为复兴民族大业建功立业。这是他一生矢志不渝的追求,也是他一生勤奋向上的动力。他以体育教育为基地,拓荒耕耘,殚精竭虑奋斗了一生,成为中国现代体育的创始人和最主要领导者。

师大体育系的掌舵人

袁敦礼 1895 年 10 月 25 日生于北京。他幼年丧怙失恃,在大家庭中与伯父家堂兄袁复礼、袁同礼一起长大。三兄弟情同手足,彼此勉励、相互竞争,后来三人均有成就。袁复礼学了地质,成为著名的地质学家、古生物考古学家和教育家,是中国地质学奠基人之一;袁同礼学了文史,成为著名图书馆学家、目录学家,是北京图书馆(即国家图书馆)的主要创建人,是我国图书馆学的奠基人之一。袁敦礼是中国现代体育的主要创始人。因此,曾有"袁氏三杰"或"徐水三杰"美称,共赞袁氏三兄弟。

1913 年,袁敦礼以优异成绩考入北京高师英语部。他学习成绩优秀,身体强健,喜欢运动;又为人正直,性格刚毅,颇具领导才干。1917 年,袁敦礼毕业,被留校任新建的体育专修科秘书兼通译(翻译)。此后,他长期在师大任教,倾毕生精力,献身教育和现代体育事业,并做出卓越贡献,成为中国现代体育五大泰斗之一。

1933 年上海勤奋书局出版的《体育原理》一书中,介绍作者之一的袁敦礼处写着:"先生于高师学生时期,不独学业成绩冠侪辈,即体育亦露头角,尤富领袖天才。体育技术,以篮球及中距离跑最为擅长。民国四年当选为第二届远东运动会田径选手。彼时北京高师学生体育活动，均归校友会办理。先生于该会成立之后，即当选为该会体育部主任要职，主持校内各种比赛成绩甚为完满。先生对于英文亦颇深造，曾任该校英文学会会长。1917年毕业时，适值该校招收第一班体育专修科，并聘请美国人为教授，先生遂以上述种种原因而留校任助教兼翻译等，此为先生服务于体育之开端。"

20世纪初，中国人中只有少数人打把势会拳脚，对现代体育十分陌生，做工务农者不知体育为何物，就是一些读书人也只顾埋头苦读，足不出户，面黄肌瘦，弱不禁风，疾病缠身。西方人讥讽中国人为"东亚病夫"。国内少有的体育机构都被基督教青年会把持，中国人几乎无法介入。

1917年，根据教育部的指示，北京高师率先创办了体育专修科。第一届学制两年半，1919年改为3年，1922年起改为4年（含两年预科）。1930年改为体育系，学制4年。美国人医学博士舒美柯和袁敦礼为主要创建人。初由舒美柯主持，1919年袁敦礼出任主任。当时，体育专修科提出的培养目标是"养成完全体育教员"。1923年至1927年，袁敦礼出国期间，由王石卿、曾绍舆任主任。

袁敦礼因当时国内体育教育落后，体育机构掌握在外国人手中，而国人对体育教育茫茫然，因此急于向先进的国家学习。于是，袁敦礼考取官费留学资格。1923年他到美国深造，先获芝加哥大学理学（生理学）学士，又获哥伦比亚大学师范学院教育学硕士（体育及健康教育）和霍普金斯大学公共卫生学硕士。他广泛接触美国体育教育界人士，向他们学习，汲取经验。美国著名体育教育家麦克乐曾预言：袁敦礼将是"中国未来体育史的创造者"。后来的事实证明，麦克乐的预言准确无误。在美期间，袁敦礼被接纳为美国体育协会特别通讯员。同时，袁敦礼与在美国就读的潘菽、竺可桢、蔡翘、吴有训、杨武之等结为挚友。这些朋友后来都成为中国各学术领域的领军人物，国家科学界的栋梁之才。

1927 年，袁敦礼学成回国，继续担任师大体育系主任；1935 年任教务长兼体育系主任；抗战期间师大迁到陕西西安、城固，于 1939 年改称西北师范学院。袁敦礼先后任总务长兼体育系主任、训导主任兼体育系主任。1944 年，迁往兰州后，他专任训导主任。从 1919 年袁敦礼出任体育专修科主任，到 1944 年他担任体育系主任达 21 年之久（不算在美国留学的 4 年），将师范大学体育系办成在全国都很有影响的系科。

袁敦礼率先在师大推行体育理论、体育技巧和体育道德并重的教育思想。他根据国外的体育教育理论结合国内的情况，制订教学计划、教学大纲，为培养大批现代体育教育人才奠定了基础，并影响了全国的体育教育。

袁敦礼重视教师在教育中的主导作用，常说："体育教师必定是青年的模范，人格的导师。"因此，他所聘的教师不仅有多项高超的体育技能和较强的体育理论，而且品德高尚，堪为人师。20 世纪在体育教育中，最活跃的人士有袁敦礼、董守义、马约翰、吴蕴瑞和郝更生 5 人。另 4 人都曾应袁敦礼的邀请到师大任教，其中董守义任教达 15 年之久，为时间最长者。那时，师大的体育系集中了当时国内体育界一流学者多人，有董守义、马约翰、王石卿、徐英超、王耀东、曾绍舆、吴蕴瑞、方万邦、郝更生、李鹤鼎等人。其中多人是美国春田学院的高才生。他们都有深而广的体育理论为基础，并在球类、田径、体操有高超技术，也是著名教练员；他们均曾数次参加远东运动会和奥运会，董守义还被推选为国际奥委会委员。在这些教授的悉心教导下，学生们做人、学业均能迅速健康成长。

袁敦礼认为，要培养合格的体育教师，首先要把好招生这一关，他要求体育系学生的文化基础课成绩必须达到学校其他系科招生水平，绝不因有体育特长而降低文化课的标准，宁缺毋滥。招生时不仅考查学生的文化成绩和体育特长，对学生的道德品质要求也非常严格。每年在测试体育特长的场地，负责主考的教师在全场巡视，凡发现有道德败坏、不服从裁判、目无纪律等不良行为者一律取消资格。这就是当时的"一票否决"制。

加强入学后的培养和训练。体育系开设了许多必修的自然科学和人文科学课程，课程设置科学、全面，除英文、教育、心理等师范类基础课之外，还开设了体育史、体育原理、比较体育学、体育行政、运动指导与评判、健康检查、矫正体育、急救及按摩术、卫生学、健康教育学、生理学、运动力学、解剖学等课程。使学生掌握深厚、广博的体育教育原理，其中不乏为开中国体育教育先河的科目。如开设"体育行政"课就是师大体育系对中国现代体育教育的一大贡献。为防止以体育训练代替文化课学习的倾向，规定：凡有一门功课不及格者，不论体育技能多出色，也不能代表学校参加比赛。此令一出，体育系学生人人勤奋，文化课多取得良好成绩，有的学生的成绩甚至超过一起学习的文、理科学生。

重视体育技能的训练，要求学生理论要与技术并重。袁敦礼常说："只重视学理论，则只能是纸上谈兵；而只学技术，难以精益求精，缺乏理论依据。只有两者兼得，才能成为优秀体育教师。"他要求学生在技术上要一专多能，无论田径、球类、体操等都要成为内行，舞蹈、武术、游泳、摔跤等也要学习，甚至要求学生选修音乐课。他认为只有这样才能胜任体育教学。学生文化知识和体育理论、体育技能兼学，一专多能，全面发展。北京各大学校际间的球赛，有时校队人员不齐，随便拉上体育系的哪个学生就能顶上。

注意培养学生的实际工作能力。袁敦礼要求体育系学生在读书期间就为其他专业的学生辅导球类、田径等项目。当时，各系之间的球类比赛较多，从组委会到裁判、记分员均为体育系学生担任。学校一年一次的全校运动会的裁判长、裁判员、记分员、发令员等都由体育系学生担任。组织一个大型的运动会是非常复杂的，时间、场地、人员的合理安排、使用等，既不能冲突，又不能拖宕。过去，这些组织工作都是请外国人（主要为基督教青年会）来主持。自师大体育专业创建后，袁敦礼经常带领学生参与大型运动会的组织、裁判工作，逐渐取代了外国人。如解放前的华北运动会、北平运动会、陕南运动会、兰州运动会等。使学生较早地掌握体育竞技中最复杂的组织工作。因此，北师大体育系的毕业生一到驻地就可以主持较大规模的运动会，特别受欢迎。

袁敦礼鼓励体育系的学生选修第二专业。20 世纪 30 年代，师范大学有主、副科的规定，即每个学生可以选读第二专业。许多体育系的学生在学好本专业的同时，根据个人兴趣和需要选读了教育、英语、生物等课程，并取得了优良成绩。因工作需要，他们后来有从事英语教学的、有改学医学并从事医务工作的，并都胜任有余，这与他们在师大体育系打下的坚实基础不无关系。

袁敦礼注意培养学生的高尚品德。他认为："体育是达到生理及心理发展的工具"，"是供给充足教育机会的场所"，即体育训练也是品德的培养过程。他还说："所谓运动道德者，为尊重他人，为严守纪律，为他人设身处地着想。非仅为运动场上之教条，而为做人之基本道德。"袁敦礼要求体育系学生应同其他系科学生一样谦恭豁达、和善温良、真挚诚恳，在操场上要生龙活虎，回到教室则要恬静怡然。他一贯反对青年的粗鲁野蛮行为，更不容许打架斗殴。对违反学校规章者，必经过耐心教育使其心悦诚服并翻然悔悟。他主张，体育专业不要单独设校，应设在师范院校中，并尽量与其他系学生一起上课，其目的在于不同专业的学生可以相互了解、相互促进和相互影响，既可以开阔学生的视野，又有利于学生的全面发展。如文科学生的温文尔雅，理科学生的聪慧机敏，体育系学生的急公好义、活泼豪爽等，可以相互感染、渗透，达到潜移默化之功效，使体育系学生也同样儒雅、聪颖。

由于师大具有优良的校风、学风，学校在体育系师生的带动下体育活动蓬勃开展，因此吸引了大批学习成绩优秀又有体育特长的中学生报考师大，甚至有人放弃原大学转入师大，使师大在篮球、足球、田径等体育项目的比赛成绩锦上添花，更上一层楼。如，1919年到1937年间师大篮球队曾闻名中外，在国内的大赛中屡获冠军，有"师大五虎将"之称。1921年，以师大篮球队为主组建中国队，夺得第五届远东运动会（即亚运会前身）篮球冠军，这是我国在国际大赛中获取的第一枚篮球金牌；1930年，师大篮球队曾移师大连，将不可一世的日本队打得落花流水，一败涂地；1936年参加在德国柏林举办的第十一届奥运会的中国篮球队中，有两名球员是师大在校学生，队长是师大毕业生。体育专修科第一届学生朱恩德，1919年5月在马尼拉举行的第四届远东运动会上，包揽了田径五项和十项全能的冠军，为中国在国际大赛中取得开创性的好成绩。

虽然体育系创办晚、规模小，但一直是师大的"台柱子系"。自1917年成立至1949年共招收学生25届，毕业21届，毕业生总计383人。人数不多，但人才济济。有体育成绩突出的运动员，如朱恩德、张焕龙、金岩、牟作云、陈盛魁、齐沛霖等都曾在大型运动会上获得冠军或打破国家、远东运动会的纪录。师大篮球队先后为国家培养了王耀东、王玉增、李洲、陈盛魁、牟作云、赵逢珠等十余位篮球国手。他们是夺得第五届、第八届远东运动会篮球冠军、亚军的中流砥柱。体育系更多的是为国家培养了许许多多优秀的体育教育工作者。"在毕业即失业"的年代，体育系学生读书期间就有应聘到中学兼课的，不到毕业早就被用人单位预聘一空，有的人甚至接到几张聘书。

师大体育系师生是社会体育组织的主力。1931 年 8 月北平体育委员会成立，在 34 名委员中近 1/3 为师大的教师和毕业生；9 名常委中 6 名为师大人；选出 3 位轮流主席董守义、袁敦礼、李洲，均为师大人。解放后，清华大学、北京大学、中国人民大学、西北大学、天津大学、西安交通大学、北京钢铁学院等大学以及包括台湾在内的中央和地方体育训练机构，都曾活跃着袁敦礼培育的学生。1953 年以师大体育卫生系为骨干，创立中国第一所体育高等院校——北京体育学院。这也反映出师大体育系的实力。

袁敦礼有感于旧时代的读书人只知道闭门读书，身体孱弱，虽心怀大志终因病魔缠身而抱憾终生。他要求各系学生不仅要上好规定的体育课，还必须人人参加体育锻炼，而且必须懂得体育卫生理论。为此，他为全校学生开设了"卫生课"和"健康体育"等课程，并坚持理论联系实际，使学生养成良好的卫生习惯和体育锻炼习惯，坚决摒弃不讲卫生、不爱运动的陋习。在他大力倡

◎ 袁敦礼在体育系办公室

导和推动下，师大的体育运动蔚然成风。一年一次的全校运动会是全校师生体育锻炼成绩的大检阅。平时各种球类、拔河、远足等比赛也经常举行。同时，其他专业的学生毕业后自愿放弃所学专业，而专事体育并取得成就者也大有人在。

中国现代体育理论创始人之一

20 世纪初，中国现代体育是一块未开垦的荒野，体育理论更是一个盲区。为造就健全国民，富强国家，袁敦礼以宣传、推广现代体育、普及体育教育为己任，以极大的热情投身于我国体育与健康教育事业中。他撰写文章，出版专著，发表演讲，广泛传播现代体育科学和卫生健康理论。

袁敦礼一贯认为，开展全民体育活动，不仅仅是为有一个健康的体魄，还可以培养国民诚实守信、顽强拼搏、努力向上，以及合作、自信、自制和公正的精神。他说："体育在社会方面应为人民日常生活之一部分，在教育方面应为培养人民团体行为与道德之工具。两者有密切之关联，在其配合之下始能产生合理之民主社会。"总而言之，体育是改造旧国民、塑造新型国民、创建合理的民主社会的良策之一。

1933 年，袁敦礼与时任中央大学体育科主任的吴蕴瑞先生合著了《体育原理》一书，是当时国内少有的体育理论专著。20 世纪 60 年代，台湾省曾重新出版该书。可见《体育原理》一书的基本观点仍被认同。

首先，袁敦礼提出体育是社会文化之一种，可以陶冶情操，训迪品德，并且可以创造文化传播文化。他认为："体育是社会文化之一，应以传达文化、创造文化为目的。"这是袁敦礼对现代体育高度概括和科学定义。他说："体育是时代思想和状况的产物，同时，体育也要帮助提高社会状况，促进理想社会的实现。"他所期望的理想社会，就是和平、民主、文明的社会，人人幸福、安康，国泰民安。要实现这种社会，体育不是可有可无，其普及程度直接关系着国家的兴衰和社会的发展。

袁敦礼对体育的认识深刻、准确、科学。他说："生命为一元，身心不可分之二，已可断言。……由生物学言之，生命为一，身心自不能不为一；由心理学言之，有行为的机体为一，身心亦自不能不为一，……吾人只能以科学之事实采取一种一元说。……自表面形式观之，一切活动仍可分之为属于身体与精神的两方面，但至实质而言之，此种划分不可能。从事运动的人，同时亦发抒其愉快或愤怒之情感。故体育活动表面上言之，不得不谓之身体活动，但就其意义言之，实为全部机体之行为也。""生命是一元的，精神和身体不能分开。一百年前的锻炼式，医疗式，只拿身体的解剖为根据的体操，不合乎现在科学的原理。现在的体育一定要使精神愉快，生活丰富，不独锻炼身体，并且要同时训练精神和良好的社会行为。"从科学理论上解决了体育并非仅仅是促进生理机能的发育，同时也是陶冶人的行为和情操，使人们的行为、道德符合社会的价值观和道德观，塑造新时代的公民，扩大了体育教育的意义。

袁敦礼一贯认为体育与教育是统一的，是不可分割的，体育是教育之一部分，教育中不可没有体育。他的口头禅是："不懂体育，很难成为一个优秀的教育家；同样，不懂教育也很难成为一个优秀的体育家。"将体育与教育的关系阐明得清楚透彻。他进一步说："体育乃以身体活动为方式的教育也。""体育为教育之一种形式与方法，不能离教育而独立。"他一贯认为，体育是社会文化的一种，因此，作为师范生必须有健康的体魄，并粗通体育。1922 年，中华体育研究会成立期间，袁敦礼就中国当时的体育现状发表演说，认为改变中国体育落后状况，必须从根本做起，"小学校是一切教育的根基。……"他尖锐地批评了小学的体育教员不是敷衍就是胡来的种种表现，认为"推其原因，都是师范没有相当的体育。所以，要养成健康的国民，非从改良体育入手不可；改良小学体育，又非从改良师范学校体育入手不可"。严肃地指出，聘用只有体育竞技成绩，而不懂教育的"体育教员"同样不能胜任，是误人子弟。

袁敦礼还是公共卫生及健康教育专家。他认为，体育教育与卫生教育是相辅相成的，体育使人得到正常发育、增强体质，培养勤勉、坚毅、合作等情操；卫生知识和卫生习惯可使人免除疾病。它们的目的都是使人们在肉体和精神上充满活力和进取精神。因此，公共卫生必须从学校做起。

在他的倡议下，1929年教育部和有关部门在上海联合举办了暑期卫生教育讲习会。袁敦礼为主办人和讲课人之一。他以《健康之意义与要素》为题目，讲解健康、教育对人生的重要意义。他说："全人类是一个总生命，个人在全人类中不过是生命的一个段。……所以我们是继承前代的生命和生命所附带的文化。我们同时要把前代文化发扬光大，替后代人谋幸福，使人类世世代代，新旧更迭，继续下去，这是人类生命的意义；也就是个人在这个生命中的意义。"期间，成立了中华卫生及健康教育研究会，他被推选为执行委员。20世纪30年代，他提出全民健康的倡议，成立了国民健康学会，并被推选为会长。

卓越的社会体育活动家

袁敦礼一贯重视群众体育活动和公共卫生事业，凡有利于开展大众体育的事情，定有求必应来者不拒。解放前，他几乎参与创办了全国的、地方性的各种体育组织，并担任重要职务，是这些组织中举足轻重的人物。

1921 年，为迎接第五届远东运动会在上海召开，以张伯苓为首组建全国业余运动会组织，张为会长，袁敦礼被选为会计。该会后来演变为中华体育协进会，他一直任常务理事（原称董事）。新中国成立以后，该会职能为中华全国体育总会取代，袁敦礼为副主席。

1923 年，中华教育改进社在济南举行第一届年会，袁敦礼当选为全国体育教育会会长。

1932 年夏，民国政府教育部起草"国民体育实施方案"，事关公民体育，他义不容辞，任起草委员会委员长，实际是第一撰稿人。同时，教育部设立体育督学一人，欲聘袁敦礼就任。他因这是进入官场，遂婉言谢绝并真诚力荐他人。1945 年抗战胜利后，教育部成立国民体育委员会，他为三常委之一。

1935 年至 1948 年，袁敦礼为中国体育学会常务理事。

1928 年至 1949 年，袁敦礼还担任华北体育联合会执行委员、北平市体育委员会三位轮流主席之一、全国体育运动裁判委员会主任、教育部卫生教育研究会执行委员等。

1933 年出版的《体育原理》中对袁敦礼还有如下评价："自入体育界后，先生一方面对体育学识，苦心钻研。对社会体育，尤其热忱。北平中等以上学校体育联合会为先生一手创办，北平体育有今日之发达，先生之力最多。华北体育联合会先生曾数任执行委员、干事及常务委员。该会会章，每次修订皆大半出先生之手。华北体育联合会历史之悠久，组织之完善，为全国体育团体之冠，实亦先生之力为多。""其热忱毅力，实堪为体育家之模范也。"

一些社会体育组织经常利用暑假对运动员、教练员和体育教师进行培训。袁敦礼几乎都参与组织和教学。抗战期间，他组织有关人士，在城固对河南、陕西、甘肃、四川、宁夏、青海、新疆7省的中小学体育教师进行了有计划的培训。

当时，全国较大型的运动会有全国运动会、华北运动会（即长江以北地区）等。袁敦礼多被聘为这些运动会的总裁判长，实际上是大会的总指挥。他气度恢弘，总揽全局，指挥若定，执法公正，无私无畏，总能保证运动会的顺利完满。

袁敦礼对国际奥林匹克运动会一直十分向往，希冀有朝一日中国人也堂堂正正出席并获得可喜成绩。但是，国家不兴盛，政府腐败无能，人民温饱尚且解决不了，谈何发展体育，虽曾有少数项目参加奥林匹克运动会，都是败兴而归。他对之有一种难以言表的情怀。1947年，原北京师范大学教授董守义当选为国际奥委会委员后，他在为自己的挚友、志同道合的同人感到无比欣喜之余，协助董守义编著了《国际奥林匹克》一书。袁敦礼以《近代奥林匹克理想与组织及其与我国体育之关系》一文为该书的前言之二。文中，他介绍了希腊产生奥林匹克运动会的过程，突出了奥林匹克的民族团结、和平，人民享受自由、民主、平等的精神，"故奥林匹克运动会实为和平自由之代表，其价值之伟大，……"

一个人对什么爱之最深，责之也最痛切。袁敦礼在该文中从社会、历史、政体等几方面分析，尖锐地批评了中国当时体育落后的五个原因：

"一、我国一切事业数千年来均以政令推动而无社会动力，只有个人之建树，而无团体之组织，人与人之关系由封建式之礼节所固定，不能培养交互容忍合作之能力。"

"二、我国数千年专制政体已形成官吏统治制度，今日之国家统治虽为求事业之合理发展，而过去所养成官吏统治之遗毒仍在，不但官吏自身认为一切事业应为所管，即一般人士亦莫不惟官吏马首是瞻。官吏之中……而以飞黄腾达为宗旨，擅作威福为惯技，猜疑妒忌为心者亦不乏人。于是一切社会事业为所谓主管者妄加干涉，非纳之官吏之手包而不办，即横被摧毁，消灭于无形。"

"三、我国在社会上人民生活中鲜有体育活动，在教育上各种学科注重知识传授，体育则偏重体格与技术训练，常忽略其社会训练之价值，即从事体育者亦多表现缺乏运动道德之素养。……社会上组织体育纵有，亦将流于商业化、社会罪恶化而不可收拾。体育在学校为培养叫嚣凶暴之运动员，在社会为社会罪恶表现之渊薮，其去体育之理想远甚。"

"四、体育活动为西方文化之重要成分，而我国则为向无体育之老大民族，……至今多数人民仍生活于农业社会中，因此在我国提倡体育本属困难。"这种社会背景一般人不了解，体育工作者也常常忽视，"抑且社会机构既不发达，教育又未臻普及，体育遂靡所附丽，因此亦无法推动"。

"五、学校体育与社会体育虽有密切关系，但其范畴显有不同，社会体育应由一般爱好体育活动者自动组织之，而此种爱好体育习尚之培养又须以学校体育为基础，……学校体育自应由教育机关主管，但社会体育绝非设有主管机关所能藏事，二者不能以同一方式提倡之，世界各国莫不皆然，而我国则始终欲以一种机构一种方式推动之，遂至学校体育只能略具规模，而社会体育瞠乎其后，不但此种畸形发展不合理，且使学校体育因无社会体育为之继续，而减少其效果与价值。"

文章的最后，袁敦礼写道："上述五点为我国热心体育人士所急应考虑而速谋改进之道者也，否则奥林匹克运动会所鼓吹理想时无补于我国，虽欲参加，困于环境与经济亦将流产，中华全国体育协进会经此长期抗战，以往基础业已荡然无存，复员以来，赖一二人之奔走，经营在极端困难之下仅能维持其苟延残喘，亦更将无法扩展其工作，以领导社会体育。董（守义）先生此行收获能将奥林匹克运动会之真实状况介绍于我国热心体育之人士，而其反映我国体育前进之暗淡，更形明显，此实吾人所不能再安缄默，而应急起直追得解决者也。"

袁敦礼对当时我国体育落后之现状及其原因，分析准确透彻，一针见血。这里有一个体育工作者的十分痛心、百般无奈，更多的还是千万分的热忱和责任。

师大复员北平后，袁敦礼见东单原来的兵营已无用途，大片土地闲置，正可修建体育场。他知道，政府正倾其所能准备打内战，是不可能出资修建体育场的，便号召社会贤达、商界、体育爱好者等捐款，为社会增加一处体育活动场所。怎奈，当时人们已无心体育，有钱人准备南逃，无钱人在观望。袁敦礼的良好愿望付诸东流。

1948 年，袁敦礼曾与董守义商量，中国也参与申办奥运会，以此来推动、振兴群众体育活动。倡议者热情高涨，响应者寥寥，加之当时局势紧张，人心惶惶，两个倡议者只得作罢。

危难中受命的校长

1937 年卢沟桥事变后，师大迁往西安。当时袁敦礼任教务长，被留在北平做善后工作。他将能拿走的贵重资料、仪器送走，无法转移的图书等封存，协助可以转移的教师起程，安抚因老弱病或家庭拖累无法西迁的教职员……直到北平沦陷，他才闯过道道盘查，转道南京抵达西安。

当时，师大与北平大学、北洋工学院等学校合组为西安临时大学。匆忙逃难而来的学校，除几千名师生外，几乎一无所有。袁敦礼主动请缨担任临时大学的总务长。他为师生的食宿问题向地方有关部门协商，租赁房屋并分配给师生用做住宿或上课，保证师生的一日三餐，还要在原来的三所大学中间协调，……千头万绪，困难异常。

原来生活在故都北平和商埠天津的学生们，一下子来到偏僻、落后的农村、山沟里，生活十分艰苦，学生住庙宇、草棚，饮河水，一日三餐有时也无保障。为引导学生顺利渡过这困难时期，学校成立卫生委员会，袁敦礼当选为主席；后成立学生生活指导委员会，他当选为委员；该委员会撤销后由导师会接替，他仍为导师会成员。袁敦礼带领有关教职员，对学生进行健康检查，广泛宣传预防传染病，人人讲卫生，天天要锻炼。在办学条件极其简陋的情况下，体育运动仍因地制宜广泛开展，如跑步、体操、打棒球等；袁敦礼还利用星期天、节假日，带领学生远足、登山。使学生练就了健康身体和吃苦耐劳的精神，适应当时战争的需要。1938年3月，师生冒着早春的严寒，从西安迁往陕南城固时，学生徒步穿越秦岭，每天要步行三四十里路，有时甚至五六十里，连续十余天，学生们没有一个掉队的。数十年后，学生谈起此事，仍为袁敦礼的远见卓识而由衷钦佩。

农村的厕所向来是蚊蝇的滋生地，是许多疾病的源头。为减少疾病流传，袁敦礼根据苍蝇喜光、不会直角拐弯和垂直向下飞行的习性，设计了先为暗房、后直角拐弯，再进到层高顶部通风的厕所，粪坑采取封闭式，杜绝了苍蝇进入，被称为"无蝇厕所"，其设计既科学又卫生，经济实用。

1939 年，教育部实行训导制度。师大当局遴选训导主任时，选择道德、文章均堪称楷模的教授担任。1940 年 10 月，前训导主任黄国璋去重庆筹建地理所，袁敦礼继任训导主任。袁敦礼对训导制有自己的理解。他曾发表文章说："喻之以理，行之以正，处之以平，出之以诚。""理、正、平、诚，是从事训导工作不可须臾离者；无理不足以动人，不正不足以率人，不平不足以服人，不诚不足以感人。训导之所忌者为武断、通融、成见、秘密；武断足以偾事，通融必使学校纪纲破坏，成见必致发生无谓之摩擦争执，秘密则可招致猜忌，失去信赖，形成对立，已往大学学潮之发生，莫不由此。"这是袁敦礼对教育管理的精辟论述。他对学生严格要求的同时，又给学生相当大的自治空间：学生自己主办伙食、学生班代表会制度、学生斋舍规则等，均以学生自我管理方式为主。袁敦礼一向以身作则，因此，学生对他的严厉也几乎没有反感。

1945 年，袁敦礼应美国国务院邀请，以客座教授身份到美国讲学一年。期间，他曾在美国国务院作过讲演，介绍我国的高等教育情况，重点介绍了北师大的办学思想、专业设置以及办学条件。

1945 年 8 月抗战胜利，迁往异地办学的高校都得到教育部返回原校址的通知。在兰州的北平师大（即西北师范学院）要求复员北平受阻，全校经过长达半年的斗争才获得返平的允诺。1946 年 1 月，教育部任命袁敦礼为北平师范学院院长。因他尚在美国讲学，无法及时就职。6 月，教育部急召袁敦礼回国就任。7 月 5 日，他抵达上海，旋赴南京教育部报到。他与原校长李蒸、黎锦熙确定返平师生原则：原师范大学随学校内迁的教职员，除本人志愿留在兰州外，均可复员北平师院任职；西北师范学院学生可无条件转入北平师院。袁敦礼在师范大学校友会南京分会上表示：仍按师大的一贯作风，本人才主义，尽量提高教授、学生素质，奖励学术研究，训练解决一切实际问题的能力，发挥高度的专业精神，做好返平接收、整理、招生、开学等事宜。

1946年8月5日，袁敦礼赶到北平就任北平师院院长。北平临时大学补习班第七分班的学生正待并入北平师院。两校学生的安置办法，系科的设置，教师的聘任，图书、仪器的使用等，千头万绪，纷繁复杂。振兴师大，一切均从头开始，百事待举。袁敦礼凭多年在师大卓越的工作树立起的威信，以及他的精明干练，将这些事情一一安排妥当。复员后的北平师范学院设立国文、英语、历史、地理、数学、物理、化学、博物、教育、体育、音乐、家政12个系和劳动专修科、国语专修科等。10月29日开学典礼大会上，袁敦礼语重心长地对师生们说："大家的学校要大家办好。"11月1日，全校开始上课。

学校西迁8年，期间曾几次搬迁，许多教师因经不起这种居无定所的日子或其他原因，已到西北大学等校任职，还有一批人留在兰州西北师范学院。学校成立了以袁敦礼为主任的聘任委员会，聘请刘盼遂、孙楷第、梁实秋、焦菊隐、黄国璋、冯景兰、张宗炳、汤璪真、鲁宝重、邓萃英、老志诚、戴爱莲等各学科的著名教授，充实和壮大了北师大的教师队伍。

袁敦礼召开院务会议，起草学校组织大纲、学则、训导章程等；并计划成立社会教育、家庭教育实验区；确定各附属学校的领导；规划出版学术刊物；重新确立学制年限；联合学界，发起公葬抗战期间病逝在北平的钱玄同、高步瀛二位先生；筹备校庆，举办校史展览，等等。学校除招收各本科生外，又追加招收国语专修科。师大虽返平较晚，但一切都有条不紊地进行着。1947年11月，学校恢复抗战前的三院：文学院、理学院、教育学院。

当时出任教育部部长的朱家骅一贯另眼看待师大，几次欲取消师大或令师大搬出北平，始终未能得逞。师大复员北平后，教育部令北师大只能称师范学院。师生们为此不断请愿、上书，甚至上街游行。袁敦礼也数次到南京，敦请教育部履行诺言：恢复师大的校名；申请办学经费，偿还所负债务。教育部屡屡食言。他曾以辞职相抗争，仍念念不忘学校的正常教学秩序，致函学生"复大委员会"，请爱护学校，维持上课。全校师生及校友们经过奋争，于1948年10月正式恢复了北平师范大学的校名。

袁敦礼很注意学校的教育与教学，及时吸收新知识新科学。在访美期间，他注意到一种新的教育形式——电化教育在美国已很普及，深感电化教育对推动中国教育的普及大有裨益，国内应大力提倡。回国时，他特从美国聘来了电化教育专家葛泽教授并购买了必需的设备；在学校组织了14名教授和各附属学校主任在内的电化教育委员会，负责学校的电化教育领导工作。学校专门设立了电化教育室，在教育系增设了电化教育选修课。学校还申请了呼号、波长、频率，专门设立了教育广播电台，于1947年12月17日师大建校四十五周年时开播。由于国民党当局的限制，每周只有周六、周日两天试播。播送内容有教育讲座、学习指导、英语短剧、诗歌朗诵、音乐歌曲、少儿故事等节目，很受社会欢迎。当时全国已有电化教育手段的只有金陵大学和南京社会教育学院，北平师大是第三家，也是北方唯一的学校。

师大返回北平后，正值国内解放战争期间。国民党各级官吏贪污腐败，军警特务横行，民怨沸腾，反饥饿、反内战、反迫害的政治运动此起彼伏。学生们成立书报社、墙报社、读书会、歌咏社、民舞社等组织，广泛团结学生，参与"反饥饿、反内战、反迫害"的斗争。袁敦礼对国民党的腐败深恶痛绝，回北平后拒绝出席市党部召开的各种会议，对学生的民主运动一直采取默许的支持态度。因此，学生在校内公开大唱"国际歌"、"解放区的天是明朗的天"、"古怪歌"（挖苦国民党）等歌曲，甚至将新华社的文稿张贴在壁报上。有的进步教师为得到袁敦礼的正面态度，就问他："别的学校教师民主运动搞得热火朝天，我们怎么办？"袁敦礼立即回答："我从来没有说不许你们搞哇！"从此，师大教师的进步组织"教授会"、"讲助会"（讲师、助教）等更活跃了，成为北平高等学校民主运动的中坚。

1948年4月9日凌晨，手持凶器的特务闯进师大，砸毁教学仪器、抢走伙食费、抓走8名学生、打伤数人，制造了震惊全市的"四九血案"。当时，袁敦礼不在北平，师生急电校长。袁敦礼复电学校，谴责特务暴行，对学生表示慰问。学校上下同仇敌忾，戮力同心，一致要求释放学生、惩办元凶，迫使北平市、警备司令部、市党部等负责人分别向师大道歉，并于当日释放了被捕的学生。袁敦礼几次利用校长的便利，掩护地下党员或进步学生，使他们免遭逮捕和迫害。解放军围城，国民党军队做垂死挣扎，师生的粮食得不到保证。袁敦礼四处奔走，多方筹措，终于储备了可供全校三个月的米面。

1948年年底，袁敦礼拒绝国民党让他撤退到台湾的指令，听从周恩来的劝告，坚决留在大陆迎接解放。

以身作则为人师表的楷模

抗战期间，师范大学西迁西安、城固、兰州，师生生活都很艰苦。袁敦礼是著名教授，又担任学校领导，薪水不算少。但是，袁家自己有四个儿女，还赡养着他妹妹的三个孩子。人口多，生活十分艰难，孩子们连布鞋都穿不上，只有草鞋。学校分给袁家两套土坯房，对一个九口之家也不宽余。但他仍挤出一套给同事居住。

袁敦礼从来衣冠整齐，仪态高雅，目光炯炯，精神矍铄，容光焕发，从里到外、从上到下都透出一种常人不具备的智慧和干练。他不怒而威，既有领导者的威严，又有学者的儒雅，人品、学品均为师生楷模。袁敦礼常说："己不正焉能正人。"他要求学生待人接物文明礼貌，衣帽整洁，即使在抗战的艰苦年代也不能少有懈怠，但同时也绝不允许女生华服盛装。

无论是在北京，还是在城固、兰州，每天早晨的升旗、早操，袁敦礼常常是最早到达操场的。特别是在西北时期，严寒的三九，酷热的三伏，袁敦礼和校长李蒸永远是操场上的两道风景，是学生心目中的两尊圣像。学生们有问题，也愿意找袁敦礼解决，因为他是非分明，办事雷厉风行，从不拖沓。凡可以帮助解决的，定在最短时间里兑现；凡不能解决的必一一说明理由，使学生心服口服。对学生存在的问题、缺点，他批评起来也直言不讳，毫不留情。学生都说，袁敦礼是非明确，赏罚分明。

袁敦礼是奖掖后学的模范。他独具慧眼，在芸芸众生中常常发现可造之才，并千方百计帮助他们成长。1918 年入学的嫩江农村娃王耀东，每天伴着星辰锻炼。袁敦礼远远看着并为这个刻苦训练的学生测试速度。不久，王耀东就被介绍到学校长跑队，后来成为著名篮球运动员、篮球教练；解放后任中华全国体育总会副主席、西北大学永不退休的教授。1934 年从师大生物系毕业并被留校任助教的汪堃仁，工作认真勤勉，善于思索。身为教务长的袁敦礼推荐、介绍汪堃仁到协和医学院生理系学习；1947 年，他又推荐汪堃仁到美国伊利诺斯大学深造，获得硕士学位；汪堃仁后来成为细胞生物学家，中国科学院院士，长期担任师大生物系主任。1938 年李鹤鼎从师大体育系毕业后，先在母校后到四川江津体育专科学校任教；1945 年袁敦礼到美国讲学，在百忙中为得意门生李鹤鼎联系到科罗拉多师范学院深造并为全额奖学金；后来李鹤鼎任教于北京师范大学和北京体育学院，成为著名体育教育家。被袁敦礼送到国外深造的还有著名体育教育家徐英超（北京师范大学体育系主任、北京体育学院副院长）、薛济英（北京师范大学体育系教授、北京体育学院教授）等多人。

新中国成立后，已 55 岁的袁敦礼焕发青春，以饱满的热情投身新中国的体育教育事业。1950 年，他被聘为兰州西北师范学院教授，主持西北师院体育系的重建工作。他为学生讲授体育理论、人体解剖学、卫生学、体育史等课程；为年轻教师示范、讲解；为了研究苏联的体育教育，他挑灯夜战，突击学习俄语；他还带领学生千里迢迢到北京实习、取经，并与学生一起睡在大教室中。

1954 年体育系从西北师范学院分出，组建西北（西安）体育学院。他留在师院任公共体育教研室主任，应邀每年到新建的西安体育学院讲学。1956 年他被评为二级教授，并出任新组建的体育科主任。同年，他以中国体育代表团成员身份参加了在莫斯科举办的世界青年联欢节。1958 年，袁敦礼受命筹建兰州体育学院，并出任副院长，负责行政、教学、科研等工作。1961 年，兰州体育学院撤销合并到甘肃师大（原西北师院）成立体育系，袁敦礼任副校长兼体育系主任。他受高教部委托，主持了高等院校有关卫生、婴幼儿的生理解剖，以及体育系教学大纲的编写工

◎ 1961 年周恩来夫妇与袁敦礼夫妇

作。袁敦礼为新中国的体育事业的发展鞠躬尽瘁。

抗战期间,袁敦礼一家人粗茶淡饭,勉强度日。但学生有困难,他总是慷慨解囊,从精神到物质都给予帮助。1945 年,他从美国回来,自费购买了许多图书赠与学校。解放后,他仍常常自费购书捐赠学校。他的爱人因公出差,他也不准报销差旅费;他自己患病住院,一切费用也是自理。十年浩劫中,他在身心受到极大伤害之际,仍念念不忘将自己的藏书捐给学校,……他经常念叨:"国家现在还很困难啊。"

袁敦礼对体育场馆的建筑有一定研究。早年曾参与北京先农坛体育场的设计。新中国成立后,又指导并参与设计了西安体育场、兰州七里河体育场、宁卧庄游泳池、兰州体院球类及体操馆等。

1961 年,周恩来总理曾单独接见袁敦礼,鼓励他为新中国的体育事业多做贡献。他谨记总理的教诲,勤勤恳恳努力工作,愿将全部才学献给国家和人民。

但是,在十年浩劫中,袁敦礼被迫害致死。

学生对袁敦礼先生的评价是公正的、准确的:

"爱校如家,爱生如子";"大哉吾师,高山仰止;诲人不倦,芬芳桃李";

"弘扬师道伦常,立己立人名垂百世;培植体坛桢翰,强身强国德配千秋"。

2008 年 1 月,袁敦礼先生的全体子女和三位外甥继承先辈遗愿,捐款 80 万元在北京师范大学体育与运动学院设立"袁敦礼体育与教育奖励基金",奖励在体育和卫生领域做出突出贡献的师生。

饮水思源。今天,中国体育的迅猛崛起,当不应忘记为此奋斗一生的袁敦礼先生!

(王淑芳)

参考文献

[1] 董守义编著 . 国际奥林匹克 . 北京：世界书局，1947

[2] 袁敦礼，吴蕴瑞 . 体育原理 . 上海：勤奋书局，1933

黎锦熙

语言文字学泰斗

◎ 黎锦熙

　　黎锦熙（1890—1978），字君绨，号劭西，别号鹏庵。笔名有无名、瑟涧斋主人。湖南湘潭人。语言文字学家、字典编纂家、教育家。民国政府教育部部聘教授；新中国成立后为中国科学院哲学社会科学部学部委员，一级教授。历任北京师范大学、北京女师大、北京大学、燕京大学、湖南大学等校教授，北京师大教务长、文学院院长、国文系主任，曾三次出任北京师范大学校长。长期兼任教育部国语推行委员会常务委员、大词典编纂处主任。九三学社第一届至第五届中央常委。第一、二、五届全国政协委员，第一、二、三届全国人大代表。

一生潜心研究，各种论著700余部（篇），主要著作有《新著国语文法》《比较文法》《国语运动史纲》《国语模范读本》《三十年来中等学校国文选本书目提要》《新国语教学法》等。

黎锦熙在北京师范大学任教长达50余年，从事国文教学和研究工作近70年，所研究和探讨的领域包括：语音、音韵、语法、修辞、汉语史、词典编纂和文字改革、推广国语（普通话）等方面，均造诣精深、著作丰厚，是响誉海内外的博大精深的语言文字学泰斗。同时，他还是语文现代化运动的中坚。

1988年，为纪念黎锦熙先生逝世十周年，周谷城曾题词："学问渊博，著述等身。作育为怀，会友以文。考证训诂，尤其余事，改革汉字，独建殊功。"高度概括了黎锦熙一生的业绩。

湘潭罗山才俊

1890年2月2日，黎锦熙出生于湖南湘潭县晓霞镇石潭坝一个以科甲闻名的书香门第。其父黎松庵系当地名士，母亲黄氏生有八子、三女，黎锦熙为长子。黎松庵博学多才，精通文史，颇喜诗词、书法、绘画、金石、弹唱，又奖掖后学，乐善好施。齐白石原本是黎家雇用的木匠，黎松庵发现这个木匠心灵手巧，且勤奋好学，就常常请齐白石到黎家小住，一起切磋诗、画，并拿出家藏古画、图书，供齐白石鉴赏、临摹和研究，使齐白石的绘画、诗词都有较大长进。黎家附近有苍翠蓊郁的罗山，山高林密，流水潺潺，鸟语花香，风光绮丽，是文人墨客流连之地。黎松庵为鼓励学习，砥砺品行，创办"罗山诗社"，邀请朋友一起吟诗作画，吹箫弄笛，齐白石也应邀为诗社成员。黎锦熙及弟弟、妹妹们自幼就在诗词歌赋的熏陶下逐渐成长。他四岁时开始读书，孩提时就熟读了《诗经》、《十三经》及《文选》，十岁就加入了"罗山诗社"，成为诗社中年龄最小的成员。他跟在父辈后面临摹金石，饮酒赋诗，吹箫作画，齐白石就是他的绘画、雕刻老师。黎锦熙少年时就能作古今体诗及骈文、散文，但他更喜欢阅读翻译的各国地理、历史等书籍。黎锦熙的弟弟们亦多有才学，成年后有从事音乐创作的黎锦晖、有从事铁路工程设计的黎锦炯（黎亮）、从事音乐出版的黎锦光、在海外从事电影事业的黎锦扬等。

黎锦熙的祖父曾宦游两粤、湖北、山西、热河、安徽等省，祖母能言多处方言；晓霞镇方言与县城、省城又大不相同，因此，家庭成员的语言难免南腔北调、五花八门。1903 年，黎松庵远行至南京、上海等地，颇感语言不通交流不便。回家后，黎松庵对孩子们说："尔等此后宜学官话。中国因语言不统一，故相见直不能接谈，所谓爱国也，团结也，直妄言耳；尔等能有力以统一全国语音者，其功不在禹下也。"这是黎锦熙以后努力国语运动的最早动因。

黎锦熙 15 岁应府试中秀才。1906 年，清廷废除科举，他遂摆脱了"仕途经济"的羁绊，开始接受"新学"和"维新"思想，并努力寻求民主革命的真理和道路。同年，他到长沙，与朋友一起组织了"德育会"，以"致良知"为宗旨，主张牺牲个人挽救国家。后该组织被官府侦悉，通缉拿办，乃逃匿回乡。1907 年，黎锦熙进京城，在"实业救国"思想的影响下考入铁路专修科学习。一年后，学校毁于火灾，无奈他只得返回湖南，遂考入湖南省立优级师范史地科。他颇受梁启超思想影响，青睐于政治经济及社会学，曾撰写了《教育与政治》的长文。1911 年，他以优异成绩从优级师范毕业。

同年 10 月，武昌起义爆发，长沙首先响应。黎锦熙应湖南督军谭延闿之聘出任秘书。不久，黎锦熙觉得"军队复杂，政纲不振，事不能办"，于是辞职。他先在《长沙日报》任主笔，所写文章与政府对立，半年即被改组。他又与同人创办《湖南公报》任总编辑，宣传统一国家，主张人民享有四权，反对党争及一党专权。在两年多时间里，他几乎每天写一篇关于时局的文章，表述他的共和、民权思想。

1913 年，黎锦熙脱离报界到湖南省立编译局工作并兼省立第四师范历史科教师。次年春，四师并入一师，黎锦熙遂成为一师教员。在编译局，黎锦熙翻译了《美国民主政治》一书，并改编《西游记》中故事为小学教科书。1914 年编译局被改组。他邀集杨怀中（即杨昌济）、徐特立、方维夏等同人创办"宏文图书编译社"，黎锦熙任主任，住在李氏芋园。他们致力于介绍欧美新书，并用白话文编写中小学教科书及民众课本。当时他曾说："我国已由君主制改为共和制，学校课本焉能仍被《四书》、《五经》和'唐宋八大家'统治着？"他力主用语体文编写教材，并引进实用知识。

国语运动的先驱

语文现代化运动始于清朝末年，先后包括国语运动、白话文运动、拼音化运动、汉字简化运动、民族语文运动等。黎锦熙生前不仅参与其中的所有运动，并是这些运动的先驱、主要领军者。

黎锦熙是著名的推行"国语"的先驱，曾倡导组织国语研究会，长期任教育部国语统一筹备会、国语推行委员会常委。

黎锦熙因在湖南编写语体文教材的突出业绩，深得当时北洋政府教育总长蔡元培的嘉许，遂于 1915 年应聘赴北京任教育部教科书特约编纂员和文科主任。他走马上任后，深感京城名人荟

◎ 黎锦熙为师大毕业生题词
（汉字、拼音字）

萃，文气鼎盛，文化环境博大精深。他虚怀若谷，广求师友；博览典籍，殚精竭虑，潜心研究。早在民国成立之初，黎锦熙在湖南省立编译局就曾提出改国文科为国语科，现出任教育部教科书编纂，改革教学中的文言文更是责无旁贷。但当时袁世凯要称帝，恢复封建统治，京城白色恐怖弥漫，反对者稍有不慎就遭杀身之祸。黎锦熙的改革思想和措施只能暂时搁置一旁，欲南归又盘诘

正严，无奈只好韬光养晦，用看戏、会朋友、聊天、写戏评等打发时光，一副逍遥状。同时开始研究文法学与音韵学，撰写了《字音表》、《文法系统表》、《虚字用法分类表》，虽然这些早期的专著并未发表，但为黎锦熙后来研究音韵学、文法学奠定了基础。他在日记中曾有诗云："屈子同庚者，苏子发奋年。"以表达其善处恶境而不溺其志。

1916年5月，做了80多天洪宪皇帝的袁世凯猝死新华宫。恢复共和后，黎锦熙认识到："此等民智，实赶不上此等国体。于是，决定借最高教育行政机关之力，在教育上谋几项重要而有效之改革。而最紧迫最普遍之问题，乃是文字改革问题。"即大力提倡"言文一致"（普及白话文）及"国语统一"（推行普通话）。黎锦熙认为：不先行推广白话文，则改造之新文字仍将蹈过去之故辙；不有全国公用之标准语，则方言歧出，新文字必失去统一

性。黎锦熙拟订了《国语研究调查之进行计划书》，并发起成立"中华民国国语研究会"，推蔡元培为会长，张一麐为副会长。当年黎锦熙仅27岁，是国语研究会的发起人、组织者。翌年在京召开第一次大会。会议期间，根据黎锦熙的《国语研究调查之进行计划书》内容，提出编订《国音字典》，调查全国方言，审查白话文教科书，以及开办国语讲习所等具体任务。在行政方面，则请教育部下令改国文科为国语科，并正式公布注音字母。北京高等师范学校国文系教授钱玄同加入国语研究会；正在美国留学的胡适寄来用白话文写的明信片申请加入国语研究会。不久，胡适、钱玄同都成为陈独秀创办的《新青年》杂志的编辑。这样，黎锦熙所极力倡导的"国语运动"，就成为"五四"时期新文化运动颇具战斗力的一翼。钱玄同也曾高度评价说，民六年，有两杆大旗举起来：一是胡适、陈独秀倡导文学革命；一是黎锦熙、陈颂平等主张小学用国语教科书。这两种主张有根本相同之处，即皆主张改用国语。

　　1918年，在北京和平门北京高师校长办公室召开第一次国语教科书编辑会议，高师校长陈宝泉主持会议，黎锦熙、钱玄同都参加了。由黎锦熙提议公推钱玄同担任编辑主任。后来，钱玄同编辑了两本教科书，并由黎锦熙在文字旁加注音字母，该书在孔德学校一年级使用。这是将注音字母第一次用到教科书上。黎锦熙曾高度评价这次会议：是"第一次破天荒"的编辑会议，是中国创编"国语"教科书的开始。1920年，在"五四"运动和民主科学的思想推动下，教育部明令将小学的"国文科"改为"国语科"，以白话文代替文言文，并规定先授注音字母，《国音字典》也于12月24日由政府公布。这是"文言一致"及"国语统一"取得的第一步成功。此次由黎、钱诸君领军的文言一致、国语统一的改革，势必推动学校语文教学的变革。1923年，当时政府教育部将高小、初中、高中的国文科改为国语科。

中国幅员辽阔，人口众多，语言复杂。究竟以何地语言为标准统一国音，曾发生争论，有"国音乡调"、"京音乡调"、"国音京调"、"京音京调"等提法。1920年冬，教育部委派黎锦熙南下，与吴稚晖、陆衣言等在南京开会，讨论"京国"问题。众说纷纭，意见难以统一。黎锦熙曾对此记述说："那时的黎锦熙，却是想做宋朝鹅湖大会的吕祖谦，但到了末了，还只能和朱熹携手，不过他有一点和吕祖谦不同，他也是'敦教'，却嫌陆九渊不彻底。"大部分人主张"国音京调"，黎锦熙认为先粗略统一读音，音调（四声）可以暂时不做要求。因为黎锦熙的最终目标是要创造一种代替汉字的拼音文字。

为解决人民大众的识字和统一读音问题，并最终改革汉字，黎锦熙多年以来一直在琢磨创制注音字母。他促成教育部于1918年公布注音字母。1919年，黎锦熙又促成教育部成立"国语统一筹备会"，黎锦熙任常驻干事，委员有钱玄同、胡适、刘半农、马裕藻、赵元任、周作人、汪怡、白涤洲、林语堂、肖家霖、王璞等。后来加入的有魏建功。1920年，黎锦熙等率先在北京创办了国语讲习所。为宣传、普及注音字母，他驰骛不倦，从1917年至1925年的9个暑假，先后到武昌、山西、江苏、浙江、山东、安徽、湖北、湖南、河南、沈阳等地宣讲注音字母及国语学，并巡视调查地方的国语讲习所情况。1925年暑假，他在沈阳染病猩红热几乎丧命。为推行国语，统一语言，他知难而进，毫不畏惧。

自"五四"运动以后，"文白之争"始终伴随着国语运动的蓬勃发展历程而存在。1925年，章士钊由司法总长兼任教育总长，因"学风嚣张"，公开主张小学生读"经书"。黎锦熙不惧权势，上书章士钊，坚决反对复古读经，并将反对意见公布于报端。他知道：章士钊所痛心疾首的国语，指的是"斥桐城为谬种，骂选学为妖孽，而自命为文学正宗"的白话文，对国语会并无采取"犁庭扫穴"的决心。黎锦熙联合教育界、新文学界、出版界一起与章士钊谈判。最后，认定"国语会"工作只以小学教育与民众教育为限，允许做浅易的白话文，并将注音字母辅助识字，以儿童及平民为范围。国语运动的大本营——国语会得以保留。但并非所有事情都可以谈判解决。当时，章士钊主办的《甲寅》周刊上攻击白话文"文词鄙俚，国家未亡，文字先亡"。与此同时，黎锦熙与钱玄同创办《国语月刊》，并针对《甲寅》上的"白话文恕不刊布"的文告，在《国语月刊》上刊出"欢迎投稿，不取文言"。两军对垒，针锋相对，旗帜鲜明。

1925 年还有一件大事应该提及。在章士钊就任教育总长前数日，黎锦熙曾拟定部令，令各省教育厅重申小学应一律用国语教科书讲授，不得改用文言。南方各省向来重视文言文，虽教育部三令五申，仍常常阳奉阴违，出版界也趁机印制文言文教科书赚钱，为教授文言文推波助澜。公文递送辗转颇费时日，到达南方各省时，主张读经的章士钊已经兼职教育部。9 月，黎锦熙在上海发起"全国国语运动大会"。12 月，他以惊人的胆识组织江苏、浙江、安徽三省各师范、小学，在无锡市第三师范学校操场举行焚毁初级小学文言文教科书仪式，并发表宣言说："人人知道缠足是可惨的事，更要知道缠脑筋缠思想是更惨的事。硬教儿童学文言文，实在和硬把幼儿女孩缠足一样的不人道。……我们尊重国家教育法令，小学校不应当教文言文。"此次 3 省联合焚书之举，重创保守势力，亦表明了教育界推行国语的坚定决心。次年元旦，黎锦熙又组织各省及南洋、日本华侨等 83 个单位，一致庄严宣誓，从此教授国语，废弃文言文。在黎锦熙的领导下，一场废除文言文、使用白话文的国语运动在全国乃至海外轰轰烈烈地展开。

1926 年，经多年研究，黎锦熙用中、英文编绘了《国语四千年来变化潮流图》，在美国费城世界博览会上获金奖。同年，奉系军阀进驻北京，严令小学读经，并禁止白话文和注音字母。黎锦熙自己说："上年与章氏笔战，因其有对垒之价值，至此则所谓'秀才遇了兵，有理讲不清'。"遂蛰伏以待时机。

20世纪20年代末至30年代初期，教育部先后公布了国语罗马字、注音符号，使国语运动进入了较顺利的发展期。但是，国内局势恶劣，有识之士要做一些有益于国家、民众的事千难万难。黎锦熙为此曾做了一首《龟德颂》以表心迹："任重能背，道远不退，快快儿地慢慢走，不睡！"

抗战期间，国民政府许多正常活动陷于瘫痪，但国语推行委员会的组织一直存在，推行国语的工作始终没有间断。委员黎锦熙、罗常培、魏建功、何容等人仍孜孜不倦地努力工作。师大迁徙西北，黎锦熙在城固主编了《国语周刊》南郑版；后来学校迁到了兰州，他又主编了兰州版的《国语周刊》。这时，他主要关心的是边疆少数民族语言的研究工作。1944年，为培养、训练推行国语专业人才，黎锦熙等分别在兰州西北师范学院（抗战期间的北京师大）、重庆国立白沙女子师范学院、四川璧山社会教育学院三校开办国语专修科。1945年8月抗战胜利，台湾光复。在日本侵略者铁蹄下生活了50年的台湾人民，因为日本强制推行日语，青少年满口日语，老年人则恢复了闽南话和客家话。为了在台湾推行国语，黎锦熙等国语推行委员会成员组织西北师院、重庆女子师院和璧山社会教育学院三校约100多名教师和学生奔赴台湾，推行国语，宣传台湾与大陆的血肉关系。黎锦熙一再强调：推行国语，不仅要达到国语统一目的，而且要"唤醒民众"，"巩固国防"；用"闪电式"的教育方法来"唤醒民众"；用"磁铁式"的教育方法来"巩固国防"。他对赴台的学生语重心长地说："到台湾去推行国语，非只教会了国语标准话就完事，还须通过国语教育完成文化的建设和民族的团结，才算尽了国语教育的功能，必须有这种信念和决心，否则难以胜任。"今天，国语已成为台湾的通行语言，黎锦熙第一个期望已经实现，第二个期望两岸人民正热切地期盼着。

文字改革的先锋

黎锦熙在从事教育工作中发现，国人文化不普及，很大原因是汉字太多，太复杂，不好掌握。他千方百计想创造一种新文字——国语罗马字替代原来的文字。

1926年张作霖执政北京后，黎锦熙等在蛰伏期间，潜心研究罗马字。罗马字母拼汉字，始于明朝利玛窦等西方来华的传教士。至清光绪、宣统年间，国人方开始借用罗马字注汉字音，如江亢虎的《通字》、刘孟扬的《中国音标字书》等，均以汉字单音，拼以罗马字母。但是，同音异义字就无法分辨，成为推行新文字的一大障碍。黎锦熙潜心研究国语罗马字问题，提出"词类连书"的理论。1923年《国语月刊》的"汉字改革号"出版，钱玄同以《汉字革命》一文冠诸文之首。黎锦熙发表了《汉字革命军前进的一条大路》一文。此刊是当时集国语罗马字论文之大成。黎锦熙在文章中说：罗马字必须"词类连书"；"语言中的单位乃是语词"；"语词大多数是双音构成的"；"词类连书"是拼音化的"一条大路"。他还说："汉字决不是单音语"，"汉字却不理会它，偏要把无穷的形体，来表示有限的单音"。汉字文章既不分词，又不连写；学习汉字，养成"文白不分、以字为词"的习惯，忘记了活的语言以"词"为表意单位的事实。"词语连书"不仅是拼音化的一大发现，也是汉语教学的一大进步。知"字"不知"词"，是我国语言生活现代化的一大障碍。黎锦熙是第一位铲除这个障碍的先驱，黎锦熙的《汉字革命军前进的一条大路》这篇文章可以看作是发现"语词"的宣言书！

多年后，语言文字学家罗常培在《国语罗马字之演进》一文中，回忆清末民初的七位"自造切音新字"的文字改革举措后说：他们的"共同之缺点，则在只知以罗马字母拼切单音汉字，尚未能运用'词类连书'方法以减少同音异义之困难。……其后黎锦熙作《高元国音学序》及《汉字革命军前进的一条大路》两文，于'语词复音化'及'词类连书'两义尤有精辟之发挥"。高度评价黎锦熙在国语罗马字化中的独特贡献。

不久，教育部国语会召开第五次常年大会，议决组织"国语罗马字拼音研究委员会"，指定黎锦熙、钱玄同、赵元任、林语堂、汪怡等11人为委员。次年，吴稚晖随孙中山先生北上，国语会召开座谈会，议决以北京语为国语标准，在语言教学上仍须按北京声调；修改1920年公布的《国语字典》中与京音不符的字，并于年底公布修订本。1925年，刘半农自法国归来，发起"数人会"，此为研究语言音韵学的民间组织，热心国语运动和改革汉字的黎锦熙、钱玄同、赵元任、林语堂、汪怡为轮流主席。首先讨论国语罗马字问题，责成赵元任主稿。自是年9月至次年9月，历时一年，搜集资料、调查实况，广泛征求意见，九易文稿，最后由国语委员会正式通过《国语罗马字拼音法式》文稿。黎锦熙为文稿举条例、缀注释，于当年11月由国语会公布。1928年9月，由蔡元培执掌的国民政府大学院（即教育部）正式公布《国语罗马字》，简称G.R.。但是，以后政府对此推行不力，仅1933年教育部明令国内外学生以罗马字拼写姓名。

1934年9月，国语罗马字促进会在郑州召开全国第一次代表大会。黎锦熙为大会主席。黎锦熙一直认为，推行国语罗马字，要"先'破'后'立'"。首先定语言原则，次陈文字工具，终论文学演变及其根本之建设"。他还认为："简体字是过去残余阶段的补充工作，注音符号是现在过渡阶段的紧急工作，国语罗马字是将来必然阶段的准备工作。"紧急的固然要做，补充和准备的工作也要同时进行。

1935 年，在黎锦熙、钱玄同等人的共同努力下，教育部选定 324 个简化汉字公布。早在 1933 年黎锦熙与《世界日报》社社长成舍我准备筹办一个民众注音小报，双方商量合作铸造注音铜模，后因耗资过多而搁置。1934 年，黎锦熙重提此事，并经教育部拨款两万元铸造注音汉字铜模，委托中华书局代铸。同时，黎锦熙积极筹划注音汉字的选定，共选出 6788 个字，以及独用的注音符号设计。注音汉字和注音符号的铜模一旦铸成，在印刷小学课本和民众读物时将大有作为。他们规定于 1936 年 7 月全国一律实行汉字注音，小学生须先学习注音符号，而后读汉字。为落实此事，黎锦熙与汪怡两次赴南京筹备。只是日本侵华战争爆发，铸造的汉字铜模未能使用，黎锦熙等人已迁往西北了。

1949 年 5 月，吴玉章就邀请黎锦熙、罗常培、叶圣陶等人座谈文字改革问题。10 月 10 日，中国文字改革协会成立，黎锦熙当选为常务理事、协会副主席，兼方案研究委员会副主席、汉字整理委员会主任。

国语罗马字为后来我国汉语拼音做了早期的探索和准备，特别是黎锦熙提出的"词类连书"，与今天计算机汉字化中的词语是一致的，只是黎锦熙所在的时代只能是手动，而现在则是计算机化了。语言文字学家徐世荣曾撰写文章，回忆黎锦熙发现"词类连书"时说："饮水应知思源，奔湍始于滥觞。就仿佛今天的电器用具日新月异，给我们生产、建设、生活、工作带来多少方便，可我们还愿意提起富兰克林、爱迪生等早期发明家，也应让青少年知道这些作过伟大贡献的人，缅怀他们的前驱之功，开道之力。

对黎锦熙先生的'词类连书'也当如此！"

现代汉语文法的奠基人

黎锦熙是著名的语法学家，他出版的《新著国语文法》是白话文语法的代表作，系统而完整，提出"句本位"新体系，堪称现代汉语语法的奠基之作，影响巨大。

"五四"前后，当陈独秀、黎锦熙、钱玄同、胡适等人为白话文的普及奔走呼号、摇旗呐喊时，守旧的"国粹派"却认为白话文是不登大雅之堂的粗鄙语言，更不认为其中有什么法则和规律可循，他们提出"你们有新文学而无新文法"的责难。面对守旧派的恶意指责，黎锦熙认为：在"五四"新文化革命旗帜下，要进行文字改革运动，则必须找出写白话文的规律来，于是始创"国语文法"课。此前，他曾写过一些语法著作，如《国文文法系统表》、《虚词分类表》、《虚词用法变迁表》、《文法系统表草案》等。1920 年后，他先后在北京师范大学、女高师、北京师范学校、国语讲习所、小学教员讲习所等学校教授"国语文法"课，讲授以白话文为研究对象的文法。由于黎锦熙的不懈努力，白话文语法日益为人们所熟知、接受，特别是已经成为当时中、小学生的学习语法的范本，从而为促进国语运动的健康发展进一步扫清了障碍。

我国较有影响的语法的专著如：1898 年马建忠出版了《马氏文通》，1907 年又有章士钊的《中等国文典》、1930 年杨树达的《高等国文法》问世。以上三书都是文言文语法。1921 年许地山出版白话文语法书《语体文法大纲》。

1924 年，黎锦熙将自己多年教授国语文法课的讲义，经不断修改、完善后，以《新著国语文法》发表。从此奠定了白话文语法的基础。就这一点而言，《新著国语文法》在汉语语法学史上是一部划时代的著作。此书自出版后就不断再版，至 1955 年已印到 24 版（还不算台湾出版和外文译本）。有人评论说：《新著国语文法》（以下简称为《文法》）"博大而完整"，"在汉语语法学史上是非常重要的一页"，在黎锦熙的《文法》书出版以后，过去已经出版的许多白话文法书便大都绝版了。从《文法》出版以来一直到解放初期，全国绝大多数的大、中学的语法教学讲的基本上都是《文法》的语法体系；现今，人们所运用的汉语文法基本上是在此基础上的完善与发展。

《文法》确立并科学地阐明了语法学上的一些基本概念，如：字、词、句子成分。在过去的文法著作中的这些概念是不清楚的。《文法》指出："字就是一个一个的'单字'"，"单字就是国语中的'音节'"，"词就是说话的时候表示思想中的一个观念的'语词'"，"语词简称为'词'"，"不问它是一个字或是几个字"。《文法》确立了"句子成分"的概念，指出："就这一个句子来考究它中间各观念联结配置的方式和所担任的职务，便须将一个句子分解为若干部分；这叫'句子成分'。"《文法》将句子成分分为"主语"、"述语"、"宾语"、"补足语"、"形容性附加语"、"副词性附加语"六类。与现代汉语中的句子成分：主语、谓语、宾语、补语、定语、状语相比较，没有补足语，定语即形容性附加语，补语、状语都是副词性附加语，状语附在谓语前，补语附在谓语后。为方便分析句子成分，他采用图解法，首次实现了汉语语法的图表化。

过去几部语法书都是词类本位语法。《文法》创立了"句本位"的语法体系。他认为"句法的研究，比词类繁难得多，本书特重句法"，"中心是句"，语法分析重点在句，要"先理会综合的宏纲（句子）"，然后"再从事于分析的细目（词类）"；"词类的区分，本来要由词类在句中的功用而决定"：即所说的"依句辨品"，用句法来控制词类；"文学上段落篇章的研究也不外乎引导学生去发现'怎样'并'为什么'把许多句子结合成群；各群之间，又是怎样的关系……所以'句本位'的文法，退而分析，便是词类的细目；进而'综合'，便成段落篇章的大观"。此后，他又著有《比较文法》、《现代汉语语法教材》等书，都是很有影响的专著。

由词类本位语法到句本位语法是汉语言学上一个重大的革新与进步；黎锦熙确立的汉语语法学是对中国语言现代化的一个伟大贡献。语言文字学家郭绍虞称赞黎锦熙说："文法之学，肇自《文通》。语法之学，建于黎翁。擘画开创，并世所宗。祗以模仿，终觉欠公。一助一量，文语所独。特为标论，讵受羁缚！《比较文法》，尤为成熟。讷而不辩，是曰纯笃。"

大词典编纂的开山鼻祖

黎锦熙是我国大词典工作的最早倡导者和热情最高的践行者。

黎锦熙一贯认为："语文工具之革新，不能不顾到文化的实质，则必先以客观的态度，做一番综合的大工作，方能系统化、具体化。"这一综合的大工作就是编辑、出版中国大词典。教育部在黎锦熙的一再建议下，于1920年议决组织大词典编辑委员会。1923年设立编纂处；1928年国语会改组，中国大词典编纂处正式成立，由国民政府拨北平中海居仁堂为处址。次年开始工作。黎锦熙为大词典编纂处总主任。下设搜集、调查、整理、纂著、统计五个部，钱玄同、刘半农、汪怡、白涤洲、魏建功、孙楷第等为分部主任。

当时学习汉字的工具书十分匮乏，只有《辞源》、《中华大辞典》等几种综合性的大型词典。至于编纂专以语言文字为内容、并给中国几千年文化中出现的语词做一系统总结的《中国大辞典》，此前没有人提起，也实在是无人敢于有这个设想，当然更没有这样的专门单位了。

黎锦熙称编纂大辞典的目的是："正名辨物，赏奇析疑"，实际上是要"打算给四千年来的语言文字和它所表现的一切文化学术等等结算一个详密的总账……具体化的工作惟在辞典，惟在'大'辞典。""正名辨物"是要把古今语文中的名物凡因古今方俗用语不同，或同物异名的做一番清理；"赏奇析疑"是包括名物字以外种种词语，也就是为欣赏历史上那些使用当时当地活语言创作的文学作品扫除字词训诂上的障碍。进一步说，是为唐以后的"近代语"研究做一种语言文字准备，就是把五代、北宋的词、金元的北曲、明清的小说中的词语，自古到今的字书、词典所没有收录的，统统搜集、整理、注释。这是一项规模恢弘、头绪纷繁的浩大工程，在旧社会那样动乱的时代，仅凭少数人的热情和努力肯定是难以完成的。

黎锦熙明知此项工作困难重重，任重道远，仍满怀激情投入工作。他认为，该书"规模务求大，材料务求多，时间不怕长，理想尽高远"。由黎锦熙编写了一切工作计划和规则，仅计划书就长达一万五千言，体大思密又条分缕析，为古今丰富的汉语语汇经过科学整理编辑成辞书这一工程描绘了一幅最佳的蓝图。这个计划书不仅当时可用，现今仍有参考价值。

在具体操作上，他们绝不因袭旧例，一切均从头开始。黎锦熙说："我们决不能用从前编纂字典的方法，仅就已有的字书、韵书等，抄录排比，酌增新字；必须仿照《牛津英文大字典》那样，另起一座文字炉灶。"他们首先从搜集材料开始，采购了大量图书，就古今中外各种字书、辞典、专著、报章等，有的翻译，有的勾乙，采取边搜集边整理，或剪贴或抄录在卡片上，每词一卡。从 1928 年至 1934 年止，剪录的书报约 500 余种，记录的卡片 250 余万张（后来又增加到 350 多万张），分别装在屉柜里，放置在五个房间内。无论是编纂辞典，还是撰写专著、论文，这些卡片都是弥足珍贵的原始资料。整理部下分字母、部首两组，将常用字与词依照国音字母次序排列，生僻字暂以《康熙字典》部首排列，检索方便。调查和统计两部因经费所限，改为与其他文化机关合作。黎锦熙采用司马光修《资治通鉴》的方法，即先作"长编"，后写正文，在正文与资料之间以"长编"连接。他撰写了《"巴"字十义》、《芭苴蘘荷考》等长编，然后才从"巴"字起，编辑大辞典的样本。纂著部在大辞典编辑中，编著、出版了《国语词典》、《中法词典》、《国音字典》等辞书。

《中国大辞典》原定 20 年编成，分 30 卷，逐卷付印；每印 10 卷，合订一册；计三巨册，预定 1948 年全书出齐。在黎锦熙等人的共同努力下，1932 年 9 月《中国大辞典》开始实质性工作。黎锦熙与钱玄同分任总编纂，黎负责义训及复合词；钱负责字的形体声韵。有关科学术语名词，拟聘请相关专家担任。

《中国大辞典》正文的编写是在资料有了相当数量之后开始的。黎锦熙等人不畏艰难、辛勤耕耘，到 1934 年将《国音字典》中所有文字，"都顺着它的时代叙明它的'形''音''义'变迁的历史"，即《中国大辞典》第一卷已编纂完毕并准备印刷。黎锦熙在《中国大辞典》第一卷的编纂旨趣中写道："教育部国语会当初计划这件事，规模并不大，其旨趣不过是统一国语和便利普通教育，故民九（1920）组织的委员会，民十二（1923）成立编纂处，都只名《国语辞典》。民十三（1924）起，才打算要对于中国文字作一番根本的改革，因而不能不：（1）给四千年来的语言文字和它所表现的一切文化学术等等结算一个详密的总帐，以资保障而便因革；（2）从而用正名辨物，'谐声增文'的方式，使国人之精神思想渐趋于系统化，科学化，而为现代和将来所需要的一切文化学术等等建树一个基础的新规，以资准绳而便应用；（3）而且改进中的新文字，形式务求其简单，使数千年来由'象形'递演而成笨拙、繁难、纷乱之'音标的'汉字，不复作现代的文化进展、教育普及的障碍物，而内容又要求其丰富，凡汉字所能表达的一切固有的高深、曲折、精密的观念，决不令其消灭。有此三项任务，则具体化的工作，惟在《辞典》，惟在《大辞典》！《国语》又嫌流于狭义，所以就叫《中国大辞典》！"

但经费成了他们最大的拦路虎。1928 年，为编纂《中国大辞典》，刘半农曾向大学院大学委员会申请拨款 60 万元，被否决了。刘半农认为经费是基础，"非款不办"；黎锦熙却说："有款固佳，无钱也办。"教育部的"国语统一会"拨款有限，中华文化基金董事会的补助款也于 1933 年停止了。以上款项原来也只勉强应付平时的收集、整理等开销，至于出版《大辞典》，没有政府的专门拨款是万万不可能的。《中国大辞典》第一卷因此搁浅了。

但是，在编辑中，搜集、整理兼校勘、索引等工作，以及各编纂员的研究、考订等工作，统计产生一大批"副产物"——专著和论文达 200 余种，其中专著有 80 余种，都是关于语言、文字、声韵、文法、释词，以及戏曲小说等的考证之作。同时，一批跟随在黎锦熙身旁工作的年轻人，经过实际工作，已经成为辞典编纂、语言文字方面的专家。

正当黎锦熙四处奔走寻找出版经费时，国内紧张局势日益加剧，华北尤甚，北平的文化机关多议南迁。为保存这批珍贵的资料卡片和编辑成果，他们曾两次转移资料到安全地带，因而影响了辞典的编辑进度。抗战爆发后，《大辞典》编纂处的工作陷入停顿。

抗战胜利后至解放初期，虽曾两次重整旗鼓，调动人力，组织编写，但均因种种原因被迫停止了。在 20 世纪 50 年代前后，黎锦熙与同人合作出版了《国语辞典》《汉语词典》《国音字典》《增注中华新韵》，以及《学习辞典》《学文化字典》《同音字典》等，其体例、注音等均以黎锦熙原来的设计方案。

博古通今品行高洁的教育家

黎锦熙早在 1906 年时，将黎家的私塾改为小学堂，自任教员。这可以看作是黎锦熙教育生涯的开端。在省立优级师范学堂读书后期，他在优级师范学堂附中教地理；毕业后在长沙市的中学教地理、历史或国文；后来在湖南省立四师、一师专教历史。1920 年开始在北京高师（北师大前身）国文部任教直至病逝。他从事教育长达 70 年，解放前为教育部部聘教授，曾任师大文学院院长、国文系主任、教务长、研究院（所）副院长等职务。他还曾在北京大学、湖南大学等高校任兼职教授。他先后讲授"文法研究"、"国音沿革"、"声韵学"、"语言学概要"、"中国语文教材与教法"、"宋元明学术思想概要"、"读书指导"等多门课程。他讲课不是滔滔不绝有声有色特别生动的那种，而是平实、平静，但条理清晰，重点突出，非常便于学生掌握和应用。他特别善于使用图表、排列纲目进行教学。讲音韵学，无论古音、今音都要画元音舌位图和其他表格说明发音部位、方法及舌的高下前后，加强学生的印象；讲国语教学法，就画了《汉语方言十二系区域图》（后改为三区十四系）；讲读书指导课，他编了《增码补注〈书目问答〉》，他按当时图书分类法把《书目问答》中的每一部书都编了书号，按照这个书号到师大图书馆很容易借到这部书。

黎锦熙在语言文字范围内的学问已经很广博了，而他的学问并不限于语言文字的范围。他对哲学很有研究。自 1917 年起至 1945 年止，他以研究佛学、禅宗，研究佛教中的哲理，以及中国古代哲学和西方哲学上的诸多问题，并有《佛教十宗概要》等专著发表。他对地方志也颇有研究，抗战期间学校在陕南城固时，他曾主持了《城固县志》的编修工作，并参加过关中和陕北几个县的县志修订工作，著有《黄陵县志》《宜川县志》《洛川县志》《同官县志》。他总结编修县志的经验，写成《方志今议》一书，当时得了学术奖。他在修志时，很注意方言的调查和民谣的搜集，学术性很强。钱玄同曾说："黎劭西是个怪人：他本是学历史地理的，近又只作语言文字考据工作。可是他又是'玄学鬼'，'玄学鬼'也罢了，他又在大庭广众的会议场上能持笔起草章程，'法令如牛毛'！"语言文字学家郭绍虞在《黎劭西先生赞》中说："先生的学问：说得狭一些，是语法专家；说得广一些，是国语学的专家。——声韵、训诂以及语法修辞，文字改革等等，无不在他的钻研范围之中。专而能通，博而返约，这是近世学者中比较少见的。"

黎锦熙一生教授学生无数，可谓桃李满天下。他对学生和蔼可亲，循循善诱，因材施教，教导有方，并独具慧眼，识别人才。

民国初年，黎锦熙在湖南省立第四、第一师范任历史课教员时，讲课旁征博引如数家珍，带领学生在知识的海洋中畅游，深得学生的爱戴。他与杨怀中等组织了哲学研究会，吸引了毛泽东、蔡和森等一批有志青年参加。黎锦熙渊博的学识、儒雅的学者风范、又品行笃正高洁，深得毛泽东的敬重。同时，这个聪慧睿智且胸怀大志的学生也引起黎锦熙的注意，他们很快成为挚友、兄弟。毛泽东经常到黎锦熙住处请教，问题涉及古今中外，天文地理，特别是关于如何治学等。他们交往频繁，求学、指教与共同探讨均十分热切。毛泽东在给朋友的信中写道："闻黎君劭西好学，乃往询之，其言若合，而条理加密焉，入手之法，又甚备而完。吾于黎君，感之最深，盖之有生至今，能如是道者，一焉而已。"称黎锦熙是"可与商量学问，言天下国家之大计"的良师益友。黎锦熙对毛泽东评价非常高，在日记中曾写道："晚，在润之处观其日记，甚切实，文理优于章甫，笃行俩人略同，皆大可造，宜示之以方也。"黎锦熙慧眼识巨才，对较自己年少三岁的学生总是循循善诱耐心教导。他们之间的友谊持续了半个多世纪。

黎锦熙是奖掖后学的楷模。他真诚关怀学生，希望"青出于蓝而胜于蓝"。认为学业成就来自刻苦勤奋，持之以恒。过去，北京大学、清华大学、燕京大学等学校学费昂贵，使贫寒子弟只有选择不收学费又包食宿的师大。但进学校要交20元的注册费还是难住不少人。有直接或间接认识黎锦熙的青年，就求到门上。黎锦熙总是漫不经心地说："我已与注册科打招呼了，由我担保，将来扣我的薪水。"不知多少青年因黎锦熙的慷慨帮助而完成学业。后来成为古典文学家的吴奔星就是黎锦熙与"注册科打招呼"后，在师大完成学业的。由于抗战，师生各奔南北，数年没有机会相见。抗战胜利后，他们在南京重逢。吴奔星感谢老师当年的慷慨捐助。黎锦熙笑着说："人情不是账，算账还不清。你记着就好了，记得比加倍偿还好得多哇！"

黎锦熙经常勉励学生说："不怕不宽宏，就怕太笼统；不怕不聪明，就怕不宽容；不怕不用功，就怕乱翻动；不怕不勤奋，就怕如炮轰；不怕胆不大，就怕少规划。"这种深入浅出而又饱含哲理的教导，使许多学生受到启发和鼓舞。过早病逝的青年语言学家白涤洲一直认为自己能力不强，恐难以研究学术。黎锦熙对白说："纵然低能，也有低能的研究法，统计、归纳、实验，就是高能的人也要用低能的手段才干得出成绩来。"在黎锦熙的鼓励下，白涤洲在两年时间内就完成了《广韵》《集韵》两部书的统计、归纳工作，写出几篇有价值的论文，成为研究音韵学史的珍贵参考资料。著名小说目录学家孙楷第、版本目录学家兼图书馆学家王重民等都曾得到黎锦熙的指点。

　　语言学家王静如，年轻时研究《说文》发现其中的缺欠，写信向黎锦熙请教。他见王指出的问题确当，当即约钱玄同一起会晤王静如，对王大加鼓励，并把自己购买的高本汉著的《汉语分析字典》借给王静如阅读。后来，王静如又有新问题向黎锦熙请教，他约了钱玄同、赵元任二位一同会晤王。不久，王静如就成为清华大学研究院学生、赵元任的门生了。甲骨文字研究卓有成就的孙海波，在 20 世纪 20 年代曾在师大研究院历史科学门研究甲骨文，积数年功力撰成《古文声系》一书。黎锦熙称赞孙是研究甲骨文的后起之秀。一天，黎锦熙问孙海波有无字或号，孙答没有。黎锦熙便给孙拟了"澜堂"。这是对孙海波很大的鼓舞。因为，黎锦熙和钱玄同所推崇的甲骨文研究者唯有"四堂"——即罗雪堂（振玉）、王观堂（国维）、郭鼎堂（沫若）和董彦堂（作宾），再加上孙澜堂就是"五堂"了。

　　黎锦熙对朋友亦热忱帮助。周谷城曾回忆说："劭老一生，专心致志于文教学术，成绩斐然。无论识与不识，都一致称颂。一代大师，不可多得。他于自己所任工作之外，对朋友的著作，或促其成，或加以整理，也不遗余力。符定一先生的《联绵字典》即得力于劭老，才著成的。刘师培先生的遗著，不是劭老整理，也未必能很快出版。"20 世纪 60 年代顾颉刚翻译《尚书》，黎锦熙主动为《大诰》篇做语法图解，使顾颉刚非常感动。

　　黎锦熙性情恬淡，度量宽宏，待人一向谦和儒雅，从无疾言厉色。但是事情关乎国家、民族，他是非清楚，爱憎分明，也常慷慨激昂。如 1925 年上海五卅惨案后，黎锦熙在师大学生会编辑的《沪案专号》上发表《新式战术和新式战略》一文，一面号召国人自强，"用最新的科学工具，最良的经济组织，来经营自己的园地"，一面又号召有钱的人出钱，支持上海工人罢工，反抗帝国主义。1931 年"九一八"事变后，黎锦熙对国民党政府的不抵抗政策深表不满。他在诗文中写道:"'安内'残民众,和戎弃版图。乃云无抵抗,直是递降书!北虏吞龙锦,南锋指沪苏;国联犹束手,烽燧迫中枢。"1936年5月4日,他在总理纪念周集会上讲话,高度称赞"五四"的精神后说:"17年过去了,我们连'五四'时代的国势也大不如了,回想'五四'时代的国势,反可称是黄金时代了。当时的运动,是在争应得的而没有得到的利益;现在呢,恐怕只有逃跑避死的运动了。"公开指责国民党政府的不抵抗主义和实行独裁统治,反不如"五四"时代的北洋政府了。

1945年上半年,黎锦熙参加了"民主科学座谈会"(九三学社前身),积极参与"反饥饿、反内战、反迫害"的斗争。北平解放前夕,黎锦熙拒绝国民党政府派飞机接他南下的邀请,坚决留在北平迎接解放。

黎锦熙一生不计地位高低、职称大小,并远离宦海。早年他在教育部担任编审处审查股的主任编审和国语研究会委员等非行政职务,后来他长期在师大任系主任、文学院院长、教务长等几种教学行政职务。期间,他曾三次被任命校长。1928年,奉系军阀退回关外,国民党势力到达京津。国民政府实行大学区制,将北平9所国立大学合并为北平大学。师范大学为北平大学第一师范学院。黎锦熙被教育部任命为第一师范学院院长。那时的大学,教育经费短缺,人事复杂,没有背景的人难以担当校长、院长。黎锦熙坚辞不就。1945年抗战胜利前夕,西北师范学院院长李蒸辞职,教育部任命黎锦熙为院长。他仍坚辞不就。但当时学校因"复员"北平与教育部斗争正酣。黎锦熙积极支持学生的"复员"活动,一面为学生出谋划策;一面撰写公开信上书教育部、政府主席,陈述"复员"的要求和理由。他的院长职务由别人代理,后来连这个名义也不要了,干脆回湖南老家并在湖南大学兼课去了。1949年春北平解放了。5月,成立北平师范大学校务委员会,黎锦熙任主任（相当于校长）。他知人善任，常让秘书代替行事。期间，毛泽东常常到黎锦熙家叙旧，曾请黎出任教育部长一职被谢绝。次年2月，教育部任命新校长林砺儒到校，黎锦熙安然卸职，仍专心致力于教学改革和语法研究等工作。

黎锦熙一生大部分精力用于改革语言文字工作。他与众不同的是，他不仅重视语言现代化理论的研究，更重视人民大众语言生活的现代化，认为这是整个国家现代化的必要条件。他的服务对象是面向广大儿童、大众，其主要阵地在基础教育，即大学者一生做基础工作。黎锦熙为实现"共同语、拼音字"的目标奋斗了一生。究其根本目的在启发民智，培养合格的公民；在改革政治，实现社会的民主科学与自由平等。他在民国初年曾批评说："大多数国民以不通文之故，于国家政治绝无所知；一二人操纵之，虽有亡国败家之祸，弗能喻也。"他一生致力于改变公民愚昧、国家软弱的落后状况。

1978年春，在全国科学大会召开期间，黎锦熙接到中国科学院召开北京地区语言科学规划座谈会的通知。此时他因骨折住院。3月23日，黎锦熙在病床上口授了《对语言科学规划的几点意见》。他诚恳地说"希望我国能编出一部真正的大百科全书"，还深情地表示："我今年已满89岁，风烛残年，但我要活到老，学习到老，工作到老，只要我一息尚存，我

◎ 出席全国政协第一次代表大会的九三学社代表。前排左起依次为黎锦熙、许德珩、袁翰青。

287

就把全部精力贡献给祖国的语文教育事业！"这是他准备的大会书面发言。四天后，黎锦熙与世长辞了。他真正做到了为人民的事业鞠躬尽瘁，死而后已。

黎锦熙先生的精神与成就永存！

（连　宁）

参考文献

[1] 黎锦熙先生诞生百年纪念文集 . 北京：北京师范大学出版社，1990

[2] 黎锦熙 . 自传（手稿）等

傅增湘

版本目录学家、校勘学家

◎ 傅增湘

　　傅增湘（1872—1949），字叔和、润沅，后字沅叔，别号双鉴楼主人、藏园老人，笔名蕙斋、书潜、清泉逸叟，长春室主人等。四川江安人。版本目录学家、校勘学家、教育家、藏书家。早年就读于保定莲池书院。光绪戊戌年进士。曾创办天津女子公学、京师女子师范学堂（北京女子师范大学前身，后并入北京师范大学），并任校长。曾出任北洋政府教育总长、故宫博物院图书馆馆长等职，辅仁大学董事、清华大学研究院教授。

　　潜心古籍校勘学和版本目录学研究50余年，著作闳富。主要有《藏园群书题记》《藏园群书经眼录》《双鉴楼善本书目》《双鉴楼藏书续记》《藏园续收善本书目》《藏园订补邵亭知见传本书目》《藏园游记》《宋代蜀文辑存》，以及诗作等，均已出版。

傅增湘先生是 20 世纪上半叶著名教育家和一代鸿儒。他是中国女子教育的最早实践者。他喜藏书，所藏之书多为海内孤本或现存最完整之本；他善校勘，耗时 50 载，校雠善本书 16000 余卷，受到大学者余嘉锡、张元济等人的高度称赞。他将藏书与校勘本捐赠北京图书馆，极大地丰富了图书馆的馆藏。

一门三进士两翰林

傅增湘清同治十一年（1872）旧历九月初八日出生在四川江安一书香之家。祖父名诚，父名世榕。幼时即随父宦游出川，9 岁定居天津受学。光绪十四年（1888），傅增湘年 17 岁时应河北顺天府乡试中举人。19 岁（1891）入保定莲池书院学习。当时书院山长为桐城派著名学者吴汝纶，对他的诗文十分赏识。光绪二十四年（1898）会试，中二甲第六名进士，选翰林院庶吉士，时年 27 岁。是年冬请假返川，因庚子国变，留川四年。

傅家兄弟学业精良，其长兄傅增淯于光绪十八年（1892）中进士，选翰林院庶吉士；次兄傅增濬于 1904 年亦中进士。因此，傅家有"一门三进士两翰林"的美誉，在四川江安颇有名望。

女子教育的开拓者

傅增湘是近代著名教育家。

光绪二十八年（1902）春，袁世凯在保定训练新军，从莲池书院高才生中择选幕僚，傅增湘被选中。是年秋，袁世凯出任直隶总督，他随入直督幕府。傅增湘与袁世凯并非故交。他在《六十自述》（以下简称《自述》）中写道：

"壬寅春正，理装戒行，而项城袁公聘书至。……五月，谒项城于保定，委以军谘之职，余于项城初无雅故也。当幕府初开，闻莲池主讲连得大师，必有英才奋起其中。友人吴君彭秋以余昔年角艺尝冠其曹，首举以对，其实同门俊异什百于余者正多，闻之徒增惭怍耳。"

1903 年（光绪二十九年癸卯）散馆考试，以一等第一名授职翰林院编修，时年 32 岁。7 月任顺天乡试同考官。

1905 年傅增湘 34 岁，奉命在直隶创办女子学校，开中国女子教育先河。先创建女子公学，又主持高等女学和女子师范，任北洋女子师范学堂总办。自此辞去幕职，专事教育。《自述》中有如下叙述：

"先是旅津遇旌德吕碧城女士（美荪），喜其才学赡博，……因约英敛之（华）、卢木斋（靖）、姚石泉（锡光）等倡设女学，先室凌夫人力赞之。……酿金筑舍，定名女子公学，令碧城主教习，而推余夫妇总其成。……周君缉之（周学熙）又别设高等女学，总持者未得其人，项城急电余归，俾兼管两校。……乙巳春，部署略定，而项城以为欲大兴女学非广储师资不为功，更以筹立女子师范见属。……草定规制，先开简易班以蕲速成，嗣分文理科用资深造。……由是近而畿辅，远及江海岭峤……闺英百辈，萃于一堂。……然余亦从兹舍幕职而专营学事矣。"

1907 年（光绪三十三年丁未）清政府在北京筹建京师女子师范学堂（北京女子师范大学前身），任命傅增湘为总理（即校长），时年 36 岁。学校借八角琉璃井医学馆为临时校舍，于十月初十（11 月 3 日）开学。傅增湘制定规章制度，确定课程、遴选教员等。万事开头难，特别是创办国立第一所女子学堂，史无前例。旧势力的非难、阻挠，不理解人群的观望，赞同者的期望，来自社会各界的压力重重。面对千头万绪，傅增湘考虑缜密，计划周详，并亲自赴苏、鄂等地招生和筹集资金，以扩大学校的影响。他选定宣武门内石驸马大街为女师永久校舍，精心设计、施工，使之成为具有现代化设备、布局合理、景色优美的中西合璧建筑群，至今仍不失为精美建筑。

因傅增湘几次办学均成效卓著，光绪三十四年（1909）被任命为直隶提学使。次年五月，辞京师女子师范学堂总理职。任提学使三年，大力推进小学教育，特别是乡村小学。他认为：中国教育落后，欲教化国民，惟普及小学教育，尤其是乡村小学教育更重要。他深入各地城乡，旁听课程，亲自指授，检查教育，评定优劣。他在保定、天津、滦县、邢台四地先后创办初级师范学堂，指导学校制定规章制度、选定课程，广揽师资，殚精竭虑，成绩斐然。他在《自述》中说：

"余以为欲教化之普行，惟小学实为先务，而小学之推展，则乡僻尤为要图。今之主学事者大率糜金钱、萃人材于都会，而以乡校教育听诸州县下吏，以奉行文书为课最，非本计也。于是岁时分道出巡，东抵榆关，西渡易水，南及大名，北至宣化，逾古北口环视热河、朝阳边荒之域。三年之中，减骑从，冒寒暑，走穷村古寺，目验而口喻之，所至集官绅评优劣，而申以奖惩。风习得以周知，士气为之奋发。盖提学巡视之举全国莫先焉。复筹设初级师范四校，分布保定、天津、滦州、邢台各地，为全省广储教师。"

辛亥革命后，傅增湘曾任唐绍仪顾问，参与南北议和。时年40岁。和议不成，他辞职返津，旋遭母丧，居家守制。1914年任四川省选出之约法会议议员。后任肃政使一年。

1917年，冯国璋任总统，王士珍出任总理。11月，特任命傅增湘为教育总长。次年，段祺瑞任总理，后钱能训继任，他一直留任教育部。傅增湘任教育总长前后近两年。他根据中国教育落后的状况，整顿学校，推进基础教育，发展师范和实业教育，重视为国家培养人才，力主选送优秀青年出国深造，以解决国内科学、技术人才匮乏的问题。

1919 年 5 月 4 日"五四"运动爆发后，北京各学校学生数千人在天安门广场集会。会后举行游行示威，并火烧曹汝霖的住宅赵家楼，痛打了陆宗舆。北京政府派军警逮捕学生 32 人，学生与政府的矛盾升级。北京大学校长蔡元培、高师校长陈宝泉等紧急约见教育总长傅增湘。他慷慨陈词，对学生的爱国举动十分支持，并申明：若 7 日下午前被捕学生仍不能返校，我坚决辞职。在傅增湘等人的斡旋下，被捕的 32 名学生胜利返校。政府对外软弱无能，对内又专制跋扈，使他大失所望，遂因拒绝副署免去蔡元培北京大学校长的命令，愤然辞去教育总长职务。当时，虽有学生联合会等多方挽留，但他仍坚辞不悔。从此，傅增湘退出政坛。

此后傅增湘即决意退隐，专力于校勘典籍和山水登临。但1922 年又受到友人的促迫，坚邀入阁，往返推拒，只能避重就轻，任非阁员的财政整理委员会督办。他在日记中尚存一电报手稿，称："整理会事当即回京就职，至教育一席，轻才万难胜任，祈转达诸公为幸。"即指此事，任职一年即坚决退隐，时年 51 岁。此后自号书潜，表示从此潜心典籍，不再担任公职。后又曾数度被邀入阁，均坚决不就，对一些知交挚友如张菊生、徐森玉等，一再表示对军阀割据及北洋政府之腐败的厌恶，深幸能摆脱羁绊，专心学术。但他对教育事业是支持的，在马相伯、英华创建辅仁大学后，他应邀长期担任学校董事，并一度任董事长。

傅增湘是奖掖后学的典范。1918 年他在任教育总长时，经友人推荐，得知徐悲鸿是有绘画天才的青年，先后两次设法，最终批准徐为赴法公费留学生，为一代绘画大师徐悲鸿的成长尽了一份力量。徐悲鸿曾在自己写的文章中提及此事。20 世纪 30 年代，启功是一个初中毕业后在家待业的青年。傅增湘与启功家有世交，知道这个青年的古文功底不可小视，其书画才能潜力亦颇远大，而其勤奋好学更非一般人所能及。他将启功介绍给历史学家、辅仁大学校长陈垣先生，极力推荐。后来，启功得到陈垣的赏识、培养，成为闻名中外的国学大师、文物鉴定家、教育家、画家、书法家，被誉为"国宝"。仅此两件事就足以说明傅增湘是一位慧眼识英才的伯乐。

版本目录学家、校勘学家

傅增湘退隐后即倾全力于校勘古籍及版本目录学。

傅增湘校勘典籍前后凡50年。少年时为学即痛感古籍流传讹误太多，每以师友评校佳本校正所用诸书，通籍后虽羁于职守，偶见善本，亦往往移录勘正。辛亥革命以后在上海与著名校勘学家杨守敬、沈曾植、缪荃孙交往，益感校勘于学术研究之重要，倾毕生之力校雠古籍，剪伐榛楉，除尘扫叶，为后人创造条件。自是以校书为日课。1913年夏守制家居，于三月之内借校京师图书馆（今北京国家图书馆前身）所藏宋元善本300余卷，是为大举校勘之始。在《自述》中曾谈及自己校书的情况："于是有得即校，日竟一二卷，悬为课程……渐成癖嗜。箧中不备，或借瓻以谋之，或阅肆以求之。一书必兼采数本，一本或覆勘再三。舟车行役，林壑幽寻，辄载以相伴，数十年来曾无经旬之辍。……自非凶丧疾苦，官职羁縻，未尝不展卷相对。半生精力尽耗于斯。"

傅增湘校勘态度谨严。他广征博引，详加考订，仔细辨析，坚持校雠数十年，并乐此不疲。著名目录学家余嘉锡在《藏园群书题记序》中称："至于校雠之学，尤先生专门名家。平生所校书，于旧本不轻改，亦不曲徇，务求得古人真面目，如段若膺所谓以郑还郑，以孔还孔，其于向、歆父子虽未知如何，至于宋之刘原父、岳倦翁，清之何义门，顾千里，未能或之先也。"先生手校诸书所据多是难得之善本，底本亦选佳本之精洁者，甚至以明刊善本做校宋本之底本。每校一书必旁罗众本，反复推求诸本之短长及嬗递源流，工楷书写，丹黄粲然，卷末多附题识，详记校勘所得。1937年抗战爆发后，傅增湘困居北平，闭门谢客，潜心校勘，益发勤奋。其时，他已花甲高龄，于一年半内，用宋本及二部明代写本校完明隆庆间胡维新、戚继光所刊《文苑英华》1000卷，改正极多。直至1944年患脑血栓半身瘫痪为止，综计平生所校群书共16300余卷，近800种，其一书多本复校者尚不计。

近年据校书目录手稿编成《藏园校书录》四卷，详记底本、校本及校书岁月，削稿待刊。入录之书始于1893年（清光绪十九年），时年22岁，讫于1944年4月，先后凡52年，如从1911年以校书为日课始计，33年间，每年平均校勘500卷，其致力之精勤，

◎ 辅仁大学校董事会合影，前排左一为傅增湘，右二为陈垣。

在古今校勘学家中都是少见的。

傅增湘手校诸书都尽力传播，以利学术研究，除编为校记数十种陆续发表外，也不吝通假。晚年卧病，丹铅尽废以后，把全部手校之书 16000 卷捐赠北京图书馆，以便学人采择利用。这些书经傅增湘用善本精校，图书馆极为重视，已全部列为善本，编入 1959 年出版的《北京图书馆善本书目》中。

近现代著名藏书家

傅增湘是近现代藏书大家之一。他藏书不是为炫奇斗富而是为校勘和进行学术研究，故自辛亥革命以后，与锐志校勘同时，开始专意于藏书。

他勤于访求，除经常于北京琉璃厂、隆福寺诸著名书肆浏览翻阅外，对荒摊冷肆也都加以注意。每年还要专赴南方各地如扬州、南京、苏州、上海、杭州、宁波、歙县等地访书。除书肆外，兼及藏家，甚至专程赴高邮、宝应、常熟、绍兴等著名文化兴盛之区采访。这样积以岁时，收藏日渐宏富。1916 年收得清朝两江总督端方旧藏宋百衲本《资治通鉴》与祖遗元刊本《资治通鉴音注》相配，号藏书之所为"双鉴楼"。1918 年定居北京西四北五条，储书于宅旁园中，退职后取苏东坡"万人如海一身藏"诗意，将宅园命名为"藏园"，自号为"藏园居士"。1928 年收得宋淳熙十三年宫廷写本《洪范政鉴》，这是仅存的孤本书和传世唯一完整的宋代写本，宋时抄录此本之事载入宋朝的《会要》中，是极为珍贵的善本。自此，改以《洪范政鉴》和宋百衲本《通鉴》相配，合成"双鉴"，更为名噪一时。

综计自 1911 年收书之后，到 1929 年《双鉴楼善本书目》四卷编成付梓止，十八年间，入藏善本计宋刊本 3800 余卷、元刊本

2500 余卷、明前期刊本和名家抄校本约 3 万卷以上，一般普通书不入目者的尚 10 余万卷。1930 年又取当年续收各书编成《双鉴楼藏书续记》二卷付梓，入目之书宋本 158 卷，元本 180 卷，明以下善本 2400 余卷。"九一八"以后至沦陷期间，虽然困处北京，生计日绌，10 余年间仍然陆续收得宋本 600 余卷，元本近千卷，又编为《藏园续收善本书目》四卷。通计平生所得善本书籍宋金刊本约 150 种，4600 余卷；元刊本数十种，3700 余卷，明以下刊本和名家抄校本未能尽记。

这些宋元善本书，除"双鉴"外，最著名的宋刊本有：绍兴国子监刊本《周易正义》14 卷，庆元六年寻阳郡斋刊本《方言》13 卷，绍兴本《广韵》5 卷（存 3 卷），宋刊本《南齐书》59 卷，北宋末小字本《隋书》存 65 卷，宋淳熙二年严州刊《通鉴纪事本末》42 卷，宋咸淳七年临安刊《忠文王纪事实录》5 卷，绍兴间刊《水经注》存 12 卷，北宋本《中说注》10 卷，北宋本《范文正公集》20 卷，绍兴间衢州本《居士集》存 29 卷，庆元二年吉州刊《欧阳文忠公文集》153 卷，建本《六臣注文选》60 卷，绍兴间刊《乐府诗集》100 卷等，多为海内孤本或现存最完整之本，现均入藏于北京图书馆（现国家图书馆）。

1927 年，他出任故宫博物院图书馆馆长。1929 年他曾到日本访书，在东京、京都、箱根等地，查阅了宫内省图书寮、内阁文库、东洋文库以及多家私人藏书。回国后，著《藏园东游别录》4 卷，对所阅善本的源流、优劣加以探讨，并指出一些断代不确之书。

傅增湘在 20 年内成为海内大藏书家，靠学识目力和勤于访求，长期的校勘和博览，使他能谙熟版本源流及各本得失。所以虽然限于资财，无力收购那些传世有重名的著名善本，但一些沉晦多年不为世知的精椠秘籍，都因勤于采访，独具慧眼，人弃我取，而时有奇获。如藏书中最著名之景祐本《史记集解》，书商收自山西，持示京津诸藏书名家，都斥为南监本烂版而不屑一顾，辗转数年无人问津，为先生以平值收得。有些无人识别并行将毁灭的珍籍，也因他赏拔而重获珍视。

傅增湘将自己校雠的古籍，编成数十种校雠记供学人参考，也常将珍藏的古籍慷慨借出以助学人。如王国维、章钰、陈垣、吴廷燮、胡适等学者都曾得到他的帮助。他珍爱所藏古籍，除为更新流通才出售少量图书。但是，为救助四川灾民，傅增湘曾将一些珍藏变卖，所得款额全数捐给家乡父老。至晚年日渐窘迫，陆续售去一部分。1944年为筹集印刷《宋代蜀文辑存》的印费，售去宋元及抄校善本100种；1947年以后又不得已出让最著名的景祐刊本《史记》和宋蜀本《南华真经》。后又出让近百种明刊善本和名人抄校本给北京图书馆。但到1949年他逝世时止，《双鉴楼》藏书的精华基本保存下来。

傅增湘在晚年已感到私人收藏不利于长期保护书籍，他在《双鉴楼藏书续记》序中说：

"物之聚散，速于转轮，举吾辈耽玩之资，咸昔贤保藏之力，又焉知今日矜为帐秘者，他日宁不委之覆瓿耶！天一（阁）散若云烟，海源（阁）蹢于戎马，神物护持殆成虚语。而天禄旧藏重光黎火（指故宫图书馆），液池新筑突起岑楼（指北京图书馆），瑶函玉笈，富埒娜嬛，信知私家之守不敌公库之藏矣。"

因此，傅增湘在患偏瘫自知不可能再进行校勘后，首先把手校群书全部捐赠北京图书馆，共373部，约16000卷。逝世前遗命把最著名的"双鉴"捐献国家。

其家中所余图书中，秘库所藏宋、金、元刊善本和重要明刊善本，及名人抄校本数百种，在1949—1956年间，分三批全部让归北京图书馆。在1959年出版的《北京图书馆善本书目》中，除全部录入藏园手校书外，另收入藏园旧藏善本近400种。由于他多年博观，对版本的时代源流，鉴别真赝极为精审。著名目录学家余嘉锡先生称："藏园先生之于书，如贪夫之垄百货，奇珍异宝，竹头木屑，细大不捐，手权轻重，日辨真赝，人不能为毫发欺。盖其见之者博，故察之也详。吾尝闻其谈版本异同，如数家珍。有以书来者，望而知为何时何地所刻，几于暗中摸索能别媸妍者。"他的观书笔记《藏园群书经眼录》基本上包括了近代流传的重要善本，除记录外，多有比较和评价的按语。有些私人藏品，当时碍于种种原因，未便直陈其瑕者，于《经眼录》则无所回护，务求其真。当代学者对他的版本目录之学颇为推崇。张元济先生称："藏园大业，校目录，当代所推。……独群书经眼录一书为图书渊海，于目录版刻裨助尤闳，亟宜整定，传播于时。"

傅增湘平日曾表示生为蜀人，应于乡邦薄有建树，故历时十余载撰辑成《宋代蜀文辑存》100卷于1944年自费刊行。他逝世后，哲嗣忠谟仰体遗意，又把外库普通书籍赠四川省。共计34000余册，包括一部分明清善本，于1950年春移赠四川，后分藏于四川大学等地。

1948年秋，北平解放前夕，胡适曾两度探访傅增湘于病榻侧。说：当局（指国民党政府）愿以专机安全护送先生和全眷及全部书籍去台湾。保证在台一切生活费用无虞。傅增湘坚予拒绝。

1949年10月20日，一代名儒傅增湘先生病逝，享年78岁。

1949年秋，陈毅曾致函周恩来，希望给傅增湘予照顾。周总理派人持陈毅原信及总理批示来探视时，

◎ 徐悲鸿所画傅增湘肖像

傅增湘已经去世了。

傅增湘平生撰述生前自刊的有《双鉴楼善本书目》4卷,《双鉴楼藏书续记》2卷,《藏园群书题记初集》8卷,《藏园群书题记续集》6卷,《宋代蜀文辑存》100卷。身后遗稿由后人整理出版的关于版本目录学的有《藏园群书经眼录》20卷（即《藏园瞥录》之整理本),《藏园群书题记》20卷、附录2卷（初集、二集、三集合编),《藏园订补邵亭知见传本书目》23卷,共约300余万言。另有《藏园游记》6卷,除记述所游各地名胜景色外,还记录了若干近现代历史掌故,也已出版。

国家图书馆古籍善本库中珍藏着傅增湘先生大半生的心血和他对祖国的一片深情。

（晁　文）

参考文献

[1]李国俊.版本、校勘家傅增湘.四川文史资料选辑.第29辑.成都：四川人民出版社,1983

[2]傅增湘.藏园居士六十自述.天津文史资料选辑.总第72辑.天津：天津人民出版社

姚华

博学多能的通儒、教育家

◎ 姚华

姚华（1876—1930），字重光，号一鄂、茫父，别署莲华盦，人称弗堂先生，贵州贵筑（今贵阳）人。教育家，并被誉为国学大师、戏曲理论大师、文学家、书画家。清末进士、日本东京法政大学毕业，先后任教于清华学堂、北京高师、北京大学、北京美专等学校，民初任北京女师校长，旋创办京华美专被推为校长。

博学通识，著述丰厚，中华书局1930年辑其关于古文字学、文论、戏曲理论、文学创作为文集《弗堂类稿》（三十一卷）印行；后又印其译诗《五言飞鸟集》；画集有《风画集》《莲华盦诗画集》《贵阳姚茫父颖拓》。近年出版有《书适》《姚茫父书画集》《姚茫父画论》《姚华诗选》《弗堂词·菉猗曲》《姚茫父书法集》《茫父颖拓》。

姚华是清末民初一代杰出文化名人、教育家。他博学多才，一贯倡导通识教育，主张"与时因革"，进行有创新的文艺创作，在诗词歌赋、书法绘画，以及文学历史、艺术理论等诸多方面均有卓越成就。史学家郑天挺晚年撰其年谱时不忘"我是弗堂弟子"；郭沫若跋茫父颖拓言："茫父不朽矣！"

少年才俊幸遇伯乐

清光绪二年（1876）农历四月二十六日姚华生于贵州省贵筑城东。他家世代贫寒，五世祖由江西抚州逃荒避难到贵筑，靠为人佣工糊口。其祖迁入近郊，以看管菜地果园、磨浆卖豆腐维生，世代无人读书。姚父姚源清30余岁买得贵州镇宁费氏成婚。姚母费氏为布依族孤女，自幼战乱失怙，与祖母以乞讨为生。费氏生育长子华，次子艻，三女兰。费氏勤劳节俭，督子严苛，常以其不幸身世教子言至深夜。幼小姚华心灵烙下坚韧、勤奋、自立的印记，并一心读书。

父亲为姚华取名学礼，寄望于走知书达礼致仕之途。当家已温饱时，父亲带他拜乡儒姚荔香为师。姚老师将他名字更作"华"，表字"重光"，说是符合姚姓古义。继而拜拔贡艾畅为师。艾畅指导少年姚华研习《说文》，策划以小学入经。姚华诗记云："吾师文艺号南英，记室当年亦有名。"所谓"记室"，指艾畅老师最终仅任学政掌管文书的小吏。诗还述自己丁酉（1897）中举在前，艾畅癸卯（1903）中举在后，预示着学生超越塾师。少年姚华每试冠军，科考时他能越过少年这一级，应试成年考试科目，以作赋应对。《蝇丑赋》就是少年姚华获县学冠军的试卷。他获取廪生资格。廪生是县学生员中等级最高的生员，有资格食廪饩助学，社会地位随之升高。

廪生姚华深造受益于学政严修（范孙）。光绪二十年（1894）翰林严修受命赴贵州任学政使。严修是清末开明而放眼看世界的学政，为贵州文化教育现代化做出重大贡献。姚华在严修兴利除弊、师夷之长，不断进取的精神启发、引导下成长。

严修从北京携14箱书籍到贵州赴任。到任后，在贵阳开设书局，引进古籍和新书，打破山城贵阳封闭落后、信息不畅的局面，开启民智，树立新风。严修善于接近青年，注意发现人才。廪生姚华好学感动学政，得以倾箧借读，又呈上《说文便读》心得体会文章，获得严修好评。

清光绪二十三年（1897）春，姚华经学政选拔，随贵州其他州县共40名优秀生员，一道进入严修改革的贵阳学古书院深造，系统进修传统经学和新引进的西学。经严修改革的学古书院除开设经学，增设算学、格致（相当自然科学），书院订购《时务报》、《申报》等进步报纸供书院生员阅读。为便于改革书院教学，学政自学算学、外语等新学，以此做青年表率。严修聘任雷廷珍（玉峰）作山长讲授经学，从外省聘裕福田授算学。书院采取开放式教学方法，以生员研读为主，辅以讲授、论辩，充分调动生员学习自觉性。学政亲临书院坐隅听讲，与书院生员一道研习算学、格致等新学；学政亲自调阅生员日志、习作和试卷，按月考核，奖优惩劣，赏罚分明。严修撰《学古书院肄业条约》严明书院规章制度。肄业条约写明生员权利和义务，每月每日作息安排，行为规范，考查考试等。生员每月领取4两膏火白银，享受如同小吏的待遇，生活、学习费用优裕有余。像姚华这样穷困子弟，还能从每月的膏火中节省下补助家用。

严修改革、主持的贵阳学古书院敢为天下先，粗具现代学校雏形，学古书院既是清末洋务运动的产物，又是全国最早出现的新式学堂，办学时间稍早于湖北、湖南。

姚华在学古书院求学半年学业就大进，秋闱乡试中举，并且是书院六位中举人中的优秀者。严修择姚华等3人中举闱墨（试卷）磨勘誊红呈礼部备查，也显该科乡试贵州的水平，并刊刻3人乡试闱墨散发全省，激励学子。

科举乡试中举标志着踏上仕途，而姚华中举后仍继续留在书院读书。

姚华兴趣广泛，追求全面发展。书院求学时已露出书画才能，又谙习音律，其弟擅弹琵琶，他善吹箫笛，兄弟合奏，其乐融融。前清翰林邢端回忆姚华少时练字记道："所居距余家数十武（六尺为一武），晨夕过从间，（见姚华）取古人碑刻戏为钩勒，几可乱真。"他书写的《学古书院肄业条约》，刻碑立于书院。而索字求画者不绝。书院同窗认为姚华生性坦荡、率真，赠号"茫茫"，他乐于接纳。40岁后演绎成"茫父"，"父，即甫"，意涵率真、求实的大丈夫。

姚华肄业学古书院一年，随同严修学政任满而告别书院。这一年是他求学的转折点，初获功名，已能独立社会。更重要的是他拜识了严修这位献身中国现代教育的著名人士。此后师生两人相处京津两地，都投身教育事业。姚华在教育事业上的成就不及恩师严修，然而在学术、文艺等多方面的贡献彰显其不愧严修的学生。

自学与执掌笔山书院

姚华辞别书院，订交贵阳同龄人成立社团，经常聚会切磋，交流诗文，"风光犹似旧"。这帮穷学子，无余裕购书，视野不阔。他们靠相互交换书籍借读，靠借富户人家藏书读。为了读书，他们撞进官宦大户唐家，得观赏到较多前人书画，古籍善本。得益借读的姚华填《满江红》词云："柱石西南天万里，文章千古书千叠。"前一句描述唐炯官云南巡抚,后一句指唐家藏书及字画达"千叠"之巨。大凡有志之士,都有借书抄书的经历。他成为画家之后,在一次题前人遗画中历数清一代贵州画家七八人,而这些贵州画家大多未显于美术史,他记住这些前人的画作全凭在贵州所见。姚华注意从民间文化汲取营养,他的诗词常记着民歌民谣、民间故事、童谣民谚,如他填《东风第一枝》词,记癸亥立春,词的第一句:"接福催题,行台列戏,岁时能记乡土。"词人为这一句写了数百字,详注贵阳立春故事,生动形象说明贵阳人看春、呼春、庆春、接春、迎春、咬春一系列活动,语言生动有趣,记述了多姿多彩的百姓生活。姚华即使游玩,也留心学习,他记道:"予乡扶风山寺(贵阳城东)有郘亭(莫友芝)先生联,云:'寔柔寔刚乾坤所挺,克忠克力福禄攸同'篆书,字大六寸许,在阳明祠厅事,总角以来,每登山谒词必留连玩味,如是十余年。"一副乡前贤所书对联反复观赏十年不辍,学习诚笃可知。

姚华埋头求学的同时不忘著述。他最早撰写出《小学答问》《说文三例表》两部文字学论著。这两部文字学初阶论著,受清乾嘉考据学影响而撰,又渗入不同于段玉裁等文字学家的观点。姚华住进段玉裁曾寓居过的北京莲花寺,有感而赋《怀段懋堂先生诗》,道出继承与发展的异同。诗云:"金坛人往空遗迹,瑟瑟薜萝此故盦。三月选官春未远,百年问字晚犹堪。思穿邻壁通香火,若话薪传共朔南。才尽江郎能察篆,后来匡谬变曾参。"

诗的前几句抒写诗人心羡前贤,继其文字学遗志,最后一句中的"匡谬"意旨纠正段玉裁六书旧说。陈师曾绘《莲花寺第二图》(国家博物馆藏)有姚华手书此诗,诗人对"匡谬"有注:"予自十六七岁治(段)先生书,极服膺之。壮岁颇于互训即转注之说有所出入,因别署转注论,故有'匡谬'之语。"

"壮岁"转注之说即指《小学答问》"转注是转相灌注",与

305

段说转注即互训"有所出入"。书院同窗熊继先为姚著《小学答问》写跋,熊认为姚华主张"以母求子"法学习汉字。熊继先释而言之,初学者只需掌握少量"母字",按照文字学六书造字原则,可快速推衍出一系列"子字"。故谓姚撰《小学答问》虽言六书,却能授人识字的方法。姚华撰《说文三例表》,将《说文》九百余字分类:一例,经书常用字;二例,经书非常用字,即半俗字;三例,不见经书的俗字。"俗字"乃是古代书面语,散见古籍。姚华运用分类归纳举例方法论证古文字,欲摆脱乾嘉考据学束缚。

姚华既成举人,又有论著,贵阳少年慕名拜他为师。他亦乐意课徒增加收入,安心教学。1900 年前后,姚华已育三子女,胞弟早亡,父亲经营的小店破产,家道困顿,更须有经济支撑。当年投其门下的多是好学少年,经姚华调教,进入新式学堂,终成优秀学生。如文宗潞(彦生),宣统年间从通省中学堂毕业,考第一名,受朝廷嘉奖,获乡试解元待遇,轰动全省城。姚华教学有方不胫而走。文府是大家族,门第兴旺,文府子弟多人投入姚华门下。学生陈光焘(筑山)清末留学日本,加入同盟会,民初受统一党章太炎、宋教仁指派回黔成立支部,后官至贵州省政府委员。另一学生熊继成(述之)留日肄业农学,回贵州创立农业专门学校,试办农业实验场,被任命主管贵州农业官员,是贵州现代农业先驱。姚华虽未在贵阳办学,育人成绩亦骄人。

清光绪二十八年(1902)初,贵州兴义笔山书院聘姚华任山长(院长)。笔山书院学舍规模较大,设施齐备,有办学经历。书院创办人刘官礼(统之)办团练起家,在地方财势、人势均旺。刘肯花钱兴教已是善举,并能礼聘名师任教习,因此该书院列为近代著名书院。姚华前任是其老师雷廷珍。

姚华受聘笔山书院深受众望,贵阳知情者皆表祝贺,有董北平赋《赠茫茫之兴义笔山讲学》十二韵古风,诗云:"……茫茫姚夫子，绍读得其旨。昔年研文字，绎绎寻不已，逆流复溯源，推之解经史。今文与古文，分肌亦擘理，此去南笼（指兴义）地，重循旧日规。"这赠诗质朴率真，表达了贵州人渴望自己的教育家的迫切愿望。姚华作《答董大北平见赠之作》，诗云："蓦地驰来一简诗，殷勤相赠复相期。过为洒洒大言赋，不作凄凄临别辞。腹笥惭为贤者读，舌澜难与世人期。笔山此去多踌躇，碌碌何因答故知。"姚华答诗写得谦恭谨慎，掩饰不住内心喜悦得志，欲一试身手的激情。

春节后，姚华邀学古书院同窗熊继先同赴兴义。熊尚未中举，又携其弟继成同行，熊氏兄弟随姚华实求学。姚华一行领略跌宕起伏的景象，心境平淡而奇险、温柔而粗犷，诱诗兴，抒写出十数首贵州春日旅途诗。诗人不仅写出"黔道艰难过蜀道"，还写出在爨僰（指贵州少数民族）聚居区穿行。姚华记行诗，既是诗人有感而发，又是献给笔山书院的礼品，为兴义学子做示范，还是姚华描述贵州风情的优秀诗篇。

我国书院教学传统，不重口授而主诱导，书院教习实际上是学问家一边讲学，一边著述，以己之道德文章循循善诱，答疑解难。笔山书院期间，姚华撰《笔山讲录》，又著《佩文韵注》语言诗韵专注。姚华熟读古籍，讲文章学，点评生员作文无不尽力。又移植严修办学古书院经验，引进西学，提倡生员读报章，以适应清末朝廷以策论取士的选才方法。姚华在笔山书院的学生中有多人成为军政要人。如王文选（伯群），留日加入同盟会，民国南北统一时出任交通部长，后在上海办大夏大学。王文华（电轮）为民初贵州陆军总司令，后因军阀内讧被暗杀。何应钦（敬之）后来成为国民党军政要员。兴义笔山书院有 20 余青年留学日本，这批人归国服务乡梓。兴义笔山书院历史角色不可小觑，亦离不开姚华影响。

姚华在笔山书院展示其艺术才华，社会上求其字不乏人。奇特的是他摸索作水画，写有《水画歌》记其事，诗开头"曾忆儿时作水画，持向长者求其名。长者舌强不能举，嗤予小子真憨生。今予既长仍复尔，顽钝无改恣心情"。《水画歌》详细描绘作水画的过程和效果，大体是：持墨泼地，用纸拓之，纸上呈现山水图像，仿佛泼墨画。姚华考证水画古已有之，记载唐代段成式《酉阳杂俎》一书。水画古法而失传，姚华作水画是谓创作又何妨。姚华泼墨作水画，画面或浓或淡，或有或无，玄妙空灵，如诗的韵味和意境，心欲无诗是无法领略水画的。

东瀛习财政 清华教曲学

姚华改革、完善笔山书院办学制度，树立良好学风，虽只一年，如同严修主持学古书院一样，留下经验是可贵的。这年深冬，姚华告别兴义学子北上，准备参加癸卯会试。

癸卯（1903）会试不幸落第，传来次年甲辰恩科，姚华准备再考。滞京期间，结识"东海须眉客"日本庄司昌造，了解到日本维新后"异国渐先进"，渴望能赴日本学习。甲辰会试，姚华成贡士，再返回北京参加殿试，终被黄榜提名成进士。此后，清政府颁布废除科举、改办学堂的政令。

姚华中进士，无心做官，一心争取出国学习，图强报国。他接受进士馆派遣，东渡日本留学，考进东京法政大学。湖南籍同学周大烈记姚华，"见其挟册上堂书所受语之无或遗，固矻矻以厕群强中，图拯救之道也"。听日籍教师讲授，学从未接触过的西方法律、财政金融新学，既新鲜又兴奋。

东京法政大学3年，他结识了范源廉（静生）、陈敬弟（叔通）、沈钧儒（衡山）、江庸（翊云）、邵章（伯䌹）、黄为基（远庸）等志同道合者。这些在异国的新交，大都出身进士，归国后长期从事教育工作或司法工作，他们分别成为著名教育家、进步律师。姚华与这些同学互相唱和诗文、长期合作，相得益彰。陈叔通、沈钧儒还成为新中国社会活动家，跻身国家领导人。这些新一代法学专家，在日成立了丙午社学术团体，后来更名为尚志学会。

1905 年 11 月，日本政府颁布排外的《取缔清韩留日学生规则》，清政府也加紧勾结日本当局镇压、限制中国留学生。姚华作《秋兴》诗，抒写了忍辱求学，不满清、日政府的愤懑之情。诗云："书卷抛残乱叶秋，烟消茶罢晚凉回。疏棂冷落吹秋入，斜月昏黄逐梦来。沧海经年悲世事，京华几辈数时才。尘心闲处兼愁起，漫与诗篇亦费裁。"

留日三年学成归国，姚华撰《银行论》、《财政论》两书，均由上海群益社出版。同学陈叔通等人分别都著有政治、法律专著出版。姚华虽撰财政金融管理专业书为社会学习西学参阅，但此后他断然抛弃财政专业，转向文学艺术门类。

清光绪三十三年（1907），姚华先供职清工部任主事，后转任新成立的邮传部建核科长。这两个职务对他可谓学以致用。姚华把业余甚至占用工作时间投入兼课和治学上。他先后兼任殖边学堂、尚志学堂、清华学堂教职。姚华选择曲学为主攻方向，这与他及邮传部同人多喜爱戏曲有关。他不只沉醉于听戏看戏，还到后台结交京昆剧演员，参与研讨剧本。姚华适应清末复兴词曲的潮流，不歧视演员，也是时代进步。

辛亥（1911）春清华学堂创办之初，即聘姚华教授国文。他以渊博的学识和高尚情操培育了一代学子。清华学生敬重姚华教学有方。清华第一期学生吴宓（雨僧）自定年谱中评道："辛亥年之著名教师，如国文课之姚华先生，良好教师如……"著名教师仅姚华一人，良好教师有多人。学生好评姚华，是认为他博学通邃。吴宓日记写道："姚之博而通。"吴宓一生"以师相待的"只有姚华、黄节两人。姚华、吴宓师生友谊长达数十年，吴宓主持清华研究院工作时，每逢进城不忘到城南莲花寺寓所，向姚华请教，并索姚华诗文发表在《学衡》杂志上。吴宓的学生钱钟书、季羡林都知道吴宓敬重姚华。钱钟书著述中有与青年谈论姚华艺术品的记叙，季羡林曾手书："京华蜚声艺坛祭酒，贵筑诞育南国人才"赞誉姚华。

姚华曲学论著力作《曲海一勺》、《菉猗室曲话》一反历来曲论不求系统采取随笔漫议的体例，《曲海一勺》系统阐述曲学；《菉猗室曲话》是戏曲理论专著。《中国曲学大辞典》：姚华《曲海一勺》"主旨在昌明曲学，较全面系统地论述曲的源流、艺术特点和现实价值等，试图将有关曲学知识系统化。书中强调'文章体裁，与时为贵'，'与谓古胜，宁谓今优'"。散文广义是诗，言曲必言诗，曲论即诗论。而诗论泛言属文论范畴。所以20世纪50年代初，人民文学出版社将姚华撰《曲海一勺》与《论文后编》同时辑入《近代文论选》，成为近代文论经典论著。从文论广角探讨其曲论，更能了解姚华的文学观点。试摘其文论论点以测其全豹："文章之用，以时为贵，古之不宜于今，犹今之不宜于后"，"文章体裁，与时因革"，文章"斟酌于古今，

◎ 姚华在北京城南莲花寺南院

310

熔铸于中外"。姚华将其文论观点归纳成"别子为祖"。他的文论观点源自古贤:"知古而不知今,谓之陆沈"(东汉王充《论衡》),以及梁启超新史学观。姚华强调熔铸西学,又是他紧跟时代潮流的文学观。

《菉猗室曲话》集中评论明毛晋刻《六十种曲》中部分作品。持论务求言必有据。复旦大学撰《中国文学批评史新编》云:"近代学者专家对古代戏曲文化进行系统研究总结的有姚华、王国维、吴梅等人","被时人誉为鼎足而三的一代曲学大师"。复旦大学教授将姚华、王国维两戏曲专家的理论简要对比:王国维汲取西方美学思想和方法论分析研究中国古代戏曲,姚华研究戏曲视野比较宽阔,把曲论与书论、画论联系起来论述,抓住了中国戏曲艺术与书法、绘画、诗词等艺术样式彼此相通的特点。王国维的论述包含着"元曲为中国最自然之文学",具有"悲剧"之特质;而姚华对于喜剧文学价值有真知灼见。从而看出王国维、姚华两位近代戏曲理论大师共同点在于:既继承清代"朴学"大师的治学精髓,又从西方美学思想、文艺理论中得到启迪。姚华对近现代戏贡献还在与现代主张京剧改革的实践者王瑶卿、梅兰芳、程砚秋之间的友谊,王、梅、程三位京剧演员常向姚华请教戏曲、书法、绘画。姚华不只是戏曲理论的言者,而与王、梅、程艺术交往中,又是戏曲的行者。

执掌北京女师

民国初建,姚华暂留交通部,不久辞职,被选为国会参议员。从此专职任教。安心做学问,从事文学、艺术创作,成就斐然。

进步新闻记者黄为基(远庸)邀同年姚华为其主编的《论衡》杂志编"文苑"栏。姚华为《论衡》撰《艺林虎贲》,专门评论古代书画、书籍，资料来自北京琉璃厂古玩市场，充分展现姚华鉴赏能力。姚华撰的《曲海一勺》、《菉猗室曲话》两部曲学、戏曲理论专著，与文字学专著《书适》，在梁启超主编的《庸言》杂志交错长期连载数年。

1914 年 2 月，教育部委姚华任北京女师校长。该校创于 1908 年 8 月，几经易名，1931 年并入北京师范大学。姚华任校长期间，完善学制，设立讲习科、师范本科；增设博物科，适应女性的家政学科，规划北京女师办成德、智、体、美全面发展的学校，校长亲自管理体、音、美学科。

办好学校教师是关键。姚华重视遴选学有专长的学者任教，从全国各地甚至国外聘教师。

姚华聘陈衡恪（师曾）教博物。博物学是陈师曾留学日本所攻读的专业，也是当时国内新兴学科。陈师曾学成归国，先在南通教授美术，到北京后供职教育部，在北京高师兼职教美术。女师能聘到陈师曾任教，又是授其所学专业，从中可看出姚华、陈师曾是民初画坛挚友，有"陈画姚题"之誉，此其缘由。姚、陈留学日本就已订交，有趣的是周大烈与姚华同学，周大烈是陈师曾的业师。姚华聘请名师，可谓用心良苦。

女师聘吴贻芳教英文；聘留学日本的杨荫榆为学监主任。后来吴贻芳、杨荫榆两女士都成为中国教育史上的名人。

姚华在女师首开家政课，不只是适应女学生的特点，更重要的是着眼于培养女学生的自立，为女学生毕

◎ 姚华在工作

业谋职打下基础。家政课偏重于家务劳作技能教育，撇开家政理论而言，可以说是一种职业教育，教学生缝纫、劳作等技能。民初，女子能入学校的多是家庭优裕的阶层，养成饭来张口、衣来伸手的习惯，有的还有奴婢使唤。培养女学生的劳动技能，不得不先转变她们轻视体力劳动的陈腐观念，也需要转变其家长乃至社会轻视体力劳动的观念，打破旧的习惯势力。女师此举是开劳动教育之先河，并促进我国女性解放运动的进程。为女师开设家政课使姚华颇费心思。家政学教师国内无人可担，他写信给留学日本的长子鉴寻访，信中写道："保姆先生求之甚切，……其人以老成勤恳为主，须讲保姆学、保育法者。方法不可旧，以能运用新主义者为宜。"姚鉴辗转托人寻访，识内岛日籍教师。姚华信中写道：内岛"裁缝科卒业，或于专科裁缝请担数小时也。如其人勤恳有学，明年尚可招两班，以师任之"。内岛从日本赴京就聘。

女师延聘保姆教师，姚华一再说："保姆教师，非蒙养园保姆比。当以能讲授义理，而又能娴于方法者为要，又须能应用新主义者。"托人从日本未聘到合适保姆教师前，姚华打算"延请慕家花园美园教会所设保姆养成所旧人，闻成绩极优，程度亦高。堪胜任保姆教师之选"。当时，姚华暂请北京高师校长陈宝泉（筱庄）到女师代授保姆课。姚华兼授女师国文，均成女师教师阵容中的亮点。

民初，新旧思想激烈碰撞，新旧文化交锋，中国朝何处去，青年走什么路，这也是北京女师办学者抉择的大问题。姚华致鉴儿信中写道："吾辈遇事皆当如此秉正义而行，吾安能为百家奴乎。"又写道："吾所持主义如何？即国家主义是也。学校既为国立，何处可显一分国家之意味。各生家庭以私立学校之观察待吾校，吾处处为国家不值，故藉此警觉，使明国家自有主张，即使每周放假归宁父母，亦必由校挂牌方有操纵。"又以姚华文学观窥之，

"斟酌于古今，熔铸于中外"。他的办学主张应是新的。教育学生处理好学校、家庭、国家之间的关系，主张学生以大局为重。

姚华曾反复强调培养女学生自立的思想。他规定女学生都要住校，过集体生活，学会生活自理。每逢放假或上学，他反复劝说家长不要派车接送学生。姚华办女子师范的观点，不局限于智育，重视培养学生的全面发展和自制能力，即学生在德、智、体、美、劳全面发展。姚华在北京女师开创了我国女校最初阶段的新风气，为我国女子师范教育健康发展奠定了良好基础。

姚华办学理念与其为学一脉相承，他训子言："用功之法：勿忘勿助，是至善之诀。勿忘，即不可抛荒之意；勿助，即不必着急之意。水到则渠成，瓜熟则蒂落。未至其时第求到求熟可也。未熟未到便欲落成，鲜有不伤者。切记，切记！"姚华勤于治学、文艺创作，成果频出，为女师师生教与学作出表率，女师学风蔚然。

姚华以现代教育理念治理女师，注重美育，用诗歌、散曲作歌词并用西方钢琴曲调谱曲，供学生吟唱，指导学生绘画、练字。他为北京女师作歌四首，两首用散曲，两首用诗。四首歌曲其中一首可视为校歌，另三首为特定活动而作。今摘［惜芳菲］《为（北京）女子师范学校作钢琴调》："流年又重九，容易秋归，细雨和烟，粘惹霏霏。墙荔雕红，庭槐隐绿，迎人一片斜晖。依依雁贴云稠，鸦翻雾薄，菊绽霜肥。暑往寒来，风光又非。天旋蚁磨，人在营帏，微隔宵灯火依稀，侵晨窗纸，光辉天际。鸢翔山梁，雉绕数飞。希抚时美乌，其几孔席，一经几韦。好景难常，素心易违。感芳菲，趁芳菲，惜芳菲！"

这首散曲创制出一个美好的意境，寓示着优裕的学校生活，进而指出时光易逝，学生应以时为贵，充分利用稍纵即逝的美好学习时光，进而珍惜美好的学习时光。这是一首中西结合的歌曲，词用文言文，采用北曲调谱，虽用五线谱谱写的钢琴曲，但仍保留了散曲风韵，更适合年轻学子粗犷、豪放的蓬勃气概。

用诗的形式写的两首：《伊予小子》和《四序成平》。前一首《为女子师范学生毕业作歌》；后一首《为女师运动会作歌》。以《为女师运动会作歌》言，生生不息，运动不止，有张有弛，有节奏，就是运动。用诗作的歌，也是文言文，仍以钢琴调谱成，也是中西合璧的歌曲。

姚华亲自书写、构图，请篆刻工制铜墨盒，赠给女师讲习科、师范科的优秀学生作奖品，毕业生作纪念品，每方墨盒均书有成语警句鼓励学生，今仍存近百方铜墨盒拓本。这既体现校长关怀学生，又是校长美育的手段。

在女师期间，教育部全国读音统一会聘姚华为委员。该委员会为语言文字专门学术机构，审议统一汉语之音，制定第一部汉语注音字母。姚华提交读音统一会学术论文《翻切今纽六论》。姚华这篇语音论文，阐述历代汉字注音沿用翻切法，利用上字的声与下字的韵母急读，无须另拟字母。民初用"今纽"注音，主张拟定字母。字母古已有之，源自佛经释文，是外来的。姚华认为审定字母——今纽，包括"契"——字母书写符号，即可拟定出一套汉字注音规则。

文字学家张舜徽评姚华论著云："其一生肆力于文字诂训，可谓专精。"姚华撰《书适》、《菉猗（文字学）杂笔》凡十说，可视为新说文解字。他的文字学观点："文可观世"，意即文字随人类活动产生的，反之，"文（字）可观世"，读汉字可知古代社会现象。这一文字学观点源自"六经皆史"观；而具体解字释义，又采用科学新法，所以张舜徽说：姚华文字学"为自来学者所未道。……可知（姚）华之为学，博涉广营，根柢雄厚"。

姚华任校长期间兼职最多，分别在高师、民国大学、朝阳大学兼课，教育部聘为全国读音统一委员会委员，内务部聘为编订礼制会会员，定期为《庸言》杂志撰稿，还任国会参议员。他书信中写道："每周功课廿三小时，改文、评字、纂写讲义，应酬诗文、书画至为忙迫。"加之与学监主任杨荫榆在管理学生上多有不合，遂向教育部提出辞职请求，教育部多方挽留未果。

离开女师，姚华依然关心女师。1926 年，北京爱国学生集会抗议日军炮击大沽口炮台。段祺瑞临时执政下令枪杀爱国学生。姚华愤而作《二月六日雪》记下军阀暴行，雪埋爱国学生血迹的悲壮景象。二月六日是农历，阳历是 3 月 18 日，史称"三一八"惨案。继作《二女士》诗悼念"三一八"女师大死难的刘和珍、杨德群。诗云："宣和不闻陈东死，南渡胡为死东市？千年夷夏祸犹存，碧雪又渍绿窗史。呜呼刘（和珍、赣人）杨（德群、湘人）二女士。"《二女士》诗以宋力主抗金的学士陈东被高宗皇帝杀害作兴比，赞美中国士人爱国优良传统，用以歌颂、悼念刘和珍、杨德群两烈士。

1927 年为女师大建校 19 周年校庆。应女师大负责人毛邦伟邀，姚华作《国立京师大学校女子第一部十九周年纪念赠序》。国立京师大学校女子第一部即北京女师大。姚华以女师大毕业可获女学士头衔是名，名是代表、是符号，是宾；实，才是主。谆谆言之，实至名归，切莫徒务虚名。这篇"赠序"以建立优良学风为主旨，既是希望，也是总结北京女师办学经验，体现姚华办学理念。

美术学界展奇才

姚华青年求学时已崭露书画才华，鲁迅编《北平笺谱》时写给西谛信中有北京笺谱"大盛则在民国四、五年师曾、茫父时代"，指出姚华成名登上北京画坛的年代，肯定了陈、姚画坛盟主地位。的确，陈师曾、姚茫父开创了北京画坛的新时代。

　　姚华善作人物、山水、花鸟。他的美学理念是书画同源，以书入画。画中有诗，诗中有画，画须题，题画非画，犹画也。他纯以中锋笔法作画，或白描，或双钩，间或采用没骨法渲染；其山水构图交错运用高远法、平远法，其琴条构图，尺幅之内已宏富。姚华论画语精辟、隽永，含哲理，如"茫父论画：必欲胸无古人，目无今人。胸无古人，则无藩篱；目无今人，则无瞻徇。此纯是为我之学，兴趣一来，便尽力为之。尚未作画时，古今人苟有好处，凡吾所储材，皆不欲遗。一旦搦管，但自写胸臆，平时材料，听其自然奔赴而已"。与人论画语："缘性之所适，人各不同，野性难拘，宁破壁称尊，不耐华屋为客，故不能从大贤之后也"。可看出姚华极力主张绘画张扬个性，抒发性灵，以我为主。

　　姚华篆、隶、行、楷、草皆精，尤擅小字，愈小愈精。他习字从唐入手，上溯金文，尤以汉隶为范，练就方圆并济，肥瘦相兼，极有个性特征的笔法。其书法结体主张以横方构字，力求横平竖直，端庄稳固，其书法理念：意在笔先，不囿一格；与时因革，别子为祖。

　　姚华始创颖拓艺术，历来受艺苑推崇，而误识颖拓为响拓者亦众。20世纪50年代，陈叔通推展姚华茫父颖拓，使书画、金石、碑帖爱好者认清颖拓。陈叔通持姚华颖拓《秦·泰山残石廿九字》长卷，遍请郭沫若、马叙伦、邵斐之、黄宾虹、沈尹默、王福厂等20余位书画名家先后题跋，这是群贤鉴定姚华颖拓的笔会，从理论上阐释颖拓艺术特性。书画名家首先认为：颖拓规摹金石碑帖，似拓非拓，纯用笔墨创制的艺术品；颖拓异于响拓，前者面临或背临金石碑帖，扩大或缩小随意所到，是创作，后者机械描绘碑帖，是复制。郭沫若云："茫父颖拓实古今来别开生面之奇画也。"其次，张伯驹确认："残碑颖拓始姚翁。"再次，书画名家阐释姚华颖拓之美，犹如"水中月"、"镜中之花"，不求形

317

似，而求神似；颖拓"玄妙空灵"，如诗如词，观之令人浮想联翩，意味无穷。最后，郭沫若跋茫父颖拓集最后写道："呜呼，茫父不朽矣！"由此令人忆起吴昌硕题陈师曾遗画集曾云："朽者不朽。"郭沫若、吴昌硕分别用"不朽"赞美有中国特色的民族艺术，意在存真永播。后陈叔通将众多书画名家跋的姚华颖拓《秦·泰山残石廿九字》近13米长卷赠贵州省博物馆，又编辑《贵州姚华茫父颖拓》，由商务印书馆精装出版。姚华颖拓迄今不过百年，踵其后者不乏其人。2007年，北京市海淀区已将颖拓艺术定为非物质文化遗产，称颖拓"是一种罕见的艺术"，值得发扬光大。

姚华是一位才华出众，思维敏捷，勤奋不辍的书画颖拓家，遗留下大量艺术作品，广为公私收藏者庋藏。

1918年，蔡元培、梁启超倡议成立北京美术学校，不久更名北京美专。这是全国第一所国立美术学校，面向全国招生，第一期招收美术师范生，姚华被聘为教师，与陈师曾、王梦白、陈半丁等画家共事，姚华除教授书法、绘画，还出国文题和改作文试卷。北京美专第一期毕业生刘开渠数十年后回忆说：姚华师同时在多所大学任教，是一位很有学问的老师。湖南籍画家刘寄踪回忆道："记得每到姚师上课的那天，同学们老早就事先准备好纸张、笔砚，渴望能获得姚师一帧墨迹。有些同学上课前就伫候在教室门口，争先迎接姚老师的到来。"刘寄踪还记得姚师思维敏捷，观看学生作品，瞬间吟诗，挥洒在画幅上。多么幸福的课堂生活！

北京美专期间，日本美术教育家、东京美术学校校长大村西崖（归堂）来华。姚华记道："归堂自东京来游，与（陈）师曾联翩见访，意既相同，言必有合。"大村西崖呼唤"文人画之复兴"，姚、陈两位美术教育家应声而和。所谓"文人画之复兴"，实东方绘画之复兴，与西画相抗衡。事后，陈师曾撰《中国文人画之价值》，又译大村西崖《文人画之复兴》，由姚华作序，由中华书局出版，书名题为《中国文人画之研究》。

1923年夏，姚华好友陈师曾猝死于南京。陈师曾生前主持国际美术交流逾10年，中国画学研究会金城（拱北）主持中日美术轮流展览。陈、金先后谢世，中日美术交流任务落在姚华身上。

1924年，北京大学成立造形美术研究会，蔡元培亲任会长，聘请姚华为该研究会导师，教授、指导、鉴别北大师生美术创作，定期出席该会讲座。姚华撰《中国图谱源流考》艺术论文，刊载在该研究会《造形美术》刊物上。

1925年，姚华在北京创办京华美专，依然顺应时代潮流，为美育事业尽力，也有安顿北京美专第一期毕业生职业的谋划。高希舜、王石之、邱石冥、方伯务、王君异、储小石、谌亚逵等北京美专毕业生都辅助姚华创办京华美专，推姚华为校长，邱石冥主持教务。数年后，京华美专能坚持办学，有赖社会各方支持，先后担任董事长的有章士钊、邵力子等著名人士，北京著名画家多人到校任教，如齐白石、徐燕荪、汪慎生、颜伯龙、周肇祥、吴镜汀、吴光宇、王雪涛、蒋兆和、李苦禅、王叔晖、刘凌沧、娄师白等等。

方伯务就读北京美专时已加入中国共产党，学业有成。姚华聘请方伯务到京华美专任教。方伯务直接受李大钊领导，从事北京人力车工会工作，即工人革命运动。1927年军阀张作霖逮捕杀害李大钊等19位革命烈士，方伯务是其中之一。方伯务就义后，姚华不惧白色恐怖，题其遗画"鹜"。全文："（题）方生遗墨画'鹜'（方名舟，湘人。以李大钊党，同日弃市）朝浴清波暮白沙，野性由来养不家。／冷魂黑夜绕洲渚，孤影依然伴落霞。"

诗写鹜紧扣画面，实隐喻"野性不羁"，暗赞革命精神；"冷魂黑夜"，即白色恐怖昏天黑夜，烈士的英魂是不死的；最后一句"伴落霞"，寓意更深，霞光满天，预示着希望、胜利的未来。这首题画诗是姚华诗作中写得大气磅礴，意境深远，高瞻远瞩的颂歌；是革命烈士不朽精神感化了诗人，铸就的正义诗篇。不久姚华又为学生方伯务出版遗画集，并作《又题方生遗画集》。

京华美专培养出一大批才华出众的艺术家：苏展（曾任北京市副市长）、牛犇（曾任沈阳、天津艺术学院副院长）、赵望云（曾任西北地区文化局局长、西安画派著名画家）、李铮（曾任青岛市文化局局长）、白铭（曾任内蒙古美协主席）、吕品（曾任济南艺术学院艺术系主任），还有中央美院教授宋步云、田世光，北京画院潘絜兹，书法家王学仲等。

新中国成立后院系调整，京华美专国画系并入中央美院，音乐系并入中央音乐学院。

1928年，中国画学研究会主办的《艺林旬刊》（后更名《艺林月刊》）创刊。创刊号影印姚华手书《题〈艺林旬刊〉》。诗云："绘事由来清净业，近多恶道转嚣尘。一幢高树人须见，待救诸天七返身。"

《艺林旬刊》创刊仅登姚华一人贺词代表了画坛，祝贺诗运用宗教语言，隐喻美术事业是纯正、神圣、崇高的。"七返身"点化道教"七返九转"语，意指进入理想境界。姚华美术观，不认为美术是笔墨技巧，而是精神的产物，画家正直、纯洁、抛弃功利，才能创作出崇高的作品。

姚华主办京华美专期间还有其他创作：将印度诗人泰戈尔《飞鸟集》改写成五言古近体诗，书名《五言飞鸟集》。泰戈尔访华、由翻译徐志摩陪同访莲花寺寓所，与姚华促膝长谈，交流诗歌，两人交谈甚欢。泰戈尔出席姚华画会，发表演说。姚华作为中方邀请人，在许多场合与泰戈尔相会见，言多有合，相互欣慕。泰戈尔归国，姚华改写《五言飞鸟集》，徐志摩作序，见证中印两国诗人友谊。

姚华晚年撰《黔语》一书，阐释贵阳方言。《黔语》是姚华文字学论著最后一部。着重阐述贵阳方言是汉语组成部分，贵阳方言特征，贵阳方言遗存古代民情民风民俗等问题。逐一考证贵阳方言古遗，大多取材宋元词曲等保存大量俗语的文学作品，非词人曲家不可为；考证方言，足显其求实的为学态度。阐述方法，观今足以证古，以俗足以证文；还考证贵阳方言语音嬗变等问题。

姚华五十初度（即49岁生日）有个庆寿会，好友、学生及文艺界名流云集。梁启超即兴作了一首五言祝寿长诗，排纂诙谐，可视梁启超为姚华写的小传。姚华依梁启超诗韵作答诗，亦可视为自拟小传。

1926年，姚华猝患脑溢血症，病愈左臂已残，仍坚持撰著，书画不辍，生命不息，创作不止。1930年6月4日，姚华脑溢血症复发辞世。前一日还作有《怀明费宫人》词，并手书，已成绝笔。

姚华走出封闭的大山，继承传统文化，接受西学，既从事学术研究，又从事文艺创作，兼办现代教育，遗留下论著、诗词、书画作品多样而丰富，广为人宝之，育一代新人。世人更敬重他"与时因革"、勇于创新、不断进取的精神。

（邓见宽）

参考文献

姚华诗词、著作等。

杨荫榆

中国第一位大学女校长

◎ 杨荫榆在女师大

杨荫榆（1884—1938），乳名申官，女。祖籍江苏无锡。教育家。日本东京女子高等师范学校（今茶水女子大学）毕业，后公派在美国哥伦比亚大学教育学院深造，获硕士学位。曾任北京女子高等师范学校教授、英语部主任、学监主任，1924年2月就任女高师校长；同年5月，女高师升格为北京女子师范大学。8月，出任女师大校长。任职期间，曾发生"女师大风潮"。1938年1月在苏州被日本侵略军杀害。

1924 年 2 月 20 日，杨荫榆女士被当时执政的北洋政府教育部任命为北京女子高等师范学校校长，是中国教育史上第一位大学女校长。

1925 年，一场旷日引月的"女师大风潮"，曾引起北京各界的关注，支持"驱杨"的与反对"驱杨"的人各执一辞，难分是非。几个月的风潮，使当时中国女子的最高学府——北京女子师范大学分裂为两所大学。杨荫榆也因此威信扫地，在个别名人和学生的漫骂声中，于 1925 年底悄然离开北京，从此销声匿迹于故都。

新中国成立后，有的书刊对杨荫榆从政治立场、学术水平、工作能力，个人生活，以及人格节操等方面，全面否定，并使用一些污秽、诽谤的语言。这些对杨荫榆都有失真实，也不公允。

江南书香之家的淑女

杨荫榆于 1884 年出生在无锡，因是甲申年生人，故小名申官。祖籍无锡，祖父、父亲均是读书人，又都曾在杭州做过小官。杨家有祖宅，无田产，家境不富裕，但吃穿也不用太发愁。杨荫榆上有兄长、姐姐各两人，下有一个弟弟。

杨家自来有读书气氛，兄弟姊妹在孩提时就由父兄传授文化知识。杨荫榆的大姐因病早逝，大哥杨荫桓在湖北武备学堂因试炮失事死于非命；二姐杨荫枌一生大部分时间从事教育工作；二哥杨荫杭，即著名文学家杨绛的父亲，毕业于北洋大学，后在日本早稻田大学深造，是个学贯中西的法学家、律师，民国初年曾出任京师高等法院审判厅厅长、京师高等检查长等职务。她的弟弟毕业于南洋公学，成绩优异，公费派送美国留学。杨家是个恪守礼法并不事张扬的书香之家，其子女在家庭、社会都受到良好的教育，都有很好教养。

反封建争女权的叛逆女性

大约在 1900 年前后，即杨荫榆十六七岁时，由其母亲以门当户对为择婿标准，将她包办嫁给了从未谋面的蒋家少爷。估计，蒋家也看好杨家的家教和人品，足以为蒋家传宗接代。但那蒋少爷整日"嘻着嘴，露出一颗颗紫红的牙肉，嘴角流着哈喇子"，一看就是个典型的低能儿。结婚后杨荫榆为自卫，将蒋少爷的脸都抓破了。她逃回了娘家，就不肯再回去。婆家三番五次来接。先是抬着轿子来接，后又派老妈子一同来接。恪守封建伦理道德的杨母绝不会支持刚刚嫁出去的女儿逃回娘家。无奈，杨荫榆只好被迫回去。

一次，杨荫榆又逃回家，死也不肯再回去。最后，她的婆婆亲自登门来接。这位婆婆是有名的厉害。杨荫榆对婆婆多少也有几分惧怕，就躲在二嫂（即杨绛母亲）的大床里面，大气不敢出。她的婆婆以强凌弱竟闯了进来，把她从帐子后面揪了出来。到了这个时候，杨荫榆也不甘示弱，从婆婆的手中挣脱出来，站在屋子中央，厉声申明自己不会再返蒋家的决心和理由。她措辞强硬，语气坚定，声明从此了结与蒋家的婚姻关系。

20 世纪初期，在"嫁鸡随鸡，嫁狗随狗"的中国，女子没有任何权利，婚姻大事只能听从父母之命、媒妁之言。一个在今天看来尚未成年的小姑娘，能冲破几千年的封建主义枷锁，自己退了亲，那是需要多大的勇气和胆识！杨荫榆可以算是我国争取女权的先驱了。这次不幸的婚姻对她刺激太大了，此后杨荫榆一生再没有涉足恋爱、婚姻。她变得更坚强、勇敢和前卫。摆脱了可怕的婚姻和封建家庭的桎梏后，杨荫榆就不屑再做贤妻良母了，一心投身社会，希冀为国家、民族有所贡献。杨荫榆自己也常说："我自从脱离家庭，便立志将我的全部生命贡献给中国了。"

1902年，杨荫榆的二哥杨荫杭从日本留学回国。1903年，他在无锡与朋友创办理化研究会。据说，那是补习英语和理化的补习学校，是中国最早的男女合班的学校。杨荫榆与二姐杨荫枌都参加学习。当时，一些家境较好的女孩子外出都要坐轿子，不能抛头露面。杨荫榆与二姐往来于学校和住宅从来都是步行，大大方方穿街过巷，毫无扭捏羞涩之态。这在当时也属开风气之先的。

学贯中西的才女

后来，杨荫榆在二哥的资助下，到苏州景海女中学习，两年后转入上海务本女中就读，曾与章太炎的夫人汤国梨同窗。她学习认真刻苦，成绩常常名列前茅。1907年，她以优异的成绩考取官费留日生。在东京女子高等师范学校（今茶水女子大学），杨荫榆主修的是理化博物科，日语也十分娴熟。1913年，她毕业时因成绩非常优秀而获得一枚别针式样的奖章。

同年杨荫榆回国，在苏州省立第二女子师范学校（即新苏师范前身）任教务主任，并教授生物学。一年后，杨荫榆到北京，任北京女子高等师范学校（即女师大，后并入北京师大）理化教授兼学监主任。她一向以身作则，工作认真，秉公办事，对学生要求严格，同时又幽默风趣和蔼可亲，深得学校的信任和学生们的拥戴，因此她的威信很高。后来成为台湾著名学者、女作家的苏雪林回忆说：刚刚入学时，自己因不拘小节，衣冠不整，物品乱放等，总被人提醒道："让杨荫榆先生看见是要被批评的。"可见杨荫榆在学生心目中的地位。后来苏雪林也因敬佩杨荫榆而与之成为莫逆之交。学生们对杨荫榆的尊敬和爱戴，延伸到对她侄女杨绛的喜爱。她们常常将在女高师附小读书的杨绛领到大学部玩耍，文体活动需要小演员时，杨绛必是首选，使小小年纪的杨绛如众星捧月，成为女高师文体活动的"小明星"。

1918年，杨荫榆曾有一个讲话，总结她做学监主任3年来对学生平日训练的概要。在训练之要目中，她说："都市风尚易于侈靡，矫而正之务，以诚实、恭俭、勤朴、整洁为训练之目的。"在具体训练中，对个人有关于起居、卫生、着装、谈吐、交友、礼貌等要求："一、关于起居者，晨兴不迟，每晨理发，朝会必齐到，不轻请假，回校按时，出入必告。二、关于服装者，髻式一色，发不覆额，不饰金珠，不穿绸缎，不著高底皮鞋，……三、关于礼仪者，见师长、宾客均须行礼。四、关于卫生者，每日三餐，不食杂食，痰不吐地，衣服常濯，窗门时开，被褥多晒。五、关于交际者，不馈赠贵重物品，不借贷金钱。六、关于秩序者，进食堂按次序排班行之，教室、自修室书籍等物必须整齐，纸屑皮壳不准随扔地上，用饭不语，就寝不言，行不挽臂，夜眠不准同寝……"对开会、教室、远足等都有要求。这些要求看似烦琐，但对当时封建、封闭、落后的中国，特别是将深宅闺阁中刚刚走出来的女青年塑造为现代女性，这些常规训练都是必不可少的。她尤其强调教职员的以身作则，讲话中曾说："身任职员岂可稍有自宽懈乎！""身率以先，犹惧不逮。"杨荫榆言传身教，立言立德，成为女学生眼中最富魅力的女教官和争相效法的楷模。

1918年，教育部在国立大学中挑选优秀教师朱家骅、邓萃英、刘半农、杨荫榆、沈葆德等七名教师（五男二女）赴欧美留学。这是教育部首次选派高等学校教师出国深造，可以说是优中选优，百里挑一。

4月，在杨荫榆启程时，送行的师生站满了月台，学生们送了一些礼物给远去的老师留做纪念；她们个个抽泣流泪，月台上一片哀戚。当火车鸣叫之后慢慢驶离站台时，送行的人甚至泣不成声。以至于为三姑妈送行的少年杨绛，多年后还把火车的鸣叫与哭泣、离别联系在一起。学生对杨荫榆的爱戴由此可见一斑。正如杨绛先生所说："我现在回头看，那天也许是我三姑母平生最得意、最可骄傲的一天。她是出国深造，学成归来，可以大有作为。而且还有许多喜欢她的人为她依依惜别；据我母亲说，很多学生都送礼留念；那些礼物是三姑母多年来珍藏的纪念品。"

杨荫榆在美国纽约哥伦比亚大学教育学院主修教育学。著名教育家杜威、孟禄均为该学院的教授，孟禄还兼任院长。当时这两位学者正对中国的教育格外关注，曾分别应邀到中国讲学、考察教育数月，并被北京大学、北京高师等几所大学聘为教授，对中国的教育很有影响。两位对中国教育非常关注的教育家，经常与来自中国的女教育家进行探讨、研究，因此杜威、孟禄的教育思想对杨荫榆的影响是相当深刻的。据与杨荫榆一起到美国留学的沈葆德女士讲，杨荫榆在哥伦比亚大学学习成绩非常优秀，屡次受到学校的奖励。

留学期间，杨荫榆经常与学校书信往来，介绍美国的教育经验，勉励学生努力学业。1919 年 10 月 11 日，杨荫榆给学生来信。她关切地询问学生的近况，急于知道刚成立不久的学生自治会工作，鼓励这班学生以自己的实际行动成为全校的表率。信中，她最关注的乃是不久前因山东主权问题爆发的学生运动。现抄录如下：

"此次因山东问题，吾国学生之举动，榆由报章略知梗概，甚喜吾国人已有生气，有爱国心。若固持此活泼之爱国心，以镇静稳健之态度，务实际有益之事。如提倡国货，教授贫民，劝止烟酒，缠足等。事虽屑小，皆极有益。盖吾人本无只手千钧之力，若就小事上着手，步步实行之，不务虚名，不辞劳苦，持久行之，渐事扩张，则外人不惊异，当道不顾及；目前之成绩虽不显著，后日之收效必多可观。喜作惊天动地之大事业，喜得当世之荣誉，此吾人之缺点也。其实大事业须在小事上着手，不必惊天动地，荣誉当得之于己身过世之后。盖当世之荣誉不易得，虽得易朽；死后之荣誉方能经久也。又吾人做事，须心热不可脑热；脑热即易致神经病。须实力，忌虚声；……各校学生能早日组织讲演团，与学校以外之人联络。外交失败时，讲演团即以常日之态度，于常日讲演之时间中，为常日之听众讲演此事。则全体学生与全体学校以外之人，顷刻联络，一致进行，使恶人丧胆，友邦称许，而当道无从干涉，不亦善乎？既往不咎，来者可追，亡羊补牢，不可谓迟。诸君愿牺牲一部分之时间，以开启民智乎？如愿之，乞提倡镇静稳健之讲演，学习注音字母，而教授他人。若能转相教授，尽人学习，一旦遇事，不便讲演时，可用此印发传单，一致进行，不甚便耶？诸君其未以爱国热激发难制，盍以此勇往之气提倡镇静稳健有益无弊之事？……"全文充分表现了一位师长热爱学生、关心学生的高度责任心；同时也说明杨荫榆是一位对国家、人民的前途有着强烈责任感的爱国者。

几年后，这批公派教师学成归来。他们不负众望，回国即承担重任。朱家骅后来曾出任中山大学、中央大学等大学校长及教育总长等职；邓萃英曾任北京高等师范学校（北京师范大学前身）校长，创办厦门大学并出任校长，任河南省教育厅厅长兼开封中山大学（河南大学前身）校长等职；刘半农为国人获得法国国家文学博士第一人，后来在北京大学、中法大学、辅仁大学等学校任教授，成为著名语言学家、作家。

1923年，杨荫榆获硕士学位后载誉回国，出任北京女高师英语系主任。杨荫榆不是那种得过且过、随遇而安、胸无大志的人。她曾多次惋惜自己没有能继续攻读博士学位。当时，全国女硕士已属凤毛麟角，女博士恐怕就是空白。已年近 40 岁的杨荫榆仍雄心勃勃，不难看出她对自己要求之严格和志向之高远。

"女师大风潮"回顾及反思

1924 年 2 月，原北京女高师校长许寿裳提交辞呈，究其原委也是因有学生反对他。随即教育部委派杨荫榆为校长。当时女高师正筹备升格为师大，杨荫榆与林砺儒、欧阳晓澜等 22 人组成筹备委员会，杨荫榆为首席委员。1924 年 5 月，北京女高师升格为北京女子师范大学。这是中国女子取得平等教育权的又一进步。8 月，教育部正式任命杨荫榆为女师大校长，同时兼任英语系主任。一个学贯中西的学者，在女高师任教多年，并有学监主任和校长经历，口碑又非常好的杨荫榆出任校长，是顺理成章，也是众望所归的。按今天的标准，这个任命也是十分合适的。学校还成立董事会，由梁启超、熊朱琪慧、杨荫榆等人组成。杨荫榆要在女子高等教育方面施展自己的才学，做一番贡献。

但是这次她出任校长，往日的好景已不复存在。

当时社会涌动着求新求变的变革思潮，其中不乏西方的无政府主义、浪漫主义等各种思想，首先接受这些新颖思潮的是敏感的青年学生。此时他们的头脑中充溢着反传统、反保守、反权威的革命情绪，也就历史地成为革命运动的先锋。但是，在汹涌的求变思潮中，也裹挟着一些污秽的东西。如当时流行一种口号"打倒廉耻"、"杯水恋爱"等；有人停妻再娶，还美其名曰"恋爱自由"；甚至有女学生未婚先孕。凡此种种，使恪守传统道德观念的人不理解、反感，甚至抵触。

此时的教育界处于多事之秋。军阀长期割据混战，政府更迭频仍，财政拮据，教育经费屡被拖欠。北京高等学校一些激进学

329

生以各种因由不时掀起学潮，驱赶校长的事件多有发生，并成为互相效仿的一种行动。全国女子的最高学府——北京女子师范大学的部分学生也自觉不自觉地成为反传统的先锋。就是在这个时候，杨荫榆不适时宜地秉承教育部的旨意，要整顿校风、学风。她自然就成为女师大学生运动的阻力和学生攻击的目标，自然也就是北洋政府的附庸。杨荫榆采取的第一措施是取消教员的兼任制度，一律改为专任制，以提高教师的责任心。当然，这是关系到部分人切身利益的事情。一场风暴由此而酝酿产生。

1925 年 1 月，学生以去年 11 月杨荫榆开除文预科三名迟到两个多月的学生为由，上书教育部陈述杨荫榆的九条罪状，要求即日撤换校长。教育部马叙伦次长一向为学界所敬重，他多方调处、斡旋，仍以失败告终。不参与反校长的学生开会调解，教师们亦多主张维持现状，不愿轻易更换校长。"驱杨"风潮似乎稍有平息。

4 月 3 日，女师大教务长薛培元因不赞同四处张贴反对校长的匿名揭贴，办公室门上被学生贴上："薛先生，你真没有人格，当杨荫榆的走狗，还想当我们的教务长吗？快滚蛋吧！"薛培元即日愤然辞职。同月教育部派人调查，未果。段祺瑞政府命司法总长章士钊兼任教育总长，对教育界的浮躁嚣张风气进行整饬。

5 月 7 日，在"国耻纪念日"的全校大会上，杨荫榆以一校之长的身份要登台主持，被"驱杨"派学生阻挠，双方互有推搡，杨无可奈何离开。9 日，学校评议会张贴开除刘和珍、许广平等学生自治会成员六人布告。学生不服，撕掉学校公告，贴上学生自治会的《求援宣言》，并联合校外学生大肆抗争。杨荫榆被迫退居家中，有时办公、开会只好借附近一家饭店。风潮再度升级。

据女师大兼课教师、亲眼目睹女师大风潮的李四光回忆："那时杨先生仿佛拿出全副的精神，一面吩咐巡警，无论如何不准动手；一面硬跑出门外，前后左右有巡警包围，向西院走去。一时汹涌唾骂的言语大作，详细情况我不便述，恐怕为官僚及一般反动者利用。可怜我平时最敬爱的青年淑女，为什么要做到那步田地。……原来是杨先生申明要由杂务课升到校长室办公！"他还说："有人以为我是'杨先生的死党'。无论就私交，就职务，这个头衔，我真不配。……假若我在女师大有了职务，或者是个教育家，或者是社会上负众望的人，就那一天的情形看来，即令替杨先生作了死党，我还不失为一个人。"李四光的回忆尚有所顾忌，章士钊对女师大风潮的回忆就直白多了：学生们"手持木棍砖石，志存殴辱，叫骂追逐，无所不至"；"又撕毁布告，易以学生求援宣言"。北京大学的学生前来响应，男女学生锁闭校长办公室，"派人驻守校门，禁阻校员出入"，"学生跳梁于内，校长侨置于外"，"种种怪状，见者骇然"。李、章两先生的回忆即可互相认证了。

5月11日，《晨报》发表校方《致全体学生公启》，其中说："顷者不幸，少数学生滋事，犯规至于出校，初时一再隐忍，无非委曲求全。至于今日，续成绝望，乃有此万不得已之举。须知学校犹家庭，为尊长者，断无不爱家属之理，为幼稚者，亦当体贴尊长之心。"

5月12日，鲁迅与女师大"驱杨"派学生开会，并代替学生撰写《为北京女师大学生拟呈教育部文》。内称："呈为校长溺职滥罚，全校冤愤，恳请迅速撤换，以安学校事。窃杨荫榆到校一载，毫无设施，本属尸位素餐，贻害学子……今乃倒行逆施，罚非其罪，欲乘学潮汹涌之时，施其险毒阴私之计，使世人不及注意，居心下劣……杨荫榆一日不去，即如刀俎在前，学生为鱼肉之不暇，更何论于学业！是以全体冤愤，公决自失踪之日起，即绝对不容其再入学校之门……"学生将校长开除了。

5月20日，《晨报》上刊登杨荫榆《对于暴烈学生之感言》。

文中说:"若夫拉杂谰言,齮龁笔舌,与此曹子勃谿,憎口纵极鼓簧,自待不宜过薄。……梦中多曹社之谋,心上有杞天之虑;然而人纪一日犹存,公理百年自在。"

5月27日,《京报》上发表由鲁迅起草、邀集周作人、马裕藻、沈兼士、钱玄同等7人共同签名的《对于北京女子师范大学风潮宣言》。文中称:"六人(即被开除的学生)学业,俱非不良,至于品行一端,平素又绝无惩戒记过之迹,以此与开除并论,而又若离若合,殊有混淆黑白之嫌。"

6月2日,在师大和女师大均任教授的汪懋祖因曾参加杨荫榆召开的评议会遭学生攻击,在《晨报》上发表《致全国教育界意见书》,称:"杨校长之为人,颇有刚健之气,欲努力为学界争一线光明,凡认为正义所在,虽赴汤蹈火,有所不辞。今反杨者,相煮益急,鄙人排难计穷,不敢再参末议。"

7月29日,杨荫榆以修缮校舍为由,通令假期仍住学校的学生搬出,并解散学生自治会。"驱杨"学生不仅不搬出学校,竟撤掉学校的布告牌,有人趁乱跑到校外,招来其他学校的学生帮助。鲁迅当晚住进女师大保护学生。

8月1日,为纠正学界肆意妄为荒废学业的事件继续发生,教育部下令解散女师大。此令一出,学界哗然。已有16年历史的全国最高女子学府将毁于这次"风潮"。女学生拼死护校,有20余(也有说13名)学生拒绝听从教育部命令,虽断水断电仍滞留学校。

8月4日,《晨报》上发表杨荫榆的辞职声明。文中写道:"荫榆置身教育界,始终以培养人材恪尽职守为素志,在各校任职先后将近十年,服务情形,为国人所共鉴。去年三月,蒙教育部之敦促,承乏斯校。任职以来,对于校务进行,必与诸同人协议熟商,对于学生品性学业,务求注重实际。惟荫榆禀性刚直,不善阿附，有时处理事物，自问过于认真，容有不见谅与人者，但即受国家委以重任，矢志以尽力女子教育为职责。毁之劳怨，所不敢辞，至于个人进退，原属无足轻重，所以勉力维持至于今日者，非贪恋个人之地位，为彻底整饬学风之计也（按本校近七年每年皆有风潮）。"

8月10日，女学生成立"女师大校务维持会"，鲁迅为其中成员。

8月13日，教育部召开学生家长或保证人座谈会，请劝学生离校。未果。

8月17日，教育部决定将女师大改为国立女子大学。因音乐、体育两班学生已登报声明不参加学潮，其他系科学生亦准自愿转入女大。

8月19日，教育部司长刘百昭奉命接收女师大。学生高声辱骂刘百昭为"卖国贼"，要将其抓捆送至北京大学。巡警出面制止，学生与警察发生冲突。

8月22日，章士钊向警厅调50名警察，雇用了数十名女仆、老妈子，开赴女师大，将滞留学校的学生挟拖出校门，强行接管女师大。警察和女仆的行为引起社会不满。此时，也有一些报章危言耸听，大肆渲染。有人明明知道女学生并无人伤亡，却在文章中闪烁其词，故做含糊。但是，事实是"女师大风潮"没有人因此而住院疗伤，更没有一个女学生死亡。

9月21日，鲁迅带领约三四十名学生（含新招预科生）在阜成门内宗帽胡同14号，靠租赁民房为校舍，教师义务授课，继续办学。

11月28、29日，北京爆发"首都革命"。群众在"驱逐段祺瑞"、"打死朱深、章士钊"等口号指引下，捣毁章士钊寓所和被认为是支持杨荫榆的《晨报》馆。

11月30日，迁居宗帽胡同的学生返回原校址。

12月24日，段祺瑞政府被迫采取妥协手段：令女子大学（没参与闹学潮的学生约180余人）和女师大（约40多人，也有说20余人）均继续兴办，撤销杨荫榆的校长职务。

这位中国第一个大学女校长，正待施展才华的女教育家杨荫榆犹如一颗流星，明亮耀眼，但转瞬即逝。

今天以历史的眼光来看，杨荫榆与激进学生双方都没有错又都有错。

杨荫榆认为教育是关乎国家兴亡的神圣事业，为国家培养优秀女性人才是她义不容辞的责任。身为一校之长，她要保证学校的安定，教学秩序的正常，要禁绝有伤风化的事情发生。她还要代替家长保护女学生免受伤害。学校的各项规章制度，不是始于杨荫榆，当时正在执行的校规校纪也并非她一人制定，况且这些

◎ 任校长后与学校教职员合影，前排中为杨荫榆

制度中许多原本就是为保护女学生而定。因此，作为一校之长的杨荫榆坚持执行学校的规章制度没有错误。

杨荫榆在美国留学六年，不能说她对美国的女权运动及妇女状况不了解，但她对国内的情况反而茫茫然，对往日纯真可爱的学生已很陌生，对急风暴雨般的学生运动更不理解。因此，杨荫榆对学生运动和她们的各种行为没有因势利导，反而采取了一些强硬手段，如请隐婆（接生婆）将滞留女生宿舍的男学生拖出学校，开除刘和珍、许广平等六名为首的学生等。当时正值国共两党实现第一次合作，全国革命运动如急风暴雨，来势凶猛。"女师大风潮"得到国共两党和鲁迅等人的支持，杨荫榆有教育部的尚方宝剑，双方僵持不下。杨荫榆是个教育家，不是政治家。在当时国内局势异常复杂混乱的情况下，她不会在两种或更多的政治势力之间找到平衡点。她以教育家的目光看问题，煞费苦心地一味按照自己的教育理念办事。矛盾的激化是不可避免的。杨荫榆主观地认为：靠一校之长的权威就可以改变当时的学生状况，这是非常迂腐、愚蠢的。

女学生积极参与女权运动是对的。因为，中国几千年的封建社会，男尊女卑，妇女就是男人的附属品，在社会、家庭均无地位可言。要解决中国的女权问题，就要靠有知识的青年男女参与。但是，造成这种两性的不平等，根源在社会制度，而非当时全国唯一的女子大学和这所大学的校长。恰恰相反，妇女要争得像男子一样的各种权利，首先要接受教育。尽管当时各级女子学校多以培养贤妻良母为目标，但是女师大却是冲破男子独享教育、实现男女教育平等的发端、起步，是中国女性走向男女平等的桥梁。

女师大的学生在争取自己权利的同时，恰恰剥夺了其他同学学习的权利，也剥夺了作为校长杨荫榆行使管理学校的权利。女学生的攻击目标错了。她们因为学校的规章制度过严，限制了她们活动的自由，就要赶走校长。其实她们尽可以在校规校纪范围内，在民主平等的前提下，与校方对话、沟通。至于激进的女学生称赶校长为"驱羊"，做法更显拙劣低俗，不应是知识青年所为。"女师大风潮"使好端端的北京女子师范大学分裂为两所不景气的高校——女师大和女子大学。

"女师大风潮"的核心人物之一许广平后来回忆说："关于她（即杨荫榆）的德政，零碎听来，就是办事认真、朴实，至于学识方面，并未听到过分的推许或攻击，论资格，总算够当校长的了。"在支支吾吾还算率真的话语中，终于说了实话。这能否看作是成熟后的许广平的反思？！

长达 10 个月之久的"女师大风潮"，使本可以有所作为的杨荫榆无可奈何离任。在那个特定的历史背景下，她的悲剧人生是无法避免的。

日寇枪口下的勇士

1925 年年底，杨荫榆黯然返回苏州，暂住二哥杨荫杭家。她对为整饬校风而引发了一场轰轰烈烈的"女师大风潮"，仍百思不得其解，也颇有些懊悔。她变得孤僻，少言寡语，只愿意与二哥一人交谈。她也变得不自信，做事后常常后悔自责，骂自己是"开盖"（无锡方言，似上海的"十三点"，北方的"二百五"）。这正应了一句俗语"一朝被蛇咬，十年怕井绳"。

1927 年，杨荫榆在苏州女师任自然科学教师。1929 年，她被东吴大学聘为日语兼教育学教授。她本可以平平安安地去享受属于自己的恬静生活，但是，杨荫榆总是自觉不自觉地要对学校的事情表态。一次，学校要开除一个即将毕业的学生，她认为，学生的过失并非大节，是可以说服教育的，不能因此毁了一个青年的前程。她与校方发生激烈争论，并愤然辞职。后来，她在省立苏州中学教英语和数学。

杨荫榆不满足仅仅当一名教员，她要办学校，搞教育，特别是兴办女子教育，实现以教育改造社会的梦想。1935年，她邀集朋友一起创办"二乐"女子学术研究会，"招收已经服务社会而学问上尚想更求精进的或有志读书而无力入校的女子，授以国文、英文、算学、家事等有用学问"。因有人不断以10年前"女师大风潮"攻击她，使杨荫榆出资兴办的"二乐"女校始终不景气。但是，她在哪里教书均习惯依旧，对学生严格要求，从不松懈。几十年过去了，当年东吴大学杨荫榆的学生、现已从苏州大学退休的吴兆基教授回忆说："学生们都敬重她，她是一位严师。非常严肃，非常严格。"其中不乏对杨荫榆师德的肯定。她将毕生精力几乎都献给了教育。因此，杨绛"总觉得三姑母不是我家的人，她是学校里的人"。

1937年8月后，日本侵略军占领苏州，杨荫榆和兄嫂及二姐等逃难避居乡间。乡间也不安全，又逃回苏州。侵略军所到之处奸淫烧杀抢掠，无恶不作。苏州居民惶惶不可终日。她居住盘门，周围多小户人家，深受日军蹂躏。她曾不顾个人安危挺身保护邻居人家。杨荫榆一改平时的儒雅斯文，多次到日本驻军司令部，用娴熟的日语抗议他们纵容士兵奸淫掳掠的野蛮行经。日军迫于她的正气和社会影响，不得不有所收敛。因此，左邻右舍的女孩子常常躲在杨荫榆的家里。一时间，她的家成了避难

◎杨荫榆1928年12月在苏州

337

所。杨荫榆不畏强暴，以年过半百的老妪之躯，只身反抗强大的野蛮的侵略军，其勇敢精神实在难能可贵。

日本侵略军见杨荫榆日语流利，颇懂日本的习俗、礼教，又为苏州社会名流，想当然认为可为他们驱使、服务，曾请她出任维持会伪职，遭到杨荫榆严词拒绝。

1938年元旦，两个日本兵到杨荫榆家，以司令部传见将她哄骗出来。当他们走到盘门外吴门桥上时，一个日本兵突然向她开了枪，另一个将她抛到河里。他们看到她能游泳，在水中挣扎着游向岸边，就又补射了数枪，直到河水泛起大片血红，才扬长而去。杨荫榆就这样被侵略军杀害了。她是为保护邻居少女免遭蹂躏、为抗议侵略军的暴行，英勇斗争而遇难的。

1946年11月16日，苏州女师召开杨荫榆追悼会，远近亲友参加者200余人。会上代收400多万元捐款，经与会者议决，在苏州女师设立杨荫榆奖学金。这是苏州人民对杨荫榆最好的褒奖和怀念。苏州人评价她："慷慨孤怀，颠危不惑；遑恤身家，唯念邦国，是旧知识分子在国难期间觉醒并为国捐躯的杰出人物。"

"女师大风潮"不是革命和不革命的试金石、分水岭。风潮中坚持反对杨荫榆的，后来有人堕落为汉奸、特务，如周作人、织芳、向培良等；支持杨荫榆的，胡适、徐志摩、王士杰等暂且不论；成为革命者、科学家、教育家的大有人在，如李四光院士、高仁山烈士，以及马寅初、查良钊、陶孟和、汪懋祖等教育家。

与杨荫榆处于同一时代、也因坚持原则管理学校而被驱赶的大学校长还有傅斯年、罗家伦、李建勋等大学者兼教育家，历史早已还他们以公正了。就是当年指令女师大整顿校风的章士钊也早已成为座上宾。只有杨荫榆因为众所周知的原因，仍头顶骂名。

对一个人的评价不应仅局限在一时一事，也不应仅以权威的一时言论为准绳。这里借用鲁迅对文学批评的观点：不要"不是举之上天，就是按之入地"，"批评必须坏处说坏，好处说好"，就是人们常说的实事求是。对杨荫榆的评价也应采取这样的态度。

现在，有人呼吁追认杨荫榆为烈士。杨荫榆遇害已 70 多年了，她又没有子嗣，是不是烈士已无关紧要，当务之急是恢复历史的本来面目，还杨荫榆一个公正、公道！

（王淑芳）

参考文献

[1] 杨绛 . 回忆我的姑母 . 刊于《回忆两篇》，长沙：湖南人民出版社，1985

[2] 俞明 . 杨荫榆之死 . 刊于《了望》，1988（20）

[3] 滕峰丽 . 章士钊与女师大风潮 . 刊《天中学刊》第 19 卷第 1 期，2004

[4] 北京女子师范学校十周年纪念册，文艺汇刊等

林砺儒

远见卓识的教育先驱

◎ 林砺儒

林砺儒（1889—1977），原名林绳直，广东省信宜县人。教育理论家和教育实践家。早年就读于日本东京高等师范学堂，曾先后任北京高等师范学校教授、中山大学教授兼教务长、广州师范学校校长、广东勷勤大学教务长兼师范学院（教育学院）院长、广东省立教育学院院长、广东省立文理学院院长、桂林广西教育研究所导师、国立桂林师范学校教授兼教务长等职。新中国成立后，任教育部中等教育司司长、教育部副部长、北京师范大学校长。第一届全国政协代表，第一、二、三届全国人民代表大会代表。

著有《伦理学要领》《文化教育学》《教育哲学》《教育危言》《中国教育新论》等。

林砺儒一生坚守教育岗位，从事教育工作长达60年，因而被誉为"服务最有恒心的教育家"。他对人民的教育事业忠心耿耿，在教育理论尤其是在中等教育和师范教育理论及实践方面做出了巨大的贡献。正如楚图南所评价："林砺儒先生的一生，是一位老一辈爱国知识分子的一生，他是一位笃实而正直的学者，是一位忠诚而勤恳的教育家。他为培养中国新的年青一代，为中国的教育事业献出了毕生的精力。"在纪念林砺儒百年诞辰时，楚图南题词称赞他是"远见卓识教育先驱，言传身教后生楷模"。

早年求学之路

1889年7月18日（清光绪十五年六月二十一日），林砺儒出生于广东省信宜县一个书香世家。高祖林汉源是清朝贡生，祖父林兆蓉是同治庚午科举人，父亲林达是位秀才。林砺儒四岁那年，父亲因鼠疫英年早逝，母亲患有癫痫病，从小便靠祖母抚养。所幸伯父和叔父对他疼爱有加，严格管教，担负起了养育之责。出身廪生的伯父林鸿为他聘请了家庭教师，并经常检查他的学习情况，要求十分严格。出身优贡的叔父林适是个教师，颇有学问，教学时总把林砺儒带在身边，诲而不倦，让他自幼受诗书熏陶。在伯父、叔父的引导下，林砺儒渐渐树立了不走读书做官之路而服务教育的志向。

1905年，林砺儒入广东高州高郡中学堂学习。这是一所按"教育救国"论者的主张设立起来的学堂。他学习十分勤奋，遍览群书，多次积劳成疾。1911年，他以优异成绩毕业，应信宜县中义学堂之聘到该校任教，同年考取公费留学日本，入东京高等师范学校攻读，开始潜心研究教育理论，并接触了各种新思想。1918年3月林砺儒踌躇满志地学成归国，坚定了终身服务教育的志向。

在北师大的教育改革与实践

1919 年 4 月，林砺儒出任北京高等师范学校（北京师范大学前身）教授，第一次登上了高等学堂的讲台，此后终其一生，一直坚守教育岗位。就在这一年，爆发了"五四"学生爱国运动。民主与科学的浪潮，冲刷着古老的神州。他意识到伟大的时代已经像暴风雨般到来，振兴中华的重任将赋予年青一代，野草丛生，疮痍遍地的社会，需要铁骨铮铮的"大丈夫"去开拓，需要刚直不阿的勇士去改造。他支持学生运动，并积极参与营救被捕学生。帮助学生创办平民夜校和识字班，提高青年学生的文化素养，激发青年的爱国热情，培养学生进步的人格。他密切结合实际，传播新的教育思想，教育学生树立正确的人生观，"要有改革社会和国家的理想和抱负，并有为自己的理想实现而奋斗不息的坚强意志"。在北京高等师范学校任教期间，他先后讲授过《伦理学》、《人生哲学》、《教育概论》、《近代教育思想》、《西洋教育史》等课程，担任过庶务主任、教育系主任等职。1926 年被聘为国立女子学院师范大学部教授。

1921 年，林砺儒积极参加北京八所国立高等学校向北洋军阀政府索薪的斗争，并触发他对教师待遇问题的研究。他受德国魏玛宪法编列教育专章的影响，欲为中国教育立法，曾于 1922 年和 1925 年两次与北师大经亨颐教授等向当时北洋军阀统治的国会提交宪法《教育章》草案（《宪法教育章程草案》），主张国民教育事业应得到宪法上的保障。毫无疑问，这个主张在当时是不可能被采纳的。1925 年 12 月，他在北京《晨报》副刊上发表《教员待遇问题》一文，介绍了西欧、日本等国教师待遇情况，认为国家对教师应有法令保证。他说："国家对于教员之任用，要有相当的规定，于他们的位置，要有保障，于他们的地位，要表示尊重，于他们的生活，要有周到的维持，这就是教员待遇问题。"他认为国家应赋予教员以很高的地位，"一个国家要维持自身的生命，至少对两种人要特别待遇：一种是军官，为国家防卫生命的；又一种是教员，为国家发展生命的。按理说，教员之不可随便雇用，当更甚于军官"。既然教员为国家担负了教育的责任，那么国家对教员就应该有相当的报酬。同样，教员既受国家之优待，当然有其应负之责任。

1922年9月，林砺儒兼任高师附中主任（即校长）。北京高等师范学校附属中学的前身是北京五城学堂，创办于1901年，是我国最早创办的公立中学之一。收编为高师附中之后，本应"更有条件负起中学教育开路先锋的重任"，然而由于领导思想守旧，问题很多，师生意见很大，经常发生学潮。为了办好附中，北京高师负责人派林砺儒兼任附中主任。林砺儒一直认为，要办好师范大学，必须有好的附属学校，包括中学、小学、幼稚园，作为广大师范生的实习基地。因此，他欣然接受了这一艰难的使命，年轻的他要到附中去实施自己的教育改革主张。

林砺儒改革的第一步是率先推行"六三三"学制，即仿照欧美学制，将原来小学7年、中学4年改为小学6年，初、高中各3年，这对中国中等教育革新有开拓之功。为了适应并推行新学制，他组织各科优秀教员制定规章制度和教学计划，自订课程，自编教材，边试行边修订。后来，他还在《教育杂志》上著文介绍试行新学制的经验和个人感受，对全国各地推广新学制产生了良好影响。接着他便开始对校风学风进行全面整顿，提倡"师生互相亲爱，互相协助"；针对过去教育脱离实际的做法，提出教育应以生活为主，培养学生发现问题、解决问题的能力；重视系统的科学知识的学习，在高中增设了第二外国语、解析几何、微积分初步、初等力学、电磁学、分析化学等课程，还全校普及体育；聘任有学识、有改革精神的新教员来校任教。他在附中进行了男女同校的试验，独具慧眼地特聘女高师优秀毕业生、20年代知名女作家石评梅任附中女子部主任，同时教授体育、国文等课程。石评梅在短短几年间便做出了令广大师生和校内外教育界及社会文化人士注目的成绩，这也验证了林砺儒选才用人的领导才能。

林砺儒积极支持学生的进步活动，保护进步学生。师大附中《校友会会刊》曾发表纪念马克思的文章，国民党当局知道后到学校抓人。他毅然站出来，说不能由学生负责，"是我们教师没有仔细审查稿，我们要做检查"，因此深受学生们的爱戴和拥护。

在林砺儒兼任北师大附中主任的八年间，他不断地进行着教育理论尤其是中等教育理论的研究。他十分重视对学生人格的培养，在附属中学主任就职演说中就提出了他的中等教育见解："我认定理想的中学教育，是全人格的教育，决非何种职业之准备。要全人格的陶冶受得圆满，那么将来个性的分化才算是自然的。"因此，他认为"中等教育的任务就是引导少年人格之放射线到各方面去"。后来在他的《教育危言》中又明确地提出"教育家要培养进步的人格，以适应进步的社会"。1930年，他写下《教育与耍狗熊》一文，论述了教育与耍狗熊的本质区别。他认为教师应把学生作为主体，"教育是要使儿童适应环境之意义，而意义是要凭他们自己审辨领悟的"。指导学生做一件工作，必须让他们寻出各种解释，计划各种办法，然后批评比较，选定一个最良的。所以"教育要推广心思，提高辨别力，而扩大自由"。

经过林砺儒一系列的努力，高师附中风气好转，质量提高，成为一所全国仰慕的学校。许多学生以进附中为荣，家长以子女能进附中学习为幸事，以至于许多人多方拜托，请人说情，务期进入附中读书。《世界日报》上曾报道"师大附中历届招生，报考者甚踊跃"。以至于附中教职员总会收到几百封说情的信件。针对此种现象，林砺儒在1926年8月29日《晨报》副刊《家庭》第43号上发表《子弟入学之请托运动》，作为公开的答复。他说："假使一个学校招生，是按情面势利定去取的，那么，这便是极腐败的学校……重情不重法，讲私不讲公，谁也识得是中国人的大毛病。若是一辈一辈的子弟入学，都使他们自信是凭人情得来的，那么，中华民国法治的精神，要等到几时才能成呢？这一着区区的说项请托，可不是等于洪水猛兽么？"他那教育家的使命感和原则性，以及公开拒绝请托的勇气，令人感佩。

1929年毕业于北京师大附中的著名科学家钱学森曾回忆说，师大附中的校长林砺儒，制订了一套以启发学生兴趣和智力为目标的教学方案，很有成效。学生们平时都很自觉，该学习的时间专心学习，该玩的时间就尽情玩耍，从不在临考前加班突击。"当时的校长——那时我们称他为主任——林砺儒先生，确实把师大附中办成了第一流的学校。""我对师大附中很有感情。在附中六年所受的教育，对我的一生、对我的知识和人生观起了很大作用。"同年毕业的哲学家、北京大学教授张岱年曾深情地说："二十年代，我在师大附中读书，受到了深切的教育，奠定了我一生治学的基础。"他永远都忘不了林砺儒校长1924年对全校学生的一次演讲，其中讲到德国哲学家康德的三大律令中，最重要的一条就是要把人人都看作目的，不要看作手段，并认为这是康德的大发现。"当时我听了非常感动，受到一次深刻的教育。"

1928年国民政府教育部把北平九所国立高校合并为国立北平大学，北京师范大学改称北平大学第一师范学院，林砺儒任临时院务委员会主席主持院务工作，并被师生推选为三名校务维持会常务委员之一。当时学校拿不到经费，甚至靠抵押校产、拖欠、借债度日，他不避艰苦，坚持办学；他勉励全体师生要"振铎声，翊师道，明得而辨惑，立己以立人"。他还着手对第一师范学院进行改革，增设社会系。1931年"九一八"事变后，北师大学生纷纷呼吁抗日，开展支持东北义勇军活动，反对蒋介石的不抵抗主义。林砺儒支持师生参加社会上的进步活动，在课堂上传播新思想，他的这些行为引起当局的不满。1931年，国民政府教育部解除了林砺儒的职务。

辗转岁月中的教育教学探索

1931年7月，林砺儒愤然离开第一师范学院，应广州中山大学校长许崇清之聘，出任该校教授兼教务长，讲授《师范教育》《教学法》等课程。当时社会上偏重文、法、理、工、农、医，林砺儒讲课则强调师范教育对振兴教育、开发民智、培养建设人才、激发国魂、奋发图强的重大作用，对师范教育的理论和实际阐发得十分透彻，激励了许多优秀青年选择了终生从事教育事业。次年，他兼任广州师范学校校长。

1933年，广东省政府为纪念已故的国民党监委古应芬（字勤勤），创办省立勤勤大学，林砺儒应邀参加筹办工作。该大学成立后，由当时广东省主席林云陔兼校长，林砺儒任教务长兼师范学院（后改为教育学院）院长。1937年，勤勤大学教育学院独立为广东省立教育学院，林砺儒仍任院长。1938年该院更名为广东省立文理学院（1952年改编为华南师范学院），他继续担任院长。1938—1941年间，文理学院因广州沦陷而被迫辗转于广西梧州、藤县、融县、广东乳源县、连县等地。在极度艰苦条件下，林砺儒与全院师生共甘苦，坚持教学和科研工作。每次迁移，他都亲自指挥，学院图书和仪器设备皆完整无损；他还亲自关心师生的安全和生活，使学院一迁新址，便能立即开课，因而深得全院师生的拥戴，声望极高。

　　林砺儒在勷大教育学院、广东省立教育学院、广东省立文理学院任院长达 8 年之久。在此期间，他大胆地进行教育改革，在课程设置上打破常规，为适应社会进步和抗日救国形势的需要，增添了一批公共必修课，如"新哲学"（讲授《辩证唯物主义》）、"经济学"（讲授《资本论》）、"现代经济学说史"（讲授《剩余价值学说史》）、"国际政治"、"世界革命史"等；先后延聘思想进步、学识渊博的名教授张栗原、尚仲衣、郭大力、蒋径三、李平心、高觉敷、陈守实等到校执教，还邀请著名民主人士邹韬奋、钱俊瑞、杨东莼等到校做形势报告。抗战期间，他积极参加抗日救亡活动，带领师生下乡进行抗日宣传，支持进步学生兴办民众夜校，成立战时后方服务队，并亲自任总队长。他还要求图书馆订购《群众》、《新华日报》等报刊，让师生接触新思想。在文理学院，教师可以公开讲授马克思主义，宣传抗日救亡的主张；学生可以研究各种学术问题，组织各种进步社团，进行抗日救亡活动。

　　在此期间，林砺儒撰写了许多文章，阐发他的教育主张和政治观点。当时国民党政府公布的一些教育法令，企图以繁重的功课和考试来压制学生要求抗日的呼声。林砺儒于 1934 年在《教育杂志》24 卷 4 号发表《从批评中学新法令说到未来的改造》长篇论文，对这些压制青少年身心发展的法令提出质疑和批评，反对使学生课业负担过重，反对举行中学毕业会考。1935 年，国民党提倡尊孔读经，《教育杂志》编辑部邀请一些学者笔谈读经问题时，他写了《对于读经的意见》表示反对，他认为办教育应该民众化、现代化，读经不符合时代的需要。当时外侮严重、有人主张教育救国，林砺儒为此发表《中国教育与国难》等文，说明国家衰弱是由于社会政治经济的腐朽，单靠教育不能救国，要改造教育必须改造社会，教育只能配合政治，并且受生产发展的制约。

1940年他写了《为学术大众化进一言》，揭露了反动统治者垄断教育、文化和学术，以致歪曲真理的事实。

国民党当局对林砺儒的观点和做法十分不满，派员到学校寻衅，指责教育学院不应开设"新哲学"、"国际政治"等课程。于是，林砺儒便策略地将"新哲学"改为"教育哲学"，内容不变，原有的系科和教员全部保留。国民党当局又派员到学校，要设立训导处和国民党区分部，林砺儒便和进步教师商定，由一位教授兼任训导主任和国民党区分部书记，并挂上训导处和国民党区分部的牌子，实际上并没有开展什么活动，就是为了不让国民党当局直接插手学校的工作。1940年林砺儒到重庆开会，教育部长陈立夫要他参加国民党，他巧妙地以"君子不党"为由，加以拒绝。

文理学院进步的教育思想和自由的学术风气，使国民党当局十分恼怒，称该院为"红色学院"、"小延安"，并于1941年5月下令改组文理学院，以停发经费相威胁，免去林砺儒的职务，另派人来接任文理学院院长。消息传开，全校震怒。师生们自发成立了"挽林委员会"，召开声势浩大的挽林大会。此时，林砺儒已在广东文理学院奋斗了整整八年。回顾八年来的坎坷历程，无限感慨，奋笔写下一首《广东省立文理学院校歌》歌词：

"民族抗战的烈火，/炼出了我们这支青年军。/走遍了险阻，历尽了艰辛，/却淬砺了奋斗精神。/我们要探索真理之光，/我们要广播文化食粮，/那怕魔高十尺，恶战千场。/同学们，挺起胸膛，放大眼光。/这是我们的校风，/这是我们的大勇！/同学们，挺起胸膛，放大眼光，/这是我们的校风，/这是我们的大勇！"

歌词被谱上曲后，很快唱响了校园。学校派出教师代表团前往韶关向省政府请愿，要求省政府收回成命，并通电全国。学生们还集体创作了《挽林战歌》：

"风已来了，雨也来了！/我们学校在风雨中飘摇，/我们的生活在风雨中震荡。/ 我亲爱的同学们，团结起来！/ 我们的生活在风雨中震荡。/ 我亲爱的同学们，团结起来！/ 挺起我们的胸膛，/ 放大我们的眼光，/ 我们坚决挽留林院长！/ 林院长是教育界的明灯，/ 林院长是青年们的保姆，/ 八个年头，一贯作风，/ 探索真理，追求光明。/ 我亲爱的同学们，团结起来！/ 挺起我们的胸膛，/ 放大我们的目光，我们坚决挽留林院长！"

面对这场学潮，国民党反动派十分恐慌，派去接替林砺儒职务的人也不敢上任。当局便采取高压政策，逮捕、开除了不少学生。但师生们毫不畏惧，坚持斗争达两个多月。最后，国民党当局决定，由教育厅厅长黄麟书兼任文理学院院长。林砺儒被迫离开倾注过无数心血的文理学院。然而，他那追求真理，刚正不阿的精神，永远留在了广大师生的心中。

1941 年 10 月，林砺儒来到桂林，担任广西教育研究所导师；11 月，协助广西教育研究所所长、林砺儒北师大附中的学生曾作忠筹建广西省立师范专科学校。1942 年 4 月，广西省立师范专科学校更名为广西省立桂林师范学院，曾作忠任院长，林砺儒任教务长，讲授《教育概论》、《教育哲学》等多门课程，同时也把他在文理学院的办学方针带到那里，聘请进步文化人士谭丕模、张毕来、穆木天、陈翰笙、欧阳予倩等人来院讲课。他自知已受国民党特务机关的密切注意，再轰轰烈烈地干一番事业是不可能了，于是，在家门口贴上一副"读书幸未成君子，学圃犹堪作小人"的对联，以著书立说的方式，继续宣传教育改革的主张。

从 1941 年到 1945 年，他相继发表了《怎样做中学校长》《精神剃须论》《中国民族解放运动与国民教育》《五四运动的评价》《八·二七路线》《儿童保育与人性改造》《养士》等一系列文章。在《精神剃须论》中，他讽刺国民党对青年的训练及禁锢，反对国民党对青年实行政治控制，他认为指导青年"一不是凭权威部勒，二不是凭笼络操纵"，而必须了解青年，和他们做真诚的朋友，努力跟青年学习，共同参加社会实践。他说："成年人要了解青年，首先要破除成见，纡尊降长，而努力学习青年。青年人好多好处，如：真挚，热诚，坦白，勇敢等"，成年人和青年人应该教学相长。这篇文章在《文化杂志》刊登后，轰动一时，刺痛了国民党当局某些人，致使《文化杂志》被迫停刊。在《八·二七路线》中，他讽刺了一些善于钻营、巴结的滑头官僚，同时继续倡导学术自由，求真理，明是非。认为学生固然要尊师，但对教师的学说、教义可以怀疑批判。他的这些言论，引起当局的不满，特务多次用匿名信对他进行恐吓，但他置之不理。1944年日军进犯湘桂，桂林师范学院于6月撤退到柳州，后又迁贵州。林砺儒随校转移，坚持讲课，并运用马克思主义观点写出《教育哲学》一书，直言不讳地阐明"教育哲学的客观性、实践性、阶级性、战斗性"，内容充满革命探索精神。

抗战胜利后的1946年春，林砺儒欣喜地带领桂林师院师生返回桂林，积极投入争取和平反对内战，争取民主反对独裁的斗争行列。同年加入民主同盟，与欧阳予倩负责民盟广西支部的文教工作。国民党特务多次对他投恐吓信，威胁说："李公朴、闻一多就是你的下场！"林砺儒毫不畏惧，继续坚持斗争。这年秋，国民党反动派为了控制桂林师范学院，决定将该院迁往南宁，并撤换院长。鉴于环境恶劣，又长期患肾炎亟待医治，林砺儒辞职回广州治病。在广州治病时，由于生活贫困，连盘尼西林也买不起。桂林师范学院张毕来教授等获悉，立即凑了一笔钱寄给他。他接到钱回信说："庄子有云：'涸辙之鲋，相濡以沫。'诸君盛情可感，亦复可哀，不若相忘于江湖。"有人将此信贴于学院布告栏，引得许多师生热泪盈眶，此事也一时传为美谈。他在广州养病期间，选编了1939年至1946年发表的文章，取名《教育危言》，并整理了《教育哲学》讲义，均由桂林文化供应社出版发行。

1947 年，林砺儒应聘至厦门大学任教。他以马克思主义观点讲授"国民教育""西洋教育史"等课程，并积极支持学生爱国运动，成为当时该校最受欢迎的教授之一，但却被国民党教育部列入不准发聘书的教授黑名单之内。在这期间，他仍执笔为文，著有《教育能否防止战争及剥削》、《如此中国，如此中国教育》等文章，批判旧中国，揭露反动统治者的罪行。

致力于新中国的教育事业

1949 年 4 月，在中共地下党组织的安排下，林砺儒秘密离开厦门，取道香港前往北平，任中华全国教育工作者代表会议筹备委员会委员。7 月任中华全国文学艺术工作者代表大会代表。9 月参加政治协商会议，当选为政协第一届全国委员会委员。11 月任教育部中等教育司司长。

1950 年 2 月，林砺儒重返北京师范大学兼任校长，心情十分激动。尽管公务繁忙，他仍坚持给教育系三、四年级学生讲授《中国近代教育史》、《高等教育研究》等课程。在北师大第一届教职员联合会上，担任执行主席，并被推选为执行委员。不久，毛泽东同志把林砺儒请到中南海，详细询问学校的发展历史及现状，要求北京师范大学尽可能扩大规模，为新中国培养更多高质量的教师，这使他深受鼓舞。他奔忙于师大和教育部之间，不知疲倦地工作。他还在北师大校刊《新师大》第一期上发表《说"新师大"，讼旧教育》一文，表达自己努力建设新师大的愿望，明确提出"新师大的任务是：学好政治，研究教育和精通学术。新师大的任务只有一个，就是把政治，教育与学术合一。这个一以贯之的'一'是什么？是为人民服务"。当时，教育部确定北师大等四所不同类型的大学为重点，进行改革实验。他对这项工作十分重视，亲自邀请专家、教授座谈，主持制定《北京师范大学暂行学则》；针对当时师大师资不足的情况，他一方面设法调进一批专家学者充实教师队伍；另一方面又安排好青年教师的培养，他亲自分别召开各系座谈会，按专业具体分析，指导新教材的编写；他多次强调师大应重视学术和教育科学的研究等。

1952年起，林砺儒专任教育部副部长，直至1964年6月。面对百废待兴的新中国教育事业，他以忘我的精神投入工作。1954年，当选为第一届全国人民代表大会代表，以后连续被选为第二、第三届代表。1957年11月，林砺儒代表我国政府，与越南民主共和国政府签订了《关于越南在中国设立学校的议定书》。1959年，他率领中国教育代表团赴越南民主共和国参观访问。1960年，他患食道癌，曾赴大连治疗并休养。治愈后，工作热情不减。1961年，带领工作组到吉林，调查研究师范学校的学制、教学计划等问题，为教育部即将召开的全国师范教育会议作准备。1963年，参加完天津中小学办学经验座谈会后，他又率领工作组参加云南省民族教育工作会议，会后又对云南、广西的教育工作情况和存在问题进行调查研究。

◎ 1949年林砺儒出席第一次全国政协会议期间与妻子、儿子合影

林砺儒在任教育部副部长期间，主管普教工作，他经常深入基层调查研究，到全国各地视察教育工作情况并听课，热情地解答教师的各种问题，先后主持起草《中学暂行规程》草案和

《师范学校暂行规程》草案。他全面总结了自己的教育思想与实践，并就少年儿童教育、中学教育、民族教育等一系列问题进行了深入的调查研究，写下《中等教育的两个问题》《了解少年儿童是教育工作的先决条件》《教因材施，材也由教成》《语文教师是经师，也是人师》《怎样对待学校考试》等文，提出不少新见解。如在《怎样对待学校考试》中，他指出："人生遇事要做，遇问题就要解决，所凭借的只是自己所有的知识才能。人生正是这样活到老、学到老、考到老至死方休的过程，原非可怕。怕考试几乎等于怕生活，从来未闻有人怕生活的，而学校的学生则大多数怕考试，其原因何在，值得深思。跃跃欲试，原是有能者的常情，而学校竟把考试变成学生的畏途，其故安在？为人师者应深自反省。"可惜的是，由于历史原因，林砺儒的这些探讨未能继续进行下去，许多正确主张也无从实行。

林砺儒尤为关注师范教育。早在1936年就发表了《师范教育问题》《中国师范教育之检讨》等论文。新中国成立后，又相继发表了《师范教育问题随笔》《办好师范学校的几个问题》等文。他联系中国教育实际，总结办师范教育的经验与问题，从多角度和多层面论述了师范教育的历史、特征、性质、目标等一系列问题，论述极为深刻和精辟。

关于师范教育的特征。林砺儒将师范教育的特征概括为三点：一是政治性特别强。师范教育是为国家培养最可靠的教育工作者。二是知识要特别丰富，要保证毕业生饱学而有识。师范学校的知识教育要比同级学校高出一头。三是要有教育的专业训练，保证毕业生成为内行的教育工作者。他认为这三方面彼此相关，密切结合，是"师范性"缺一不可的。他还指出："高师既然是一所大学，就必须担起学术研究的责任，培养师范生必须有独立研究增殖学识的能力，才不至于流为庸俗的教书匠。学术研究与做好教学工作这两种本领决非相妨，而是相成。"高师的特征不应只表现于教育课，也应表现于各系科的课程设置及教学内容，若用算术公式表示高师的性质，就是：师范大学＝大学＋师范，这样才可以保证毕业生不低于大学毕业水平。

关于师范教育的培养目标。林砺儒认为"现代理想的教师，须有为有守，是入世的，有积极的服务心，浓厚的社会性"。师范教育就是要培养学识渊博的、能担负起未来教育重任的、具有积极操守的大丈夫。因此，师资培训机关就应"涵养其情操志趣，磨炼其操守，鼓舞其忠诚，求其堪充师表"。

关于师范生必备的素质。林砺儒认为，师范毕业生第一要站定无产阶级的立场，愿意为人民贡献出浑身力量；第二要有慈母般的心肠，耐心为孩子们效劳，从中感到满意；第三要有科学的头脑，能冷静沉着地研究问题，探明真理；第四要有艺术家的手法，灵敏地掌握施教的良机，巧妙地运用教育适用的资料。

"文革"十年动乱时期，林砺儒面对教育事业的破坏十分痛心。他怀着老教师的一颗赤忱之心，用颤抖的双手撰写了《教育革命怎样进行》、《漫谈普通学校课程、教材》、《为人民服务的教育》等文章，并寄给周恩来总理，直陈自己对教育改革的建议和设想。他认为研究教育理论不仅是教师的事，家长乃至全社会都应懂得一些教育理论。"文革"中他

◎ 林砺儒20世纪50年代初在家中

写信给他在大学任教的学生，希望教育工作者编写一本人人可读的《大众教育学》。后来在他的遗稿中发现了他草拟的《大众教育学》提纲。

1976年10月，林砺儒在重病中得悉粉碎"四人帮"的喜讯，不禁万分高兴，他欣慰地看到了我国教育事业的光明前景。然而，他已经重病在床，再也无法为之奋斗了……

1977年1月20日，这位杰出的教育家，教育改革的先驱，广大青年学生衷心爱戴的导师，因病医治无效在北京逝世，享年88岁。

林砺儒一生著作甚丰，其代表作有《文化教育学》《伦理学要领》《教育哲学》《教育危言》。他还撰写了100多篇论文，散见于《教育杂志》《教育丛刊》《中华教育界》《教育新时代》《文理月刊》《新华月报》《人民教育》等报纸杂志。1984年中央教育科学所编辑出版了《林砺儒教育文选》（北京师范大学出版社出版），1994年北京师范大学编辑出版了《林砺儒文集》（广东教育出版社出版），给后人留下了丰富的教育文化遗产。

（邵红英）

参考文献

[1] 林砺儒教育文选. 北京：北京师范大学出版社，1984

[2] 林砺儒文集. 广州：广东教育出版社，1994

陈
垣　史学大师、教育家

◎ 陈垣

　　陈垣（1880—1971），字援庵，又字星藩、援国、圆庵，别号圆庵居士，曾用钱、钱罂、谦益等笔名。广东省新会人。史学家、教育家。清末秀才，后就读于广州光华医学院，毕业后留校任教。中国同盟会会员。民国初年当选为众议员，曾任教育部次长兼京师图书馆馆长。曾任北京大学、北京辅仁大学、北平师范大学、燕京大学等校教授，长期担任辅仁大学副校长、校长。1952年后任北京师范大学校长。曾任中国科学院哲学社会科学部委员、第二历史研究所所长、一级教授。曾当选为第一、二、三届全国人大常委会委员。

　　代表著作：《元也里可温教考》《元西域人华化考》《通鉴胡注表微》《史讳举例》《校勘学释例》《中西回史日历》《二十史朔闰表》等。

陈垣是我国当代著名的史学家,从事史学研究将近 70 年,为中国近代史学的发展做出了重要贡献,在宗教史、元史、中外交通史、历史文献学等领域都有丰硕的学术成果,为我们留下了丰富的遗产,被毛泽东誉为"国宝"。陈垣一生的主要活动与教育事业密切相关,著述等身,桃李满天下,为中国现代高等教育的发展和史学人才的培养做出了巨大而不朽的贡献。

"动国际而垂久远"的学术研究

陈垣是 20 世纪我国宗教史研究的奠基人。他的研究范围非常广泛,对于中国历史上存在过的比较重要的宗教,如道教、基督教、佛教、伊斯兰教、火祆教、摩尼教、一赐乐业教等都有专门的精辟论述,其中很多见解都是开创性的。他的很多宗教史研究论著,迄今仍旧是这门学科研究者的必读著作,具有指导意义。他的宗教史研究特点,第一是主要研究宗教的兴衰及其与各时代的政治、社会的关系,很少涉及宗教的教义,可以说是通过宗教史的形式来讲政治史;第二是重视对外来宗教的研究,他在这方面的研究其实也就是对中外文化交通史的研究;第三是主要利用汉文文献,充分发挥了他在历史文献学方面的特长,全面详细地占有资料,认真细致地进行考证,因而能发掘出许多人所未道的史实,取得一系列具有重要价值的成果。

陈垣对多种宗教在中国的传播历史都进行了研究,撰著了《元也里可温教考》、《开封一赐乐业教考》、《火祆教入中国考》、《摩尼教入中国考》古教四考以及《基督教入华史略》、《回回教入中国史略》等一系列宗教史著作,这些著作,填补了我国宗教史研究的许多空白,被国学大师陈寅恪誉为中国"完善之宗教史"之始。其中的《元也里可温教考》一书,成书于 1917 年,是陈垣早期的史学论著。在这部著作中，他运用丰富的汉文史料，对元代基督教的情况进行了细密的考察和论证，使沉埋数百年的历史真相大白。这是一部从现代意义上来说真正的科学论著，因此而受到国内外学术界的重视。陈垣在抗战时期撰写的《明季滇黔佛教考》、《清初僧诤记》、《南宋初河北新道教考》、《中国佛教史籍概论》等书是寓"心史"于宗教史的著作，表彰爱国精神、民族气节，抨击甘心附逆的汉奸，是陈垣"抗战史学"的重要组成部分。

《元西域人华化考》是陈垣受到中外史学界高度评价的另一部专著，完成于1923年，这部著作涉及多种研究领域，既涉及元史，又涉及宗教史、中西交通史。该书详细阐明了元朝百年间西域各族人来华后吸收并传播中国文化，留下大量华文著作的史实，为元史、我国民族文化史和中西交通史的研究增添了光辉的一页。该书集中体现了陈垣史学著述的风格特点：材料丰富，论证谨严，文字精练简洁。《元西域人华化考》发表后，深为中外学人所称誉，被赞为"精湛绝伦"、"石破天惊"之作，日本学者桑原骘藏称他为以科学方法整理材料的中国史学家。这部专著，不仅奠定了陈垣在中国史学界的重要地位，而且使他成为一位世界知名的历史学家。法国著名汉学家伯希和赞赏说："中国近代之世界学者，惟王国维及陈先生（即陈垣）两人。"

陈垣在历史文献学领域也做出了很大的贡献。他的贡献在于，在总结前人学术成果的基础上建立了近代文献学，把继承和创新结合起来，是他文献学研究的重要特点。

陈垣编著的《中西回史日历》和《二十史朔闰表》是历史年代学的集大成著作。《中西回史日历》对中国旧历学进行总结，吸收西历之长，创为表格，制定出新的日历。以西历为主，中历、回历为辅，把中、西、回历纳为一书，相互对照，予学人很多便利。《二十史朔闰表》是《中西回史日历》的蓝本和简本，但是体例有所不同，以中历为主，西历、回历为辅，并将各分裂朝代的朔闰异同一一注明，比《日历》详尽。这两部书是历史年代学的集大成著作，其编排在许多方面比前人有所创新和提高，是我国最早的具有现代科学意义的历表。两部书的问世，对于研究中国回教史及我国与东南亚和西方的交通史有很大的帮助，既是便于使用的工具书，又是重要的学术专著，既有开创之功，又是奠基之作。

陈垣对于目录学十分重视，并有多种论著问世，其中最重要的是《中国佛教史籍概论》。这部书完成于 1942 年，是近代以来，第一部介绍佛教史籍的目录书，也是迄今为止唯一一部以近代史学方法系统研究佛教典籍的专著。该书每著录一部佛教史籍，均指出其史料价值及如何具体运用于史学研究，同时详细列出各种版本，考证各版本之间的先后翻刻关系。该书采用综合性体例，兼有篇目、叙录、小序、版本序跋四种体制之长，是有创造性的一部目录学著作。

在史学研究中，陈垣一直将古代的避讳现象作为考史的重要途径。他注意宋代以后各种记录避讳的著作，写成《史讳举例》一书，为避讳史进行了一番总结研究，分析了避讳使典籍致误的各种情况，为人们在读书治学的过程中，绕过避讳的"暗礁"提供了切实有用的指南，有力地说明了通晓避讳学的重要性。该书是现代避讳学研究的第一部专著，从而使得避讳学成为历史文献学的一门专学。

◎ 陈垣在工作

在校勘学上，陈垣的贡献特别巨大。他的学术研究从来都没有脱离过校勘，把校勘与读书治学紧密联系在一起。他研究了前人的相关著作，在校补沈家本《元典章》工作的基础上，撰写了《元典章校补释例》（后改为《校勘学释例》）一书。《校勘学释例》是一部划时代的专著，继承了前人校勘经验的精华，对中国古籍致误原由做了全面详尽的分析，对中国传统的校勘方法进行了科学的总结，被称为"既是总结前贤心血结晶的承先之书，也是旁通西方近代文献鉴定学的启后之作"，陈垣把校勘和考证结合起来，归纳出"校法四例"，把校勘工作提高到一个新的高度。校法四例，是对校勘方法的经典性理论总结，构成了校勘学完整系统的理论体系，至今仍旧是学界遵循的基本学术指导原则。

《通鉴胡注表微》是被陈垣自己称为"学识的里程碑"的一部著作，这部书，通过介绍《资治通鉴》注的作者胡三省的成就和民族意识，结合胡注的内容，总结中国古代史学传统和自己的治史经验，同时，借古喻今，表达自己的爱国情怀。继承中国史学的优良传统，以近代科学精神总结具有中国民族特点的史学方法是《通鉴胡注表微》的重要贡献。该书对古代史学义例、书法进行了阐释与批评；对文献考辨的方法进行了论述，阐幽抉微，纠谬补缺，示人以范例；对史学评论的地位和要义进行了阐述，揭示了胡注所蕴涵的史学思想。同时，该书还体现了陈垣关注社会、关注政治、关注现实的史学思想。该书完成于抗战时期，书中最能体现时代精神的地方，就是通过陈古证今，借古喻今表达抗日救国的思想。著名史学家白寿彝高度评价这部著作是陈垣所有著作中最有代表性的作品，是"更可珍视的遗产"。

从教 70 年的教育家

陈垣一生的主要活动总是与教育事业密切联系在一起，自 18 岁开始做蒙馆老师，到 91 岁去世为止，他先后做过幼儿园、小学、中学、大学的老师和大学校长，成为一生从事中国教育事业达 70 年之久的教育家。

陈垣于 1880 年 11 月 12 日生于广东省新会县石头乡富冈里，远祖于宋代时自南雄珠玑巷迁至新会。祖父陈海学靠贩卖新会特产陈皮起家，后来经营药材，生意逐渐兴隆，扩大到广州、上海、天津、重庆、香港以及新加坡等地。陈垣父亲陈维启，名田，号励耘，继承父业，与兄弟一起在广州经营药材生意。育有 2 子 5 女，陈垣为长子。陈垣自 6 岁起进入私塾接受教育，阅读《大学》《中庸》《论语》《孟子》《诗经》《周易》《尚书》《礼记》《左传》等经史之书。1901 年，考中秀才。但是，由于他从小就不喜欢作八股文章，后来参加乡试，不按八股文格式作文，未能中举，于是放弃科举考试。

1906 年，他的父亲患膀胱结石病，中医治疗无效，最终由西医动了手术而痊愈。他由此感到中国传统医学有非常明显的不足和缺陷，这促使他下决心学习西医。1907 年，陈垣考入广州博济医院附设的医学校。该校由美国新教传教士所办，教师大多是美国人。校方和美国教师平日十分傲慢，对待中国师生总是表现出"蔑视、讥讽"的态度，陈垣对此"很为气愤"，他读完一年级，已经是忍无可忍了。于是萌生了中国人自己办一所西医学校、自己培养医学专门人才的想法。不久，广州医学界名流共同集资创办了光华医学院，梁培基、陈垣先后出任董事长，郑豪任校长。1908 年，陈垣带领部分学生从博济医学校退学，转到新建的光华医学院。1910年，陈垣学成毕业，毕业文凭上写的校董事长是陈援庵（陈垣的号）。后来，他戏称这是"自己发给自己的毕业文凭"。随后，他留校任教，又总是利用课余时间义务为民治病，并且在当时的医学报刊上发表大量医学卫生和医学史文章，以振兴中国的医学事业为己任。

他积极投身于辛亥革命运动，加入了中国同盟会，并担任同盟会广东支部评议员，1905年至1911年，他先后参与创办《时事画报》、《震旦日报》等革命报刊，以笔名发表一系列反清反帝的民主革命文章与图画，收到了较好的社会效果。1912年，中华民国临时政府成立，当年10月，他参选众议院议员。1913年3月，成功当选。初到北京，他开始非常认真地参加众议院的活动，积极地提出自己看法和建议。但是，他逐渐发现国会只不过是政客、官僚、军阀们争权夺利的工具，根本置国事于不顾。幻想很快破灭，开始把兴趣转移到史学研究与教育之中去了。

1898年，18岁的陈垣在一家书馆里读书，由于他的文章作得好，在书馆里常被"贴堂"，即张贴在书馆里，作为示范，远近闻名。还是学生的他，就被一家蒙馆请去教书，这是他从事教育工作的开始。1905年起，他又先后在新会篁村小学、广州振德中学和义育学堂兼任教职，教授国文、算学、博物、舆地、体操和唱歌等课程。1910年，他在光华医学院担任人体解剖学、细菌学等课程的教学。1921年，为救助河北灾区孤儿，他创办"北京孤儿工读园"，亲自担任园长，负责教务工作。学校经费自筹，不收学生任何费用，并供给食宿。同年9月，陈垣又与朋友在北京创办了一所平民中学，除招收一部分本市小学毕业生外，大部分是收容来自河北灾区的青年，陈垣自任校长，并兼任国文、历史和中国文学史等课程的教学任务。

自20世纪20年代起，陈垣一直在北京各大学从事历史学教学和研究，并兼任大学校长。陈垣在北京高校的教学和研究工作是从北京大学研究所起步的。1922 年 1 月，北京大学研究所国学门成立，聘请当时校内外的国学研究中的名师担任导师，沈兼士为研究所国学门主任，负责日常工作。研究所国学门的主要活动，一是从事国学方面的学术研究活动；二是培养国学方面的研究生。1923 年，陈垣被添聘为研究所国学门导师。陈垣指导研究生的科目为：中国基督教史研究、元史研究、由元典章所见之元代风俗、元典章之语体文研究。自 1925 年开始，陈垣又在北京大学史学系任教，直至 1937 年 7 月，北大因北京沦陷而被迫南迁为止。1946 年，北大开始在北京"复校"，陈垣再次回史学系兼课，直到 1948 年上半年。1923 年，陈垣兼任燕京大学史学系教职，1928 年至 1932 年，又兼任该校国学研究所所长。陈垣任职时间最长的是辅仁大学和北京师范大学。陈垣在中国基督教史研究中表现出非凡的才学，受到辅仁大学的发起人英敛之、马相伯的赏识。1926 年年初，陈垣被英敛之延聘为北京公教大学附属辅仁社导师，并被指定为社长，当年 9 月又被聘为大学副校长，1929 年至 1952 年夏，一直担任辅仁大学校长，并亲自担任史学系本科生和研究所史学部研究生的专业课教学，负责大学一年级公共基础课——国文的教学工作。20 世纪 20 年代，陈垣兼北平师范大学史学系教职，并于 1929 年 8 月兼任该系主任。在这些大学，陈垣为现代中国培养了大批文史方面的教育和研究人才，其中有：郑天挺、台静农、方国瑜、蔡尚思、单士元、罗庸、魏建功、齐思和、翁独健、史念海、赵光贤、邓广铭、谭其骧、韩儒林、容肇祖、陈述、史树青、柴德赓、余逊、牟润孙、郭预衡等文史大家。

重视国文　度人金针

陈垣在辅仁大学担任校长期间把国文课作为各院系共同必修课，非常重视对大学一年级各专业学生的国文教育。

当时中国社会普遍存在着过分重视外国语和自然科学而极端轻视国文的风气，由此造成"中国人不会作中国文"的后果，"一个高中毕业生写不通一封家信，看不懂一篇浅易的文言文"。陈垣作为辅仁大学校长，经常收到同学们给他写的"请求信"，信中常常出现错误。他说："内中文词，用字，格式，错误百出，我真想把它搜集起来，出一本《坏文模范集》。"因此认为提高学生的国文水平是一件刻不容缓的大事情。在陈垣的主持下，学校明确提出"国文与外国文为研究一切学问必须之工具"。在课程设置上，把"国文"规定为学校所有文理科各专业一年级学生共同必修课，名叫"大一国文"。课程由课文讲解、作文、课外读物（教师指导学生做读书笔记）三部分组成，每周2学时，4个学分。

陈垣以校长身份直接抓全校国文课的教学工作。从教材的编选、教师的遴选到结业考试，都由陈垣亲自负责。全校使用统一教材，统一考试。教材《国文选本》（有时又叫《国文读本》）绝大部分都是文言文，主要选自《史记》《战国策》《汉书》《后汉书》等古代正史著作和曹丕、曹植、韩愈、王安石、司马光、苏轼、顾炎武等历代文史大家的文章,约计30余篇。要求学生课前预习、标点，然后由教师评点、讲解，最后由学生熟读背诵。

陈垣开设这门课的目的"是使学生既掌握必要的语文知识（包括古文基础知识），又要培养较高水平的写作能力"。当时学校有的理科生开始并没有充分认识学习这门课的意义，因此，"对大一国文不认真学习"。在这种情况下，陈垣采取了一些激励措施。一方面，他亲自进行学习动员工作，提出"理科学生不能单纯依靠中学所学语文，若缺乏较深的国文知识，缺乏文字表达能力，自己的科研成果，就无法通顺地表达出来"。另一方面，他亲自选聘校内教学经验宏富、学有专长的教师担任这门课的教学工作，陈垣还亲自讲授这门课，取得了很好的名师效应，"校长亲自讲授大一国文，引起了全校师生对大一国文的重视"。陈垣要求学生在国文课学习期间每一两周要写一篇作文，课上当堂交卷，教师则必须对作文进行批改、讲评。为了鼓励学生用心写出好作文，陈垣决定自1939年秋季开学时起在学校教学楼的楼道两边墙壁上开设墙报专栏，由国文课教师从学生作文中择优，分期在专栏里公开展览，同时公布老师评语，供大家阅读，并取名为"以文会友"，"以收观摩之效"。此举激励了学生学习国文的积极性，在全校造成了一个学习国文的热潮，很快便取得了立竿见影的教学效果。

陈垣认为对执教国文课的青年教师来说，也有助于训练文史方面的基本功，从而在教学中达到自我提高，即教学相长的目的。他规定国文组教员每周要聚会一次，彼此交流教学心得，共同提高。这也就成为了陈垣激励任课教师钻研学业、提高教学水平的重要措施，青年教师也就把国文课教学当成向陈垣先生请教的良机。

陈垣无论是在辅仁大学担任专职教授，还是在北京大学、北平师范大学、燕京大学等大学担任兼职教授，都始终亲自为这些大学的史学系开设《中国史学名著评论》《中国史学名著选读》《史源学实习》《宗教史》《校勘学》（有时又叫《校勘实习》）等多门史学课程。陈垣在这些课程的教学中，有目的、有意识地把治学方法传授给学生，这就是度人金针教学法。

陈垣是医学专业出身，对于历史学的研究与教育是自学成才。他吸取了清代的考据学方法，并服膺当时的考据学家钱大昕，最终成为20世纪中国的考据学大师。陈垣开设《史源学实习》《中国史学名著评论》等，也就是想通过这些课程，把他自己数十年治学所得的宝贵经验和方法传授给学生。以《史源学实习》为例，陈垣先后以《廿二史札记》《日知录》等清初史学名著为对象，要求学生"将文中人名、故事出处考出，晦者释之，误者正之"。通过学生的亲身实践和反复训练，使其掌握中国传统考据学研究方法，培养学生史学研究的基本技能。

"史源学实习"中的一个重要步骤是追寻史学名著中的"史源"。由于过去中国的史学家撰写文章或著作时，大都是不注明出处的，要找出它的史源，对于初学历史的人来说，难度之大犹如大海捞针。但通过这样的训练之后，学生真正学到了考史的真本领，今后自己从事史学研究时，就懂得某一方面的问题应该到哪里去搜集史料。又如接下来"考证其讹误"，是要检查原文中引用的史料是否有错误；如有错误，则要进一步追寻造成错误的具体原因，目的在于自己从事研究时引以为鉴。

陈垣在辅仁大学和北京大学培养的高足史念海和邓广铭等人都不约而同地体会到陈垣开设这些课程的深意。史念海说："援庵先生所讲授的乃是中国史学名著评论，而不是考证学，但是援庵先生不仅讲授他的学说，更进一步说明他取得这些学说的由来。源源本本，一个脚步，一个环节，都不轻易放过。虽说是要言不烦，却是巨细靡遗。以前有人说过：'鸳鸯绣罢从君瞧，不把金针度于人'。援庵先生不仅要人看鸳鸯绣，而且是在度人以金针。以前也有人说过：'大匠示人以规矩。'这是说，大匠在示人以规矩之外，不能教人巧。援庵先生不仅示人规矩，而且在教人巧。"邓广铭说："30年代在北大上学，做援庵先生的学生，非常自豪。……

清代诗人袁枚有诗云：'鸳鸯绣罢从君瞧，莫把金针度于人。'援庵先生教授学生，不仅给学生看鸳鸯，还专把金针度人，示人治学方法，我从他那里得到很多教益和启发。"

为提高师范教育和教师地位而鼓与呼

1952 年夏，陈垣自担任北京师范大学校长时起十分关注新中国的师范教育事业。他认为"高等师范教育在某种意义上说是教育事业的基本建设，是全部教育事业的基础，就像机器工业中的工作母机一样。师范教育的任务是培养中学师资，中学教师担负着培养青年具有共产主义的世界观和把科学文化知识传授给青年一代的任务。""国家建设需要大量的高级专业人才，高级专业人才都是要经过不同的高等学校来培养，而所有高等学校的学生绝大部分要依靠中等学校来输送。如果中学毕业生数量不够，质量不高，就会直接影响对高等学校的供应，也就会影响到社会主义建设。"

当时社会上有一部分人特别是青年看不起师范教育，认为学师范不光彩，没有前途，待遇低，不能做科学研究，甚至有一部分人对师范教育、教师工作还有许多误解。曾有一即将毕业的中学生写信给《中国青年报》，请求在报考大学志愿上给予指导。结果，1956 年 4 月 30 日《中国青年报》发表文章，对那个学生"指导"说："如果你在理化方面的基础并不很好，那么，你去考师范也是一件很好地事情。"陈垣看到这篇文章后，非常气愤宣传媒介对青年学生们的误导，他说："这样的'指导'，无异于告诉青年：基础好的就不要去报考师范，理化基础好考师范未免可惜，而事实上师范物理系是不是就可以理化基础差呢？"另外，有一位考上高师的学生写信报告他的家长时，家长无限惋惜地对这名学生说："你的成绩这样好，为什么考师范呢？"陈垣针对这些对师范教育的错误观念采取了反问式的方法批评说："难道高师真是不需要功课好吗？请问基础好的如果都被'指导'得不考师范，师范培养出的教师质量不能保证，那么，他再去教出的学生，成绩又当如何呢？这是非常值得引起各方注意的。"很显然，高等师范院校没有优秀的生源，无论如何是不能培养出高质量的中学教师；没有一支优秀的中学教师队伍，何来高质量的中学毕业生？没有高质量的中学毕业生，势必影响到整个高等教育的人才培养质量。若照此下去，形成恶性循环，受影响的还是中国的文化教育事业和各项建设事业。

1956年6月，陈垣在第一届全国人民代表大会第三次会议上发言时强调指出："如何进一步加强社会上对人民教师工作的重视和尊敬，以更有效的保证师范生的来源，以加强教师对自己工作的热爱和责任感"应该"值得各方注意"。他多次发表文章和谈话，主张采取一些切实可行的措施，以改变社会上一些人对师范教育的错误认识，在全社会形成尊师重教的风气。加强对青年的经常性的宣传教育和指导工作，"应当经常的在青年中间做好宣传，在社会上形成一种新的舆论，使青年和其他人士有正确的认识。如果单靠每年在招生时临时指导，所收效果总是不大的"。传播媒介特别是在青年人中有重要影响的《中国青年》《中国青年报》《教师报》等报刊在对形成尊师重教的风气中应该承担重要责任，绝不能对青年进行误导。他号召广大青年积极投身到教育战线上来，鼓励社会的优秀中学毕业生踊跃报考高等师范学校，立志做一名光荣的人民教师。他说："我以一个有半世纪以上教龄的老教师身份来热情的欢迎你们，欢迎你们来投考师范，为培养祖国新生一代贡献出自己的力量！"又说："我想假如我现在还是青年，正在选择学习志愿的时候，我将会毫不犹疑的告诉我的老师，我仍要选择教师工作作为我的终身事业。"

陈垣在论述师范教育的同时，也论述了教师的地位与作用、教师的要求与条件、教师的品德修养、教师工作的特点。他认为人民教师的工作是非常光荣而崇高的，因为人民教师的职责，是用我们的思想和学识，用我们的智慧与才能，培养人的工作，"一个人的灵魂的塑造，个性的发展，科学知识的掌握，道德品质的成长，离开了教师的教导和关怀都是不可想象的"。"这样的工作难道还不是极崇高的吗？"教师的工作是一项教书育人的工作，教师在学生的教育过程中要起到模范和榜样的作用，正人必须先正己，具有高尚的道德修养。他说："教师对于学生的培养，在教育过程中是具有决定性意义的人物，……他不仅应有学业的本领，还要有教育教养的本领，他不仅应当会教书，还要会教人。教师既然是在教育别人，自己首先就应当是有教养的人，要求儿童逐渐培养起高尚的品德。自己首先就要具有可以作为学生模范的高尚的道德品质。教师在儿童面前要树立一个好范例和好榜样，要处处以身作则，随时随地以自己的模范行为去影响儿童，教育儿童。因为教师们的日常一行一动，对孩子们是有着非常巨大的潜移默化的作用的。因此，教育儿童的过程，应该也是教育者自我学习、自我检查和自我提高的过程。教师们的水平越高，道德修养、学习工作和日常生活越有示范作用，则越能更有效的教育儿童。"他还认为对待儿童要有正确的态度和教育方法。首先，作为教师要热爱儿童；其次，对待儿童特别是要注意对犯错误的儿童要有正确的态度。作为教师必须要认识到儿童所犯的错误即使是十分严重的错误，他们还终究是孩子，他们的错误是不难改正的。我们绝不应该把孩子看成是大人，也绝不应该把孩子所犯的错误跟成人的错误一样来看待；再次，对儿童特别是犯错误的儿童要有正确的教育方法。帮助儿童改正错误是老师不可推卸的责任。

老师应该善于用各种方法在启发儿童的自觉自动的基础上成为遵守纪律的孩子，而不是对孩子进行打击式的惩办。陈垣以浙江新昌县城关二小的学生吕再生偷了老师的钱以后，在老师的启发下承认了错误并将钱送还老师，但学校把吕作为最坏的典型开除了。陈垣分析这个典型案例说，从吕再生犯了过失以后的表现来看，说明他是一个完全可以信任的、能够改正错误的好孩子；作为老师应该表扬他勇于改正错误，并应利用这样的机会鼓励他同自己的错误进行斗争，使他成为一个能够经常克制自己身上的不良倾向的、意志坚定的人。他所在学校的某些老师根本"不知道应当如何对待儿童，如何对待儿童的错误，不认识在儿童的性格的成长上教师应负有什么责任"，陈垣对此气愤地说："这简直是在对孩子进行无情的摧残"，"这样简单的粗暴的措施，是完全违反教育原则的"。

"傲骨撑天地　奇文泣鬼神"

1937 年 7 月，日本帝国主义占领了北平。北平的各大学纷纷内迁或被迫停办，辅仁大学继续在北平坚持办学。为了辅仁全体师生与心爱的教育事业，校长陈垣也始终没有离开辅仁大学半步，"他为着职务（辅仁校长）的关系，始终留在北平，维持这最后一所大学"。当时陈垣已是年近花甲的老人，已不可能像青年人一样扛起枪炮，走上抗日的前线，他在经历了极度哀忧痛苦之后，振奋精神，坚守岗位，进行学术抗日。

在当时那种特殊环境里，陈垣以舍生取义、不为苟活、不避患难的崇高精神和高贵品格，回击了日伪一次又一次的威胁、恫吓、收买、利诱，保持坚贞不屈的民族气节，维护了中华民族的尊严和人格，表现了一个中国人的铮铮铁骨和浩然正气。他以辅仁大学为教会学校，拒绝在校园悬挂日本国旗，拒绝教授日语，拒绝使用日文教材，是北平沦陷区内唯一不受日伪干扰的高校。他不仅自己不与日伪往来，而且身为教授和校长，他更是不失时机地教导学生不要事敌，不要做汉奸，不要助纣为虐。当时在日伪的控制下，人民噤若寒蝉，不能正面直接告诫同学们。因当时日伪恢复读经活动，他便利用辅仁大学每届毕业同学出版一份年刊的机会，用中国儒家经典中的话巧妙地进行爱国主义教育。他为1937年的《年刊》题词说："益者三友，损者三友，友直，友谅，友多闻，益矣。友便僻，友善柔，友便佞，损矣。"意即劝导即将走上新的岗位的同学们今后切勿与社会上的各种败类（诸媚奉承的人、当面恭维背后诽谤的人、夸夸其谈的人）交友，要尽力做一个洁身自好的人。1939年《年刊》，他题词说："毋事浮嚣，毋失礼于人，毋徒顾目前，毋见利忘义，永保汝令名。"教导同学们将来在社会上一定要走正道，不要只顾目前利益，不要做出损害民族利益的事情，相信中国一定会取得抗战的胜利，因此，要有远大的目光。他为1940年的《年刊》题词说："子张问行，子曰：言忠信，行笃敬，虽蛮貊之邦，行矣。言不忠信，行不笃敬，虽州里，行乎哉！"这里的"蛮貊之邦"，陈垣借指沦陷区。他看到个别毕业生在给敌伪做事，甚至欺压国人，心里非常痛心，因而劝诫同学们一定严格要求自己，做一个正直的人，即使是生活在日伪的控制下，也不能做言语无信、甚至干助纣为虐之事的人。1942年，他为《年刊》题词说："孝经曰：士有诤友，则身不离于令名，父有诤子，则身不陷于不义。交友之道，在得切磋之益，毋徒事佚游宴乐，是之谓辅仁。"他告诫同学们在当时的敌人横行的环境里交友一定要慎重，切莫认贼作父。

　　陈垣善于运用自己丰富的国学知识，经常以睿智的头脑、巧妙的办法斥骂敌伪和卖国求荣的人，教育青年努力做到"忠、孝、

◎ 20世纪50年代初陈垣与毛泽东主席

好学、不从流俗"，忠于祖国。1942年，辅仁大学举行返校节运动会时，陈垣校长按惯例致辞，当他发现参加运动会的人中，有伪政府的官员和替日伪做事的人，有战败投敌的人，有投机倒把而发国难财的人，同学中也有不知用功、不求上进的人。在日伪特务的严密监视下，陈垣当即便讲了一个"孔子开运动会"的故事。陈垣的意思是想说明孔子开运动会是有选择的，那些对国不忠，投降仕敌的人，不配参加；那些不读书、不好礼、不能保持晚节的人也不能参加，无论老年青年都要对得起自己的祖国。他绘声绘色地讲完这个故事，在场的敌伪官员，有人气愤，有人羞愧，有的就悄悄地溜出操场。敌人明明听出这位校长讲的故事是陈古喻今，但因沦陷区提倡读经，他讲的是孔子，引用的是《礼记》，说得有根有据，虽然恼怒，但一时也奈何他不得。

在北平8年沦陷期间，陈垣杜门谢客，撰写了7部专著、10余篇论文。他在这一时期的史学思想和史学方法较之以前发生了很大转折，一改过去纯考据史学（"嘉定钱氏之学"），而是提倡顾炎武的经世致用之学，阐发中国历史上的爱国主义传统。他说："'九一八'以前，为同学讲嘉定钱氏之学；'九一八'以后，世变日亟，乃改顾氏《日知录》，注意事功，以为经世之学在是矣。北京沦陷后，北方士气萎靡，乃讲全谢山之学以振之。谢山排斥降人，激发故国思想。所有《辑覆》《佛考》《诤记》《道考》《表微》等，皆此时作品，以为报国之道止此矣。所著已刊者数十万言，言道、言僧、言史、言考据，皆托词，其实斥汉奸、斥日寇、责当政耳。"1940 年 3 月 21 日，陈垣的好友、辅仁大学文学院院长沈兼士书赠一首五言诗，称赞其爱国主义精神："吾党陈夫子，书城隐此身。不知老将至，希古意弥真。傲骨撑天地，奇文泣鬼神。一编庄诵罢，风雨感情亲。"

在群魔乱舞、日伪横行的恶劣环境里，陈垣置个人安危于不顾，置生死于度外，不惧敌伪的威逼利诱，怒斥日伪汉奸；不断阐发热爱祖国和抗敌不屈的精神，坚信中国不亡，鞭鞑认贼作父、助纣为虐的变节卖国行为。他以一个校长、教师和学者的特有方式，把抗日的战场延伸到了著作、课堂、学校，影响和教育了一批批辅仁学子和学者。"傲骨撑天地，奇文泣鬼神"可谓是对陈垣在抗战时期"学术抗日"的行动和思想所作的生动刻画和典型描绘。

陈垣先生作为现代中国一代宗师、教育家、爱国主义者，他的学术成就、教育思想、爱国主义精神是留给后人的一笔十分珍贵的精神财富。

（孙邦华）

参考文献

[1] 纪念陈垣诞辰百年史学论文集 . 北京：北京师范大学出版社，1981

[2] 纪念陈垣校长诞生 110 周年学术论文集 . 北京：北京师范大学出版社，1990

[3] 陈垣年谱 . 北京：北京师范大学出版社，2002

编 后 记

《北京师范大学名人志》丛书，经过近 3 年的磨砺终于与读者见面了。

在编写过程中，我们得到许多熟悉或不熟悉的各界先生、朋友的热情支持和大力帮助。因为，大家都认识到：北京师范大学的诸多名师学子是中国近现代教育史上的杰出才俊。大家都有一个鹄的：即弘扬北京师范大学学风校风、振兴教育，并以此促进社会进步。他们有的在百忙中拨冗撰稿；有的翻箱倒柜找出尘封多年的资料和照片；有的为我们审稿、定稿、提出宝贵意见；……

在此，我们要感谢所有为我们提供稿件的先生、朋友，特别是蔡春、张毅、聂石樵、王永潮等先生已是耄耋之年仍辛勤笔耕；穆立立女士带病撰稿；……他们认真、负责，甚至忘我的精神使我们非常感动。其他作者恕不一一介绍。尤其使我们痛惜的是邓见宽先生没有等到丛书的出版就谢世了。

我们要感谢为丛书审稿的王文采院士、傅熹年院士、杨绛先生、宗璞先生、蔡春先生、魏群教授、马新国教授、王锦贵教授、徐迪生教授、郭大顺研究员、苏恺之研究员、赵增翰研究员，等等。在这些先生的鼓励和帮助下，我们的稿件反复推敲，力求精益求精。

我们还要感谢国家图书馆和师大档案馆、校史研究室、校友会等单位的大力支持。

参加本套丛书工作的还有王明泽、邵红英等同志。

编者

2010 年 6 月